国学经典

竭宝峰／主编

辽海出版社

四库全书精华

中华传统文化最丰富最完备的集成之作

【 第五卷 】

《四库全书精华》编委会

前　言

　　《四库全书精华》一书，汇集了《四库全书》中上起先秦，下迄清末两千多年来的文化典籍之精华。编者力图使它成为一部简括实用的文选本，目的是便于中等文化程度以上的读者，了解中国历代的治乱兴替、典章文物、学术思想、道德伦理以及治国治民之道。如何从古老文化传统中敞开一个新世界，这是一件非常需要做的而且很有意义的工作。

　　为读书和藏书的方便，古人把书籍分为经、史、子、集四大门类。其中，经部包括儒家经典著述，如"十三经"，即《周易》《尚书》《诗经》《周礼》《仪礼》《礼记》《左传》《公羊传》《谷梁传》《论语》《孝经》《尔雅》《孟子》。史部包括各种体裁的历史著作，其中，尤以《史记》和《资治通鉴》为代表。此外，野史、法典、地志、职官、政书、时令等，凡记事书籍均归入史部。子部包括哲学、名学、法学、医学、算学、兵学、天文学、农学等，后人视其仅次于经书，故称之为子书。此外，道教、宋明理学、清代的考据学亦归于子部。集部包括历代作家的散文、骈文、诗、词、曲等作品和文学评论著述。

　　面对这浩如烟海之典籍，人们不免有望洋兴叹之慨！如何既节省时间，又能获得深入四库堂奥之锁钥？编者几经运筹，从中精选近百部代表著作进行爬梳剔抉，删繁就简，编成《四库全书精华》，仍遵循四部分类法，辑为四部，共分六册。《四库全书》不仅卷帙浩繁，而且古文字的障碍更令当代读者望而却步。有鉴于此，编选时全部参照社会广为流传，较有定评的现代名家选本；力避干燥枯涩，繁冗杂芜，以便于诵读为宗旨；其文不仅经世致用，而且能笔触豪迈，博综古今，阐幽表微，为学渊广，是值得一读再读的好文章。短者数字，长者万言，但都照顾到整体，其脉络清晰，篇章连贯分明。学人倘寻此路径反复熟读，则对于各种艺文必然，皆有所得，继而精进，不难收弘扬传统文化之宏功。

今经有关专家学者细加校勘、标点，篇前加有简明扼要之著录，以说明该书每部著作著者生平、主要内容、思想价值及版本流传情况等，并对专用术语和疑难生词加以注释。

参加本书选编、校点、注释的有魏琳、吴志樵、张林、周桂芬、于慈云、毛明华、任素琴等同志。

尽管如此，编者亦觉力所不逮，选本能否受读家重视，智者见智，仁者见仁，只有实践去检验了。敬希方家批评指正。

目　录

《尹文子》精华

【著录】

《尹文子》一书，系战国时尹文所撰，二卷。尹文（约前360～前280），战国时齐人。齐宣王、齐愍王时，和宋钘、彭蒙、田骈同在齐国的稷下学宫游学，与宋钘齐名。其学本于黄老，而崇尚刑名法术权势，其特点为"自道以至名，自名以至法"。强调因名得实，名正法顺，提倡由定名分，百度皆准于法；准法，则可以"全治而无阙"；又提倡"为差与众行之，为巧与众能之""圣人之治，能与众共治"，以"贤愚不相弃，贤愚等虑"为"至治之术"。《汉书·艺文志》著录《尹文子》一篇，析为上下两篇，故《隋书·经籍志》作两卷。或以为今本为后人依托之作。

尹文的学说与韩非子的学说颇多相合或相近之处，事实上，在法家思想发展历程中，尹文是一个值得特别重视的人物，是他最初把法、势、权、术融合在一起，对法家后学，尤其是对韩非子，产生了很大的影响。

《尹文子》的版本较少，《诸子集成》中所收的为钱熙祚校本，《万有文库》第二集32种"国学基本丛书"收录的也是这个本子。除此而外，还有《四部丛刊》本，所收《尹文子》为影印明翻宋刊本，《四部备要》所收《尹文子》系据清守山阁本排印。近代有王恺銮的《尹文子校正》，收录于民国二十四年上海商务印书馆的"国学小丛书"之中。

大道上

大道无形，称器有名。名也者，正形者也。形正由名，则名不可差。故仲尼云："必也正名乎！名不正，则言不顺也。"

大道不称，众有必名。生于不称，则群形自得其方圆。名生于方圆，则众名得其所称也。

大道治者，则名、法、儒、墨[①]自废。以名、法、儒、墨治者，则不得离道。老子曰："道者，万物之奥，善人之宝，不善人之所宝。"是道治者谓之善人，藉名、法、儒、墨者谓之不善人。善人之与不善人，名分日离，不待审察而得也。

道不足以治则用法，法不足以治则用术，术不足以治则用权，权不足以治则用势。势用则反权，权用则反术，术用则反法，法用则反道，道用则无为而自治。故穷则徼终，徼终则反始，始终相袭，无穷极也。

有形者必有名，有名者未必有形。形而不名，未必失其方圆、白黑之实，名而不可不寻名以检其差。故亦有名以检形，形以定名，名以定事，事以检名。察其所以然，则形、名之与事物，无所隐其理矣。

名有三科，法有四呈：一曰命物之名，方圆白黑是也；二曰毁誉之名，善恶贵贱是也；三曰况谓之名，贤愚爱憎是也。一曰不变之法，君臣上下是也；二曰齐俗之法，能鄙同异是也；三曰治众之法，庆赏刑罚是也；四曰平准之法，律度权量是也。

术者，人君之所密用，群下不可妄窥；势者，制法之利器，群下不可妄为。人君有术，而使群下得窥，非术之奥者；有势，使群下得为，非势之重者。大要在乎先正名分，使不相侵杂，然后术可秘，势可专。

名者，名形者也；形者，应名者也。然形非正名也，名非正形也，则形之与名，居然别矣，不可相乱，亦不可相无。无名，故大道无称；有名，故名以正形。今万物俱存，不以名正之则乱；万名俱列，不以形应之则乖。故形、名者，不可不正也。

善名命善，恶名命恶。故善有善名，恶有恶名。圣、贤、仁、智，命善者也；顽、嚚、凶、愚，命恶者也。今即圣、贤、仁、智之名，以求圣、贤、仁、智之实，未之或尽也。即顽、嚚、凶、愚之名，以求顽、嚚、凶、愚之实，亦未或尽也。使善恶尽然有分，虽未能尽物之实，犹不患其差也。故曰：名不可不辩也。

名称者，何彼此而检虚实者也。自古至今，莫不用此而得，用彼而失。失者由名、分混，得者由名、分察。今亲贤而疏不肖，赏善而罚恶。贤、不肖、善、恶之名宜在彼，亲、疏、赏、罚之称宜属我。我之与彼，又复一名，名之察者也，名贤、不肖为亲、疏，名善恶为赏罚，合彼、我之一称而不别之，名之混者也。故曰：名称者，不可不察也。

语曰：好牛。好，则物之通称；牛，则物之定形。以通称随定形，不可穷极者也。设复言"好马"，则复连于马矣，则好所通无方也；设复言"好人"，则彼属于人也，则好非人，人非好也；则"好牛"、"好马"、"好人"之名自离矣。故曰：名、分不可相乱也。

五色、五声、五臭、五味，凡四类，自然存焉天地之间，而不期为人用。人必用之，终身各有好恶，而不能辩其名、分。名宜属彼，分宜属我，我爱白而憎黑，韵商而舍徵，好膻而恶焦，嗜甘而逆苦。白、黑、商、徵、膻、焦、甘、苦，彼之名也；爱、憎、韵、舍、好、恶、嗜、逆，我之分也。定此名、分，则万物不乱也。

故人以度审长短，以量受少多，以衡平轻重，以律均清浊，以名稽虚实，以法定治乱，以简治烦惑，以易御险难。以万事皆归于一，百度皆准于法。归一者简之至，准法者易之极。如此，顽、嚚、聋、瞽可与察、慧、聪、明同其治也。

天下万事不可备能，责其备能于一人，则贤圣其犹病诸。设一人能备天下之事，能左右前后之宜，远近迟疾之间，必有不兼者焉；苟有不兼，于治阙矣。全治而无阙者，大小多少，各当其分；农商工仕，不易其业；老农、长商、习工、旧仕，莫不存焉，则处上者何事哉？

故有理而无益于治者，君子弗言；有能而无益于事者，君子弗为。君子非乐有言，有益于治，不得不言；君子非乐有为，有益于事，不得不为。故所言者，不出于名、法、权、术；所为者，不出于农稼、军阵，周务而已。故明主不为治外之理，小人必言事外之能。小人亦知言损于治，而不能不言；小人亦知能损于事，而不能不为。故所言者极于儒、墨是非之辩，所为者极于坚伪偏抗之行，求名而已，故明主诛之。

古语曰："不知无害于君子，知之无损于小人。工匠不能，无害于巧；君子不知，无害于治。"此信矣。

为善使人不能得从，此独善也；为巧使人不能得从，此独巧也；未尽善巧之理。为善与众行之，为巧与众能之，此善之善者、巧之巧者也。所贵圣人之治，不贵其独治，贵其能与众共治；贵工倕[②]之巧，不贵其独巧，贵其能与众共巧也。

今世之人，行欲独贤，事欲独能，辩欲出群，勇欲绝众。独行之贤，不足以成化；独能之事，不足以周务；出群之辩，不可为户说；绝众之勇，不可与征阵。凡此四者，乱之所由生，是以圣人任道以通其险，立法以理其差，使贤愚不相弃，能鄙不相遗。能鄙不相遗，则能鄙齐功；贤愚不相弃，则贤愚等虑。此至治之术也。

名定则物不竞，分明则私不行。物不竞，非无心，由名定，故无所措其心；私不行，非无欲，由分明，故无所措其欲。然则心欲人人有之，而得同于无心无欲者，制之有道也。

田骈[③]曰："天下之士，莫肯处其门庭，臣其妻子，必游宦诸侯之朝者，利引之也。游于诸侯之朝，皆志为卿、大夫，而不拟于诸侯者，名限之也。"彭蒙曰："雉兔在野，众人逐之，分未定也。鸡豕满市，莫有志者，分定故也。"物奢则仁智相屈，分定则贪鄙不争。

圆者之转，非能转而转，不得不转也；方者之止，非能止而止，不得不止也。因圆之自转，使不得止；因方之自止，使不得转，何苦物之失分？故因贤者之有用，使不得不用；因愚者之无用，使不得用。用与不用，皆非我用，因彼所用与不可用，而自得其用，奚患物之乱乎？

物皆不能自能，不知自知。智非能智而智，愚非能愚而愚，好非能好而好，丑非能丑而丑。夫不能自能，不知自知，则智好何所贵？愚丑何所贱？则智不能得夸愚，好不能得嗤丑。此为得之道也。

道行于世，则贫贱者不怨，富贵者不骄，愚弱者不慑，智勇者不凌，定于分也。法行于世，则贫贱者不敢怨富贵，富贵者不敢凌贫贱，愚弱者不敢冀智勇，智勇者不敢鄙愚弱，此法之不及道也。

世之所贵，同而贵之谓之俗；世之所用，同而用之谓之物。苟违于人，俗所不与；苟忮于众，俗所共去。故心皆殊，而为行若一；所好各异，而资用必同。此俗之所齐，物之所饰。故所齐不可不慎，所饰不可不择。

昔齐桓好衣紫，阖境不鬻异彩；楚庄爱细腰④，一国皆有饥色。上之所以率下，乃治乱之所由也。故俗苟砟，必为法以矫之；物苟溢，必立制以检之。累于俗、饰于物者，不可与为治矣。

昔晋国苦奢，文公以俭矫之，乃衣不重帛，食不兼肉。无几时，人皆大布之衣，脱粟之饭。越王勾践谋报吴，欲人之勇，路逢怒蛙而轼之。比及数年，民无长幼，临敌虽汤火不避。居上者之难，如此之验！

圣王知民情之易动，故作乐以和之，制礼以节之。在下者不得用其私，故礼乐独行；礼乐独行，则私欲寝废；私欲寝废，则遭贤之与遭愚均矣。若使遭贤则治，遭愚则乱，是治乱系于贤愚，不系于礼乐，是圣人之术，与圣主而俱殁。治世之法，逮易世而莫用，则乱多而治寡；乱多而治寡，则贤无所贵，愚无所贱矣。

处名位，虽不肖，不患物无亲己；在贫贱，虽仁贤，不患物不疏己。亲疏系乎势利，不系乎不肖与仁贤。吾亦不敢据以为天理，以为地势之自然者尔。

今天地之间，不肖实众，仁贤实寡。趋利之情，不肖特厚；廉耻之情，仁贤偏多。今以礼义招仁贤，所得仁贤者，万不一焉；以名利招不肖，所得不肖者，触地是焉。故曰："礼义成君子"，君子未必须礼义；"名利治小人"，小人不可无名利。

庆赏刑罚，君事也；守职效能，臣业也。君料功黜陟，故有庆赏刑罚；臣各慎所任，故有守职效能。君不可与臣业，臣不可侵君事。上下不相侵与，谓之名正，名正而法顺也。

接万物使分分，别海内使不杂，则侮不辱，见推不矜，禁暴息兵，救世之斗，此仁君之德，可以为主矣。守职分使不乱，慎所任而无私，饥饱一心，毁誉同虑，赏亦不妄，罚亦不怨，此居下之节，可为人臣矣。

世有违名以得实，亦有因名以失实。

宣王好射，说人之谓己能用强也，其实所用不过三石。以示左右，左右皆引试之，中阙而止，皆曰："不下九石，非大王孰能用是？"宣王悦之。然则宣王用不过三石，而终身自以为九石。三石，实也；九石，名也。宣王悦其名而丧其实。

齐有黄公者，好谦卑。有二女，皆国色。以其美也，常谦辞毁之，以为丑恶。丑恶之名远布，年过而一国无聘者。卫有鳏夫失时，冒娶之，果国色，然后曰："黄公好谦，故毁其子不姝美。"于是争礼之，亦国色也。国色，实也；丑恶，名也。此违名而得实矣。

楚人有担山雉者，路人问："何鸟也？"担雉者欺之，曰："凤凰也。"路人曰："我闻有凤凰，今直见之，汝贩之乎？"曰："然。"则十金，弗与。请加倍，乃与之，将欲献楚王，经宿而鸟死。路人不遑惜金，惟恨不得以献楚王。国人传之，咸以为真凤凰，贵欲以献。遂闻楚王，感其欲献于己，召而厚赐之，过于买鸟之金十倍。

魏田父有耕于野者，得宝玉径尺，弗知其玉也。以告邻人，邻人阴欲图之。谓之曰："此怪石也，畜之弗利其家，弗如复之。"田父虽疑，犹录以归，置于庑下。其夜玉明，光照一室，田父称家大怖，复以告邻人。曰："此怪之征。遄弃，殃可销。"于是遽而弃于远野。邻人无何盗之，以献魏王，魏王召玉工相之。玉工望之，再拜而立，"敢贺王得此天下之宝，臣未尝见。"王问其价，玉工曰："此无价以当之。五城之都，仅可一观！"魏王立赐献玉者千金，长食上大夫禄。

凡天下万里，皆有是非，吾所不敢诬。是者常是，非者常非，亦吾所信。然是虽常是，有时而不用；非虽常非，有时而必行。故用是而失有矣，行非而得有矣。是非之理不同，而更兴废，翻为我用，而是非焉在哉？

观尧、舜、汤、武之成，或顺或逆，得时则昌；桀、纣、幽、厉之败，或是或非，失时则亡。五伯之主亦然。

宋公⑤以楚人战于泓，公子目夷曰："楚众我寡，请其未悉济而击之。"宋公曰："不可！吾闻不鼓不成列。寡人虽亡国之余，不敢行也。"战败，楚人执宋公。

齐人弑襄公，立公孙无知。召忽、夷吾⑥奉公子纠奔鲁，鲍叔牙奉公子小白⑦奔莒。既而无知被杀，二公子争国。纠，宜立者也。小白先入，故齐人立之。既而使鲁人杀纠，召忽死之，征夷吾以为相。

晋文公为骊姬⑧之谮，出亡十九年。惠公卒，赂秦以求反国，杀怀公子而自立。彼一君正，而不免于执，二君不正，霸业遂焉。

己是而举世非之，则不知己之是；己非而举世是之，亦不知己所非。

然则是非随众贾而为正，非己所独了，则犯众者为非，顺众者为是。故人君处权乘势，处所是之地，则人所不得非也。居则物尊之，动则物从之，言则物诚之，行则物则之，所以居物上御群下也。

国乱有三事。年饥民散，无食以聚之，则乱；治国无法，则乱；有法而不能用，则乱。有食以聚民，有法而能行，国不治，未之有也。

【注释】

①名、法、儒、墨：古代九流之四。名家，以正名辩义为主，始于邓析、尹文，其后惠施、公孙龙，尤以诡辩著称。法家，以尚法明刑为主，始于战国，最著名者为李悝、商鞅、韩非诸人。儒家，游文于六经之中，留意于仁义之际，祖述尧舜，宪章文武，宗师孔孟，以重其言，于道为最高。墨家，战国时墨翟所创，以兼爱、尚同、崇俭、信鬼、非命为主。

②工倕：古代的巧匠。《庄子》："折工倕之指，而天下始人有其巧矣。"

③田骈：战国时齐人。齐宣王喜文学游说之士，骈与邹衍、淳于髡等七十六人，皆赐列第为上大夫，不治事而议论。田骈作《田子》二十五篇。

④细腰：春秋之时，楚庄王令宫女作细腰，宫女因为减食，多饿死。

⑤宋公：即宋襄公。

⑥夷吾：即管仲。初与召忽同事公子纠，后为鲍叔荐于桓公。

⑦小白：即齐桓公。

⑧骊姬：春秋时骊戎之女，晋献公之妃，太子申生为其所谮而死。

《慎子》精华

【著录】

　　《慎子》一书，系战国时慎到所撰。慎到，赵人，战国时（约前395～前315）法家代表人物，齐宣王及威王时，与邹衍、淳于髡、接予、环渊等为齐稷下学士，与田骈齐名。其学本于黄老道德之术，强调以道变法，守成理，因自成，因人之情；提出"任自然者久，得其常者济"。强调法的客观价值，以补足人们主观认识的局限性。对于事物的矛盾，重视客观条件的作用，重视条件的转化。在动机与效果问题上，重视客观效果。曾论证"行海者，坐而至越，有舟也；行陆者，立而至秦，有车也。秦越远途也，安坐而至者，械也"。"燕鼎之重乎千钧，乘于吴舟，则可以济，所托者，浮道也"，足见其重视作为客观条件的机械技术对人们生活的作用。《汉书·艺文志》"法家"著录四十二篇。至宋后部分失传，《崇文总目》得三十七篇，今仅存七篇。有清钱熙祚校本，民国二十四年（1935）世界书局《诸子集成》排印本。1984年浙江人民出版社影印本《百子全书》已收。

威　　德

　　天有明，不忧人之暗；地有财，不忧人之贫；圣人有德，不忧人之危也。天虽不忧人之暗，辟户牖必取己明焉，则天无事也。地虽不忧人之贫，伐木刈草必取己富焉，则地无事也。圣人虽不忧人之危，百姓准上而比于下，其必取己安焉，则圣人无事也。故圣人处上，能无害人，不能使人无己害也，则百姓除其害矣。圣人之有天下也，受之也，非取之也；百姓之于圣人也，养之也，非使圣人养己也，则圣人无事矣。

古者，工不兼事，士不兼官。工不兼事则事省，事省则易胜；士不兼官则职寡，职寡则易守。故士位可世，工事可常。百工之子不学而能者，非生巧也，言有常事也。今也，国无常道，官无常法，是以国家日缪①。教虽成，官不足；官不足，则道理匮矣。

古者立天子而贵之者，非以利一人也。曰：天下无一贵，则理无由通，通理以为天下也。故立天子以为天下，非立天下以为天子也；立君以为国，非立国以为君也；立长以为官，非立官以为长也。法虽不善，犹愈于无法，所以一人心也。

夫投钩以分财，投策以分马，非钩策为均也，使得美者不知所以美，使得恶者不知所以恶，此所以塞愿望也。

明君动事分功必由慧，定赏分财必由法，行德制中必由礼。故欲不得干时，爱不得犯法，贵不得逾亲，禄不得逾位；士不得兼官，工不得兼事，以能受事，以事受利；若是者，上无羡赏，下无羡财。

【注释】

①日缪：缪，错误。国家日缪，意指国事日渐纰缪、糟糕。

民　　杂

民杂处而各有所能，所能者不同，此民之情也。大君者，大上①也，兼畜下者也。下之所能不同，而皆上之用也。是以大君因民之能为资，尽包而畜之，无能去取焉。不设一方以求于人，故所求者无不足也。大君不择其下，故足。不择其下，则易为下矣。易为下，则莫不容，莫不容，故多下，多下之谓太上。

君臣之道，臣事事，而君无事；君逸乐，而臣任劳。臣尽智力以善其事，而君无与焉，仰成而已，故事无不治。治之正道然也。人君自任而务为善以先下，则是代下负任蒙劳也，臣反逸矣。故曰：君人者好为善以先下，则下不敢与君争为善以先君矣，皆称其所知以自覆掩，有过则臣反责君，逆乱之道也。

君之智未必最贤于众也，以未最贤而欲以善尽被下，则不赡②矣。若使君之智最贤，以一君而尽赡下则劳。劳则有倦，倦则衰，衰则复返于入不赡之道也。是以人君自任而躬事，则臣不事事，是君臣易位也，谓之倒逆，倒逆则乱矣。人君苟任臣而勿自躬，则臣事事矣。是君臣之顺，治乱之分，不可不察也。

【注释】

①大上：大与"太"通，意指最上。

②不赡：意指不足。《孟子》："此惟效死而恐不赡。"

《公孙龙子》精华

【著录】

　　《公孙龙子》一书，系战国赵（一说为魏）人公孙龙所著。公孙龙，字子秉，生卒年月无可详考，约生活在前320年～前250年，著名哲学家，名家代表人物，极善辩论。他着重分析概念的规定性和差别性，对古代逻辑思维的发展，具有一定的贡献。

　　《公孙龙子》原书十四篇，今存《迹府》《白马》《指物》《通变》《坚白》《名实》六篇，约一千九百余字，其中《迹府》一篇为后人杂纂而成。其《指物》论述"物莫非指，而指非指"，指出共相并非具体事物，但可概括许多特殊事物；《白马》论证白马非马，白马非白，严格区别事物的差别性；《坚白》强调坚、白同石分离，可以独立自藏；《名实》要求名实相符，强调概念的明确性、固定性，强调立辞不得自相矛盾，牵涉到逻辑学的同一律和矛盾律。《公孙龙子》一书，虽对我国古代逻辑思维的发展做出了一定贡献，但也包含诡辩和客观唯心主义内容。

　　《公孙龙子》现通行本有宋谢希深注本，原作三卷，后皆作一卷。近人谭戒甫《公孙龙子发微》，1957年由北京科学出版社出版；庞朴《公孙龙子译注》，1974年由上海人民出版社出版。

白马论

"白马①非马，可乎？"

曰："可。"

曰："何哉？"

曰："马者，所以命形也；白者，所以命色也。命色者非命形也，故曰白马非马。"

曰："有白马，不可谓无马也。不可谓无马者，非马也？有白马为有马，白之非马，何也？"

曰："求马，黄、黑马皆可致，求白马，黄、黑马不可致。使白马乃马也，是所求一也。所求一者，白马不异马也。所求不异，如黄、黑马有可有不可，何也？可与不可，其相非明。故黄、黑马一也，而可以应有马，而不可以应有白马。是白马之非马，审矣！"

曰："以马之有色为非马，天下非有无色之马也。天下无马，可乎？"

曰："马固有色，故有白马。使马无色，有马而已耳，安取白马？故白者非马也。白马者，马与白也，白与马也，故曰白马非马也。"

曰："马未与白为马，白未与马为白，合马与白，复名白马，是相与以不相与为名，未可。故曰：白马非马，未可。"

曰："以有白马为有马，谓有白马为有黄马，可乎？"

曰："未可。"

曰："以有马为异有黄马，是异黄马于马也；异黄马于马，是以黄马为非马。以黄马为非马，而以白马为有马，此飞者入池而棺椁异处，此天下之悖言乱辞也。"

曰："'有白马不可谓无马者'，离白之谓也；是离者，有白马不可谓有马也。故所以为有马者，独以马为有马耳，非以白马为有马。故其为有马也，不可以谓'马马也'。"

曰："白者不定所白，忘之而可也。白马者，言白定所白也，定所白者，非白也。马者，无去取于色，故黄、黑皆所以应。白马者，有去取于色，黄、黑马皆所以色去，故唯白马独可以应耳。无去者，非有去也，故曰白马非马。"

【注释】

①白马：借马以喻万物之形，借白以明万物之种类，用以阐微言明王道。

坚白论

"坚、白、石三①，可乎？"

曰："不可。"

曰："二，可乎？"

曰："可。"

曰："何哉？"

曰："无坚得白，其举也二；无白得坚，其举也二。"

曰："得其所白，不可谓无白；得其所坚，不可谓无坚。而之石也之于然也，非三也？"

曰："视不得其所坚，而得其所白者，无坚也；拊不得其所白，而得其所坚者，无白也。"

曰："天下无白，不可以视石；天下无坚，不可以拊石。坚、白、石不相外，藏三可乎？"

曰："有自藏也，非藏而藏也。"

曰："其白也，其坚也，而石必得以相盈，其自藏奈何？"

曰："得其白，得其坚，见与不见离。——不相盈，故离。离也者，藏也。"

曰："石之白，石之坚，见与不见，二与三，若广修而相盈也。其非举乎？"

曰："物白焉，不定其所白；物坚焉，不定其所坚。不定者兼，恶乎其石也？"

曰："循石，非彼无石，非石无所取乎白石。不相离者，固乎然，其无已！"

曰："于石，一也；坚白，二也，而在于石。故有知焉，有不知焉；有见焉，有不见焉。故知与不知相与离，见与不见相与藏。藏故，熟谓之不离？"

曰："目不能坚，手不能白，不可谓无坚，不可谓无白。其异任也，其无以代也。坚白寓于石，恶乎离？"

曰："坚未与石为坚而物兼，未与物为坚而坚必坚。其不坚石物而坚，天下未有若坚，而坚藏。白固不能自白，恶能白石物乎？若白者必白，则不白物而白焉。黄、黑与之然。石其无有，恶取坚白石乎？故离也。离也者，因是。力与知果，不若因是。且犹白以目以火见，而火不见，则火与目不见，而神见，神不见而见离。坚以手而手以捶，是捶与手知而不知，而神与不知。神乎！是之谓离焉。离也者天下，故独而正。"

【注释】

①坚、白、石三：一物有三体，然不可谓之三，何者？盖人目视石，但见石之白而不见其坚，则举二而遗一；人手触石，但知石之坚而不知其白，则举二而又遗一。故曰："无坚得白，其举也二，无白得坚，其举也二。"是坚、白、石三者，只可谓之二，而不可谓之三。

子部

《鬼谷子》精华

【著录】

　　《鬼谷子》一书，三卷，传为鬼谷子撰。《汉书·艺文志》中没有著录。《隋书·经籍志》纵横家类列有《鬼谷子》三卷本两种。一种本子由皇甫谧注释，并附记作者为周代隐居在鬼谷的人。另一种本子由乐一注释，未署作者姓名。《旧唐书·经籍志》在纵横家类中著录说："《鬼谷子》二卷，苏秦撰。又三卷乐台撰。"《新唐书·艺文志》则记曰："《鬼谷子》二卷，苏秦撰。乐台注《鬼谷子》三卷。"

　　胡应麟在《少室山房笔丛》中说，《汉书·艺文志》中记有《苏子》三十一篇，《张子》十篇，《鬼谷子》一定是东汉人根据苏秦、张仪所著两书荟萃而成，而托言鬼谷。《玉海》转引《中兴书目》说此书的作者是周代的高士，没有乡里、族姓和名字，因隐居不仕，故自号鬼谷先生，苏秦、张仪都拜他为师。

　　《鬼谷子》一书属于纵横家的言论和思想，历代无多争议，而作者为谁，众说不一。此书内容诡秘，文思奇变，充满了思辨色彩。对于帝王权道、驭臣制敌，议论颇深。本书现行本子十二篇，合为一卷。

揣　　篇

　　古之善用天下者，必量天下之权，而揣诸侯之情。量权不审，不知强弱轻重之称；揣情不审，不知隐匿变化之动静。

何谓量权？曰：度于大小，谋于众寡。称货财之有无，料人民多少饶乏，有余、不足几何。辨地形之险易孰利孰害，谋虑孰长孰短，君臣之亲疏孰贤孰否，与宾客之智睿孰少孰多，观天时之祸福孰吉孰凶，诸侯之亲孰用孰不用，百姓之心、去就变化孰安孰危、孰好孰憎，反侧孰便孰知。如此者是谓权。

揣情者，必以甚喜之时，往而极其欲也，其有欲也，不能隐其情。必以其甚惧之时，往而极其恶也，其有恶也，不能隐其情，情欲必失其变。感动而不知其变者，乃且错其人勿与语，而更问所亲，知其所安。夫情变于内者，形见于外。故常必以其见者，而知其隐者。此所谓测深揣情。

故计国事者则当审权量，说人主则当审揣情，谋虑情欲必出于此。乃可贵，乃可贱，乃可轻，乃可重，乃可利，乃可害，乃可成，乃可败，其数一也。故虽有先王之道、圣智之谋，非揣情隐匿，无所索之。此谋之大本也，而说之法也。常有事于人，人莫先事而至，此最难为。故曰：揣情最难，守司言必时其谋虑。故观蛔飞①蠕动②，无不有利害，可以生事。美生事者，几之势也。此揣情饰言，成文章，而后论之。

【注释】

①蛔飞：昆虫飞舞之状。
②蠕动：昆虫微动之状。

摩　篇

摩之符也①，内符者揣之主也。用之有道，其道必隐微，摩之以其所欲，测而探之，内符必应。其应也，必有为之，故微而去之。是谓塞窖匿端②，隐貌逃情，而人不知，故成其事而无患。摩之在此，符之在彼，从而应之，事无不可。

古之善摩者，如操钩而临深渊，饵而投之，必得鱼焉。故曰：主事日成而人不知，主兵日胜而人不畏也。圣人谋之于阴，故曰神；成之于阳，故曰明。所谓主事日成者，积德也，而民安之，不知其所以利；积善也，而民道之，不知其所以然，而天下比之神明也。主兵日胜者，常战于不争不费，而民不知所以服，不知所以畏，而天下比之神明。其摩者，有以平，有以正，有以喜，有以怒，有以名，有以行，有以廉，有以信，有以利，有以卑。平者静也，正者直也，喜者悦也，怒者动也，名者发也，行者成也，廉者洁也，信者明也，利者求也，卑者谄也。

故圣所独用者，众人皆有之，然无成功者，其用之非也。故谋莫难于周密，说莫难于悉听，事莫难于必成。此三者，唯圣人然后能之，故谋必欲周密，必择其所与通者说也。故曰：或结而无隙也。夫事成必合于数，故曰道，数与时相偶者也。说者听必合于情，故曰情合者听。

故物归类。抱薪趋火，燥者先燃。平地注水，湿者先濡。此物类相应于势，譬犹是也。此言内符之应，外摩也如是，故曰：摩之以其类焉。有不相应者，乃摩之以其欲，焉有不听者？故曰：独行之道，夫几者不晚，成而不抱，久而化成。

【注释】

①摩之符也：摩，揣摩；符，合。犹言外揣摩而内符合。

②塞窖匿端：意指塞其所藏而隐匿其端，不使人见。

本经阴符　录一篇

养志法灵龟①。养志者，心气之思不达也。有所欲，志存而思之。志者，欲之使也，欲多则心散，心散则志衰，志衰则思不达也。故心气一，则欲不遑②；欲不遑，则志意不衰；志意不衰，则思理达矣；理达，则和通；和通，则乱气不烦于胸中。故内以养气，外以知人。养志则心通矣，知人则分职明矣。将欲用之于人，必先知其养志。知人气盛衰，而养其气志；察其所安，以知其所能。志不养，心气不固。心气不固，则思虑不达。思虑不达，则志意不实。志意不实，则应对不猛。应对不猛，则失志而心气虚。志失而心气虚，则丧其神矣。神丧，则仿佛③。仿佛，则参会不一。养志之始，务在安己；己安，则志意实坚；志意实坚，则威势不分，神明常固守，乃能分之。

实意法螣蛇④。实意者，气之虑也。心欲安静，虑欲深远。心安静则神明荣，虑深远则计谋成。神明荣则志不可乱，计谋成则功不可间。意虑定则心遂安，则其所行不错，神者得则凝识气寄。奸邪得而倚之，诈谋得而惑之，言无由心矣。故信心术守真一而不化，待人意虑之交会，听之候之也。计谋者存亡枢机，虑不会则听不审矣。候之不得，计谋失矣，则意无所信，虚而无实，无为而求。安静五脏，和通六腑，精神魂魄，固守不动，乃能内视、反听、定志，思之太虑，待神往来，以观天地开辟，知万物所造化，见阴阳之终始，原人事之政理。不出户而知天下，不窥牖而见天道，不见而命，不行而至，是谓道。知以通神明，应于无方，而神宿矣。

分威法伏熊。分威者，神之覆也。故静固志意，神归其舍，则威盛矣，威覆盛则内实坚，内实坚则莫当，莫当则能以分人之威，而动其势如其天，以实取虚，以有取无，若以锱⑤称珠。故动者必随，唱者必和，挠其一指，观其余次，动变见形，无能间者。审于唱和，以间见间，动变明而威可分。将欲动变，必先养志伏意以视间。知其固实者自养也，让己者养人也。故神存兵亡，乃为之形势。

散势法鸷鸟⑥。散势者，神之使也，用之必循间而动。威肃内盛，推间而行之则势散。夫散势者心虚志溢。意失威势，精神不专，其言外而多变。故观其志意为度数，乃以揣说图事，尽圆方，齐短长，无间则不散势。散势者待间而动，动而势分矣。故善思间者，必内精五气，外视虚实，动而不失分散之实，动则随其志意，知其计谋。势者利害之决，权变之威。□败者，不以神肃察也。

【注释】

①灵龟：龟，为四灵之一。古涪陵郡出大龟，甲可以卜，文似玳瑁，俗呼为灵龟。

②遑：暇。

③仿佛：意指神志恍惚。

④尢蛇：神蛇，又作腾蛇。《山海经》谓之飞蛇。《淮南子》谓之奔蛇。《荀子》："尢蛇无足而飞"注："龙类，能兴云雾而游其中也。"

⑤锱：古衡名，二十四两为锱。

⑥鸷鸟：鸟类之猛勇者。

《鹖冠子》精华

【著录】

　　《鹖冠子》一书，相传为战国时楚国隐士鹖冠子所撰。鹖冠子，其真实姓名不详，曾隐居深山，以鹖羽为冠，因以为号。其思想虽属杂刑名之说，而大旨本于黄老之学。刘勰《文心雕龙·诸子》谓：其文"鹖冠绵绵，亟发深言"。《汉书·艺文志》道家类著录《鹖冠子》一篇。唐代韩愈称为十六篇。《四库全书总目》谓有三十六篇，疑后人附益者多，今存三卷十九篇，本于道家，兼及儒、法、阴阳、名、墨、兵各家。现存为唐写本《鹖冠子》残卷。

著　希

　　道有稽，德有据。人主不闻要，故端①与运挠，而无以见也。道与德馆，而无以命也。义不当格，而无以更也。若是置之，虽安非定也。端倚有位，名号弗去。故希人者无悖其情，希世者无缪其实。文礼之野②，与禽兽同则。言语之暴，与蛮夷同谓。夫君子者，易亲而难狎，畏祸而难却，嗜利而不为非，时动而不苟作，体虽安之，而弗敢处，然后礼生。心虽欲之，而弗敢信，然后义生。夫义节欲而治，礼反情而辨者也。故君子弗径情而行也。

　　夫乱世者，以粗智为造意，以中险为道，以利为情。若不相与同恶，则不能相亲；相与同恶，则有相憎。说者言仁则以为诬，发于义则以为夸，平心而直告之，则有弗信。故贤者之于乱世也，绝豫而无由通，异类而无以告，苦乎哉！贤人之潜乱世也，上有随君，下无直辞。君有骄行，民多讳言，故人乖其诚能，士隐其实情。心虽不说，弗敢不誉。事业虽弗善，不敢不力。趋舍虽不合，不敢弗从。故观贤人之于乱世也，其慎勿以为定情③也。

【注释】

①端：一作常。

②文礼之野：即《论语》所谓"质胜文则野"。

③定情：定，古通作正。

环 流

有一①而有气，有气而有意，有意而有图，有图而有名，有名而有形，有形而有事，有事而有约。约决而时生②，时立而物生。故气相加而为时，约相加而为期，期相加而为功，功相加而为得失，得失相加而为吉凶，万物相加而为胜败。莫不发于气，通于道，约于事，正于时，离于名，成于法者也。法之在此者谓之近，其出化彼谓之远。近而至故谓之神，远而反故谓之明。明者在此，其光照彼。其事形此，其功成彼。从此化彼者法也，生法者我也，成法者彼也。生法者日在而不厌者也，生成在己谓之圣人。惟圣人究道之情，唯道之法，公政以明。

斗柄③东指，天下皆春；斗柄南指，天下皆夏；斗柄西指，天下皆秋；斗柄北指，天下皆冬。斗柄运于上，事立于下；斗柄指一方，四塞俱成，此道之用法也。故日月不足以言明，四时不足以言功。一为之法，以成其业，故莫不道。一之法立，而万物皆来属。法贵如言，言者万物之宗也。是者法之所与亲也，非者法之所与离也；是与法亲故强，非与法离故亡。法不如言，故乱其宗。

故生法者命也，生于法者亦命也。命者，自然者也。命之所立，贤不必得，不肖不必失。命者，挈己之文者也。故有一日之命，有一年之命，有一时之命，有终身之命。终身之命，无时成者也。故命无所不在，无所不施，无所不及。时或后而得之命也，既有时有命，引其声合之名，其得时者成，命曰调，引其声合之名，其失时者精神俱亡，命曰乖。时命者，唯圣人而后能决之。

夫先王之道备，然而世有困君，其失之谓者也。故所谓道者，无己者也。所谓德者，能得人者也。道德之法，万物取业，无形有分，名曰大孰。故东西南北之道端④，然其为分等也；阴阳不同气，然其为和同也；酸咸甘苦之味相反，然其为善均也；五色不同采，然其为好齐也；五声不同韵，然其可喜一也。故物无非类者，动静无非气者。其故有人将⑤，得一人气，吉；有家将，得一家气，吉；有国将，得一国气，吉。其将凶者反此。故同之谓一，异之谓道，相胜之谓势，吉凶之谓成败。贤者万举而一失，不肖者万举而一得。其冀善一也，然则其所以为者不可一也。知一之不可一也，故贵道。

空之，谓一；无不备之，谓道；立之，谓气；通之，谓类；气之害人者，谓之不适；味之害人者，谓之毒。夫社不碱则不成雾⑥。气故相利相害也，类故相成相败也。积往生碎，工以为师；积毒成药，工以为医。美恶相饰，命曰复周。物极则反，命曰环流。

【注释】

①有一：一者，元气之始。因而有一而有气。

②时生：或作时立，与下文"时立而物生"句文义始贯。

③斗柄：也叫斗杓，即北斗星之五至七三联星。

④端：足端。意指足端道上，即辨其为东西南北。

⑤有人将：一本作一人将。

⑥不碱不成雾：碱，与刺同，犹铲除。

道　端

天者，万物所以得立也；地者，万物所以得安也。故天定之，地处之，时发之，物受之，圣人象之。

夫寒温之变，非一精①之所化也；天下之事，非一人之所能独知也；海水广大，非独仰一川之流也。是以明主之治世也，急于求人，弗独为也，与天与地。建立四维②，以辅国政。钩绳③相布，衔橛④相制。参偶俱备，立位乃固。经气有常，理以天地。动逆天时，不祥有祟。事不仕贤，无功必败。出究其道，入穷其变。张军卫外，祸反在内，所备甚远，贼在所爱。是以先王置士也，举贤用能，无阿于世。仁人居左，忠臣居前，义臣居右，圣人居后。左法仁则春生殖，前法忠则夏功立，右法义则秋成熟，后法圣则冬闭藏。先王用之，高而不坠，安而不亡，此万物之本剽⑤，天地之门户，道德之益也。此四大夫者，君之所取于外也。

君者，天也。天不开门户，使下相害也。进贤受上赏，则下不相蔽。不待事人，贤士显。不蔽之功，则任事之人，莫不尽忠。乡曲慕义，化坐自端⑥。此其道之所致，德之所成也。本出一人，故谓之天。莫不受命，不可为名，故谓之神。至神之极，见之不忒，匈乖不惑，务正一国。一国之刑，具在于身，以身老世，正以错国。服义行仁，以一正业。

夫仁者，君之操也；义者，君之行也；忠者，君之政也；信者，君之教也；圣人者，君之师傅也。君道知人，臣术知事。故临货分财使仁，犯患应难使勇，受言结辞使辩，虑事定计使智，理民处平使谦，宾奏赞见⑦使礼，用民获众使贤，出封越境适绝国使信，制天地御诸侯使圣。

夫仁之功，善与不争，下不怨上；辩士之功，释怨解难；智士之功，事至而治，难至而应；忠臣之功，正言直行，矫拂王过；义臣之功，存亡继绝，救弱诛暴；信臣之功，正不易言；贞谦之功，废私立公；礼臣之功，尊君卑臣；贤士之功，敌国惮之，四境不侵；圣人之功，定制于冥冥，求至欲得，言听行从，近亲远附，明达四通，内有挟度，然后有以量人。

富者观其所予，足以知仁；贵者观其所举，足以知忠；观其大祥⑧，长不让少，贵不让贱，足以知礼；达观其所不行，足以知义；受官任治，观其去就，足以知智；迫之不惧，足以知勇；口利辞巧，足以知辩；使之不隐，足以知信；贫者观其所不取，足以知廉；贱者观其所不为，足以知贤；测深观天，足以知圣。

第不失次，理不相舛。近塞远闭，备元变成。明事知分，度数独行。无道之君，任用么麽⑨，动即烦浊；有道之君，任用俊雄，动则明白。二者先定，素立白蓡明起⑩，气荣相宰，上合其符，下稽其实。

时君遇人有德，君子至门，不言而信，万民附亲。遇人暴骄，万民离流，上下相疑，复而如环，日夜相挠，谏者弗受，言者危身，无从闻过，故大臣伪而不忠。是以为人君亲其民如子者，弗召自来，故曰有光，卒于美名。不施而责，弗受而求亲，故曰有殃，卒于不祥。

夫长者之事其君也，调而和之，士于纯厚⑪，引而化之，天下好之，其道日从，故卒必昌；夫小人之事其君也，务蔽其明，塞其听，乘其威，以灼热人，天下恶之，其崇日凶，故卒必败，祸及族人。此君臣之变，治乱之分，兴坏之关梁，国家之阅⑫也。逆顺利害，由此出生。

凡可无学而能者，唯息与食也。故先王传道，以相效属也。贤君循成法，后世久长。隋君不从，当世灭亡。

【注释】

①一精：五精之一。宇宙之间，五精化气，然后寒暑即可形成。

②四维：指礼义廉耻。

③钩绳：用以衡量曲直。钩犹规。《庄子》："曲者中钩，直者应绳。"

④衔橛：衔为马勒，橛为车轴的钩心。

⑤本剽：禾穗之芒。

⑥化坐自端：意指彼虽慕义，而守己自正。

⑦宾奏赞见：宾奏，言摈；赞见，言诏。

⑧大祥：盛服之状。

⑨么麽：即小人。

⑩白蓼明起：蓼，下垂之状。

⑪士于纯厚：士，即事。言从事于纯厚。

⑫阅：犹鉴。

《吕氏春秋》精华

【著录】

　　《吕氏春秋》一书，又称《吕览》，全书二十六卷，是战国末年秦相国吕不韦的食客们共同撰写的。吕不韦（？～前235），卫国濮阳（今河南濮阳西南部）人，原为阳翟（今河南禹县）大商人。助秦公子子楚即位为庄襄王，而受任为相，封文信侯。秦始皇即位，尊为仲父，专断朝政。始皇亲政。因罪罢相，流放四川，于途中忧惧自杀。当政时，曾使门客各著所闻，集成《吕氏春秋》，为杂家代表之作。原书分十二纪（六十篇）、六论（三十六篇）、八览（六十四篇），加上序意，有一百六十一篇，但现在八览里缺一篇，所以全书现存一百六十篇。其中，《大乐》《适音》诸篇，反映儒家思想；《贵生》《审分》诸篇，反映道家思想；《当染》《高义》诸篇，反映墨家思想；《振乱》《禁塞》《决胜》《爱士》诸篇，反映兵家思想；《上农》《任地》《辩土》诸篇，反映农家思想；《月令》篇反映阴阳家思想；《劝学》《尊师》诸篇，反映教育思想。全书汇存了许多先秦旧说及古代史料。

　　该书由于是集体著述，很多地方甚至相互矛盾，在文字上也有杂凑之痕迹。它的思想是以儒家、道家为主，兼采墨、法、名、农各派的学说，所以从东汉的班固起，都把《吕氏春秋》列为杂家的著作。它既有各家的精华，也有各家的糟粕。由于它想调和各家的观点，使之成为《吕氏春秋》的新的思想体系，所以有不少主张都不及原来各家的说法。

　　《吕氏春秋》目前较常见的注本有：东汉高诱最早作注的《诸子集成》本、《四部丛刊》本。比较完善的是近人蒋维乔等合撰《吕氏春秋汇校》，民国二十六年中华书局排印本；许维遹《吕氏春秋集释》，1955 年文学古籍刊行社排印本；陈奇猷《吕氏春秋校释》，1984 年学林出版社排印本。

本　生

　　始生之者，天也；养成之者，人也。能养天之所生而勿撄之谓天子。天子之动也，以全天为故者也。此官之所自立也。立官者，以全生也。今世之惑主，多官而反以害生，则失所为立之矣。譬之若修兵者，以备寇也，今修兵而反以自攻，则亦失所为修之矣。

　　夫水之性清，土者抇之[1]，故不得清。人之性寿，物者抇之，故不得寿。物也者，所以养性也，非所以性养也。今世之人，惑者多以性养物，则不知轻重也。不知轻重，则重者为轻，轻者为重矣。若此，则每动无不败。以此为君悖，以此为臣乱，以此为子狂。三者国有一焉，无幸必亡。

　　今有声于此，耳听之必慊已，听之则使人聋，必弗听。有色于此，目视之必慊已，视之则使人盲，必弗视。有味于此，口食之必慊已，食之则使人喑[2]，必弗食。是故圣人之于声色滋味也，利于性则取之，害于性则舍之，此全性之道也。世之富贵者，其于声色滋味也多惑者，日夜求，幸而得之则遁焉。遁焉，性恶得不伤？

　　万人操弓，共射其一招[3]，招无不中。万物章章，以害一生，生无不伤；以便一生，生无不长。故圣人之制万物也，以全其天也。天全则神和矣，目明矣，耳聪矣，鼻臭矣，口敏矣，三百六十节皆通利矣。若此人者，不言而信，不谋而当，不虑而得；精通乎天地，神覆乎宇宙；其于物无不受也，无不裹也，若天地然；上为天子而不骄，下为匹夫而不惛；此之谓全德之人。

　　贵富而不知道，适足以为患，不如贫贱。贫贱之致物也难，虽欲过之奚由？出则以车，入则以辇，务以自佚，命之曰招蹶之机。肥肉厚酒，务以自强，命之曰烂肠之食。靡曼皓齿，郑、卫之音，务以自乐，命之曰伐性之斧。三患者，贵富之所致也。故古之人有不肯贵富者矣，由重生故也，非夸以名也，为其实也。则此论之不可不察也。

【注释】

①土者离之：者，意为类；离，当作泪，乱。意指土类泪乱之。

②喑：口不能言，俗谓之哑。

③招：指射箭的靶子。

尽　数

　　天生阴阳寒暑燥湿，四时之化，万物之变，莫不为利，莫不为害。圣人察阴阳之宜，辨万物之利以便生，故精神安乎形，而年寿得长焉。长也者，非短而续之也，毕其数也。毕数之务，在乎去害。何谓去害？大甘、大酸、大苦、大辛、大咸，五者充形则生害矣。大喜、大怒、大忧、大恐、大哀，五者接神则生害矣。大寒、大热、大燥、大湿、大风、大霖、大雾，七者动精则生害矣。故凡养生，莫若知本，知本则疾无由至矣。

　　精气之集也，必有入也。集于羽鸟，与为飞扬；集于走兽，与为流行；集于珠玉，与为精朗；集于树木，与为茂长；集于圣人，与为夐明。精气之来也，因轻而扬之，因走而行之，因美而良之，因长而养之，因智而明之。

　　流水不腐，户枢不蝼①，动也，形气亦然。形不动则精不流，精不流则气郁。郁处头则为肿为风，处耳则为挶②为聋，处目则为矇③为盲，处鼻则为鼽④为窒，处腹则为张为疛⑤，处足则为痿为蹶。

　　轻水所，多秃与瘿⑥人；重水所，多尰⑦与躄⑧人；甘水所，多好与美人；辛水所，多疽与痤人；苦水所，多尫与伛人。

　　凡食无强厚味，无以烈味重酒，是以谓之疾首。食能以时，身必无灾。凡食之道，无饥无饱，是之谓五藏⑨之宝。口必甘味，和精端容，将之以神气，百节虞欢，咸进受气，饮必小咽，端直无戾。

　　今世上卜筮祷祠，故疾病愈来。譬之若射者，射而不中，反修于招，何益于中？夫以汤止沸，沸愈不止，去其火则止矣。故巫医毒药，逐除治之，故古之人贱之也，为其末也。

【注释】

①户枢不蝼：谓户枢无蝼蚁。户枢主开阖，故蝼蚁不在上面打穴。

②聉：耳病。

③瞭：目不明。

④鼽：病寒鼻窒。

⑤疛：小腹痛病。

⑥瘖：与喑通，口不能言。

⑦尰：胫气肿。

⑧躄：两足俱废，不能行。

⑨藏：即五脏，心、肝、肺、脾、肾。

离　谓

言者，以谕意也。言意相离，凶也。乱国之俗，甚多流言，而不顾其实，务以相毁，务以相誉，毁誉成党，众口熏天①，贤不肖不分。以此治国，贤主犹惑之也，又况乎不肖者乎？惑者之患，不自以为惑，故惑惑之中有晓焉，冥冥之中有昭焉。亡国之主，不自以为惑，故与桀、纣、幽、厉皆也。然有亡者国，无二道矣。

郑国多相县以书②者。子产③令无县书，邓析④致之；子产令无致书，邓析倚之。令无穷，则邓析应之亦无穷矣；是可不可无辨也。可不可无辨，而以赏罚，其罚愈疾，其乱愈疾，此为国之禁也。故辨而不当理则伪，知而不当理则诈。诈伪之民，先王之所诛也。理也者，是非之宗也。

洧水⑤甚大，郑之富人有溺者。人得其死者，富人请赎之。其人求金甚多，以告邓析。邓析曰："安之。人必莫之卖矣。"得死者患之，以告邓析。邓析又答之曰："安之。此必无所更买矣。"夫伤忠臣者，有似于此也。夫无功不得民，则以其无功不得民伤之；有功得民，则又以其有功得民伤之。人主之无度者，无以知此，岂不悲哉！比干、苌弘⑥以此死，箕子⑦、商容⑧以此穷，周公、召公⑨以此疑，范蠡、子胥⑩以此流，死生存亡安危，从此生矣。

子产治郑，邓析务难之，与民之有狱者约，大狱一衣，小狱襦袴，民之献衣襦袴而学讼者，不可胜数。以非为是，以是为非，是非无度，而可与不可日变。所欲胜因胜，所欲罪因罪。郑国大乱，民口欢哗。子产患之，于是杀邓析而戮之，民心乃服，是非乃定，法律乃行。今世之人，多欲治其国，而莫之诛邓析之类，此所以欲治而愈乱也。

齐有事人者，所事有难而弗死也。遇故人于途，故人曰："固不死乎？"对曰："然。凡事人以为利也，死不利，故不死。"故人曰："子尚可以见人乎？"对曰："子以死为顾可以见人乎？"是者数传。不死于其君长，大不义也，其辞犹不可服，辞之不足以断事也明矣。夫辞者，意之表也，鉴其表而弃其意，悖。故古之人，得其意则舍其言矣，听言者以言观意也。听言而意不可知，其与桥言无择。

齐人有淳于髡⑪者，以从说魏王。魏王辩之，约车十乘，将使之荆。辞而行，有以横说魏王，魏王乃止其行。失从之意，又失横之事。夫其多能不若寡能，其有辩不若无辩。周鼎著倕而龁其指，先王有以见大巧之不可为也。

【注释】

①熏天：极言势力之嚣张。

②相县以书：县同"悬"，绝。相县以书，指好讼之人，所陈述的辩诉之词，与案件本身无关，能颠倒是非曲直。

③子产：春秋郑大夫公孙侨之字。博学多闻，长于政治。

④邓析：春秋时郑国大夫，名家代表人物，著有《邓析子》二篇。

⑤洧水：郑水名，发源于今河南登封市东之阳城山。

⑥苌弘：周敬王大夫。晋范中行之难，苌弘与焉，晋人以让周，周为杀苌弘。

⑦箕子：殷之太师，谏纣被囚，佯狂为奴，武王灭殷，箕子率五千人，避之朝鲜而君之。

⑧商容：殷纣时之贤人，为纣所贬，武王克殷表其闾。

⑨周公、召公：周之二相。成王幼，周公、召公同辅政，管叔及其群弟流言于国曰："公将不利于孺子。"成王疑之，周公乃避位居东。

⑩范蠡、子胥：范蠡二字疑有误，当作文种，盖范蠡于灭吴后，即洁身远害，惟大夫文种见杀而投尸于江中，子胥即伍员，因谏许越和，被谗，赐属镂剑死。

⑪淳于髡：战国齐人，滑稽多辩，数使诸侯，未尝屈辱。

用　民

凡用民，太上以义，其次以赏罚。其义则不足死[①]，赏罚则不足去就，若是而能用其民者，古今无有。民无常用也，无常不用也，唯得其道为可。

阖庐[②]之用兵也，不过三万；吴起之用兵也，不过五万。万乘之国，其为三万五万尚多。今外之则不可以拒敌，内之则不可以守国，其民非不可用也，不得所以用之也，不得所以用之，国虽大，势虽便，卒虽众，何益？古者多有天下而亡者矣，其民不为用也。用民之论，不可不熟。

剑不徒断，车不自行，或使之也，夫种麦而得麦，种稷而得稷，人不怪也。用民亦有种，不审其种，而祈民之用，惑莫大焉。

当禹之时，天下万国，至于汤而三千余国，今无存者矣，皆不能用其民也。民之不用，赏罚不充也。汤、武因夏、商之民也，得所以用之也。管、商[③]亦因齐、秦之民也，得所以用之也。民之用也有故，得其故，民无所不用。用民有纪有纲，壹引其纪，万目皆起，壹引其纲，万目皆张。为民纪纲者何也？欲也恶也。何欲何恶？欲荣利，恶辱害。辱害所以为罚充也，荣利所以为赏实也。赏罚皆有充实，则民无不用矣。

阖庐试其民于五湖[④]，剑皆加于肩，地流血几不可止；勾践试其民于寝宫，民争入水火，死者千余矣，遽击金而却之；赏罚有充也。莫邪不为勇者兴、惧者变，勇者以工，惧者以拙，能与不能也。

夙沙[⑤]之民，自攻其君而归神农，蜜须[⑥]之民，自缚其主而与文王。汤、武非徒能用其民也，又能用非己之民。能用非己之民，国虽小，卒虽少，功名犹可立，古昔多由布衣定一世者矣，皆能用非其有也。用非其有之心，不可不察之本。三代之道无二，以信为管。

宋人有取道者，其马不进，倒而投之鸂水。又复取道，其马不进，又倒而投之鸂水。如此者三。虽造父[⑦]之所以威马，不过此矣，不得造父之道，而徒得其威，无益于御。人主之不肖者，有似于此，不得其道，而徒多其威。威愈多，民愈不用。亡国之主，多以多威使其民矣。故威不可无有，而不足专恃。譬之若盐之于味，凡盐之用，有所托也，不适则败托而不可食。威亦然，必有所托，然后可行。恶乎托？托于爱利。爱利之心谕，威乃可行。威太甚则爱利之心息，爱利之心息而徒疾行威，身必咎矣，此殷夏之所以绝也。君，利势也，次官也。处次官，执利势，不可而不察于此。夫不禁而禁者，其唯深见此论邪！

【注释】

①不足死：即不足以用之于危地，使民效死而不离去。

②阖庐：一作阖闾，春秋时吴王名。派专诸刺杀吴王僚而自立为王，用楚亡臣伍子胥的计来讨伐楚，大败楚国，威震中原。

③管、商：即管仲、商鞅。

④五湖：五湖之名，诸说不一，在此指太湖。

⑤夙沙：古国名，为神农所灭，故址位于今山东胶东一带。

⑥蜜须：古国名，为周文王所灭，故城位于今甘肃灵台县西。

⑦造父：古代善于驾御者。周穆王时，以御八骏之功，封于赵城，遂为赵氏。

为　欲

使民无欲，上虽贤犹不能用。夫无欲者，其视为天子也，与为舆隶同；其视有天下也，与无立锥之地同；其视为彭祖也，与为殇子同。天子，至贵也；天下，至富也；彭祖，至寿也。诚无欲，则是三者不足以劝。舆隶，至贱也；无立锥之地，至贫也；殇子，至夭也。诚无欲，则是三者不足以禁。会有一欲，则北至大夏①，南至北户②，西至三危③，东至扶木④，不敢乱矣；犯白刃，冒流矢，趣水火，不敢却也；晨寤兴，务耕疾庸，稸⑤为烦辱，不敢休矣。故人之欲多者，其可得用亦多；人之欲少者，其可得用亦少；无欲者，不可得用也。人之欲虽多，而上无以令之，人虽得其欲，人犹不可用也。令人得欲之道，不可不审矣。

善为上者，能令人得欲无穷，故人之可得用亦无穷也。蛮夷反舌殊俗异习之国，其衣服冠带，宫室居处，舟车器械，声色滋味皆异，其为欲使一也。三王不能革，不能革而功成者，顺其天也；桀、纣不能离，不能离而国亡者，逆其天也。逆而不知其逆也，湛于俗也。久湛而不去则若性。性异非性，不可不熟。不闻道者，何以去非性哉？无以去非性，则欲未尝正矣。欲不正，以治身则夭，以治国则亡。故古之圣王，审顺其天而以行欲，则民无不令矣，功无不立矣。圣王执一，四夷皆至者，其此之谓也。

执一者至贵也，至贵者无敌。圣王托于无敌，故民命敌焉。群狗相与居，皆静无争，投以炙鸡，则相与争矣，或折其骨，或绝其筋，争术存也。争术存因争，不争之术存因不争，取争之术而相与事，万国无一。

凡治国令其民争行义也，乱国令其民争为不义也；强国令其民争乐用也，弱国令其民争竞不用也。夫争行义乐用，与争为不义竞不用，此其为祸福也，天不能覆，地不能载。

晋文公伐原⑥，与士期七日，七日而原不下，命去之。谋士言曰："原将下矣。"师吏请待之。公曰："信，国之宝也。得原失宝，吾不为也。"遂去之。明年复伐之，与士期必得原然后反，原人闻之乃下。卫人闻之，以文公之信为至矣，乃归文公。故曰："攻原得卫"者，此之谓也。文公非不欲得原也，以不信得原，不若勿得也，必诚信以得之，归之者非独卫也，文公可谓知求欲矣。

【注释】

①大夏：西北方叫大夏，古西域地区国名。

②北户：南荒之国。《尔雅》："抵竹、北户、西王母、日下谓之四荒。"

③三危：山名，位于今甘肃敦煌市南。三峰耸峙，如危欲堕，故名。一说三危为西藏之地。

④扶木：即扶桑，神木，古谓之为日出处。

⑤稻：一作香，耕田工具。

⑥晋文公伐原：事在周襄王十七年。原，为文王子所封之国。

召　类

类同相召，气同则合，声比则应。故鼓宫而宫应，鼓角①而角动；以龙致雨，以形逐影。祸福之所自来，众人以为命焉，不知其所由。故国乱非独乱，必有召寇。独乱未必亡也，召寇则无以存矣。

凡兵之用也，用于利，用于义。攻乱则服，服则攻者利；攻乱则义，义则攻者荣。荣且利，中主犹且为之，有况于贤主乎？故割地宝器，戈剑卑辞屈服，不足以止攻，唯治为足。治则为利者不攻矣，为名者不伐矣。凡人之攻伐也，非为利则固为名也。名实不得，国虽强大，则无为攻矣。

兵所自来者久矣。尧战于丹水②之浦，以服南蛮；舜却苗民③，更易其俗；禹攻曹魏、屈骜、有扈④，以行其教；三王以上，固皆用兵也。乱则用，治则止。治用攻之，不祥莫大焉；乱而弗讨，害民莫长焉。此治乱之化也，文武之所由起也。文者爱之征也，武者恶之表也，爱恶循义，文武有常，圣人之元也。譬之若寒暑之序，时至而事生之，圣人不能为时，而能以事适时。事适于时者，其功大。

士尹池⑤为荆使于宋，司城子罕⑥觞之。南家之墙，篆⑦于前而不直；西家之潦，径其宫而不止。士尹池问其故，司城子罕曰："南家工人也，为鞔⑧者也。吾将徙之，其父曰：'吾恃为鞔以食三世矣，今徙之，是宋国之求鞔者不知吾处也，吾将不食，愿相国之忧吾不食也。'为是故，吾弗徙也。西家高，吾宫庳，潦之经吾宫也利，故弗禁也。"士尹池归荆，荆王适兴兵而攻宋，士尹池谏于荆王曰："宋不可攻也。其主贤，其相仁。贤者能得民，仁者能用人。荆国攻之，其无功而为天下笑乎！"故释宋而攻郑。孔子闻之曰："夫修之于庙堂之上，而折冲乎千里之外者，其司城子罕之谓乎？"宋在三大万乘之间。子罕之时，无所相侵，边境四益，相平公、元公、景公以终其身，其唯仁且节与？故仁节之为功大矣。故明堂茅茨蒿柱，土阶三等，以见节俭。

赵简子⑨将袭卫，使史默⑩往睹之，期以一月。六月而后反。赵简子曰："何其久也？"史默曰："谋利而得害，犹弗察也？今蘧伯玉⑪为相，史鳅⑫佐焉，孔子为客，子贡使令于君前，甚听。《易》曰：'涣其群，元吉。'涣者，贤也；群者，众也；元者，吉之始也；涣其群元吉者，其佐多贤也。"赵简子按兵而不动。

凡谋者，疑也。疑则从义断事，从义断事则谋不亏，谋不亏则名实从之。贤主之举也，岂必旗债将毙而乃知胜败哉？察其理而得失荣辱定矣。故三代之所贵，无若贤也。

【注释】

①宫、角：均为五音名。五音，宫、商、角、徵、羽五个音阶。

②丹水：发源于陕西商县西山，东南流经商南县，又东入河南，经内乡淅川，东注均水。尧战丹水之浦，位于今淅川县西，丹水之阳。

③舜却苗民：当时有苗民起事，舜命禹徂征。

④曹魏、屈骜、有扈：均为古国名。

⑤士尹池：春秋时楚人。

⑥司城子罕：春秋时宋人，即乐喜。宋有人得玉以献乐喜，乐喜不爱，说："我不以贪为宝，尔以玉为宝。"

⑦篆：出现。

⑧鞇：鞋帮。

⑨赵简子：即赵鞅，晋定公时为相，卒谥简。

⑩史默：晋史官，名默。

⑪蘧伯玉：名瑗，春秋时卫人。

⑫史鳅：春秋时卫人，灵公不用蘧伯玉而任弥子瑕，史以尸谏，灵公乃退子瑕而进伯玉。

似　　顺

事多似倒而顺，多似顺而倒。有知顺之为倒，倒之为顺者，则可与言化矣。至长反短①，至短反长，天之道也。

荆庄王②欲伐陈，使人视之。使者曰："陈不可伐也。"庄王曰："何故？"对曰："城郭高，沟洫深，蓄积多也。"宁国曰："陈可伐也。夫陈小国也，而蓄积多，赋敛重也，则民怨上矣；城郭高，沟洫深，则民力罢矣。兴兵伐之，陈可取也。"庄王听之，遂取陈焉。

田成子之所以得有国至今者，有兄曰完子，仁且有勇。越人兴师诛田成子，曰："奚故杀君而取国？"田成子患之。完子请率士大夫以逆越师，请必战，战请必败，败请必死。田成子曰："夫必与越战，可也。战必败，败必死，寡人疑焉。"完子曰："君之有国也，百姓怨上，贤良又有死之，臣蒙耻。以完观之也，国已惧矣。今越人起师，臣与之战，战而败，贤良尽死，不死者不敢入于国。君与诸孤处于国，以臣观之，国必安矣。"完子行，田成子泣而遣之。夫死败，人之所恶也，而反以为安，岂一道哉？

故人主之听者与士之学者，不可不博。

尹铎[3]为晋阳，下之绛，有请于赵简子。简子曰："往而夷夫垒。我将往，往而见垒，是见中行寅与范吉射[4]也。"铎往而增之。简子上之晋阳，望见垒而怒曰："嘻！铎也欺我。"于是乃舍于郊，将使人诛铎也。孙明进谏曰："以臣私之，铎可赏也。铎之言固曰：'见乐则淫侈，见忧则诤治，此人之道也。今君见垒念忧患，而况群臣与民乎？夫便国而利于主，虽兼于罪，铎为之。夫顺令以取容者，众能之，而况铎欤？'君其图之。"简子曰："微子之言，寡人几过。"于是乃以免难之赏赏尹铎。人主，太上喜怒必循理，其次不循理，必数更，虽未至大贤，犹足以盖浊世矣，简子当此。世主之患，耻不知而矜自用，好愎过而恶听谏，以至于危，耻无大乎危者。

【注释】

①至长反短：至，即夏至。夏至极长，过至则短；故曰至长反短。冬至极短，过至则长，故下文又说"至短反长"。

②荆庄王：即楚庄王，为穆王之子。

③尹铎：春秋时晋人。出使晋阳，减少户数，民宽以和。晋阳，位于今山西太原。

④中行寅、范吉射：均为春秋时晋人。二人作乱，为赵简子所逐。

《淮南子》精华

【著录】

《淮南子》一书，二十一篇，系西汉淮南王刘安组织门客所编纂，是"牢笼天地，博极古今"（刘知几《史通》），集众家之说而归之于道的划时代巨著。该书内容丰富，思想深邃，文笔瑰丽，可谓稀世之作。汉武帝建元二年（前139）刘安将此书献上。这就是说该书形成于董仲舒"独尊儒术"之前。因此，各篇作者不是奉旨而作，而是在独立地对先秦百家之学做大规模地汇集、融合和反思的基础，独立地对西汉前期思想文化进行的概括总结。该书继承了先秦道家的自然无为论，而抛弃了老庄之学对儒墨诸家的排斥、抨击，包容着儒、法、阴阳、名、墨等家的思想，体现了汉初大通综百、众说纷纭的宽松氛围和汉人的宏阔气魄。二十一篇，篇篇精妙，各自成论。如《原道训》《道应训》，是专门阐述汉初黄老学"大道之深"的；《俶真训》是对秦汉宇宙生成论的最典型概括；《天文训》《墬形训》讲的是天文、地理学；《览冥训》是有关人体必然性、本质规律的探索，可谓是早期系统化的生理学与养生学；《本经训》讲圣道，而《主术训》论君术；《齐俗训》以述民俗，表达了道家的政治历史观；《兵略训》是谈军事，但更是对道家、兵家辩证法的高度总结；《说山训》《说林训》是有关古人智慧结晶的箴言篇；《氾论训》《人间训》是阐述人生命运、吉凶奥妙的祸福篇；《修务训》论述人才培养与注重教育；《缪称训》《诠言训》则属于道家名理之学；《泰族训》由天人之际、古今之变论及治国之道；而《要略》篇则是对全书的精要概括。

《淮南子》一书，尽管有登仙羽化、祸福宿命之类的迷信糟粕，但它所具有的包容精神、豁达气度和辩证思维，以及有关自然哲学、主体意识方面的阐述，对启迪智慧、焕发生机，提高境界，仍不失为一座智慧宝库，具有挖掘价值。

诠言训

洞同天地，浑沌为朴，未造而成物，谓之太一①。同出于一，所为各异，有鸟有鱼有兽，谓之分物。方以类别，物以群分，性命不同，皆形于有。隔而不通，分而为万物，莫能及宗。故动而谓之生，死而谓之穷。皆为物矣，非不物而物物者也，物物者亡乎万物之中②。

稽古太初，人生于无，形于有③。有形而制于物，能反其所生。若未有形，谓之真人。真人者，未始分于太一者也。

圣人不为名尸④，不为谋府，不为事任，不为智主；藏无形，行无迹，游无朕⑤；不为福先，不为祸始；保于虚无，动于不得已。

欲福者或为祸，欲利者或离害。故无为而宁者，失其所以宁则危；无事而治者，失其所以治则乱。星列于天而明，故人指之；义列于德而见，故人视之。人之所指，动则有章；人之所视，行则有迹。动有章则词，行有迹则议。故圣人掩明于不形，藏迹于无为。

王子庆忌死于剑⑥，羿死于桃棓⑦，子路菹于卫，苏秦死于口⑧。

人莫不贵其所有而贱其所短，然而皆溺其所贵而极其所贱。所贵者有形，所贱者无朕也。故虎豹之强来射，猿狄之捷来措。人能贵其所贱，贱其所贵，可与言至论矣。

自信者，不可以诽誉迁也；知足者，不可以势利诱也。故通性之情者，不务性之所无以为；通命之情者，不忧命之所无奈何；通于道者，物莫不足滑其调。

詹何曰：“未尝闻身治而国乱者也，未尝闻身乱而国治者也。”矩不正不可以为方，规不正不可以为圆。身者，事之规矩也，未闻枉己而能正人者也。

原天命，治心术，理好憎，适情性，则治道通矣。原天命，则不惑祸福；治心术，则不妄喜怒；理好憎，则不贪无用；适情性，则欲不过节。不惑祸福，则动静循理；不妄喜怒，则赏罚不阿；不贪无用，则不以欲用害性；欲不过节，则养性知足。凡此四者，弗求于外，弗假于人，反己而得矣。

天下不可以智为也，不可以慧识也，不可以事治也，不可以仁附也，不可以强胜也。五者皆人才也，德不盛不能成一焉。德立则五无殆，五见则德无位矣[9]。故得道则愚者有余，失道则智者不足。

渡水而无游数，虽强必沉；有游数，虽羸必遂；又况托于舟航之上乎？

为治之本，务在于安民；安民之本，在于足用；足用之本，在于勿夺时；勿夺时之本，在于省事；省事之本，在于节欲；节欲之本，在于反性；反性之本，在于去载[10]。去载则虚，虚则平。平者道之素也，虚者道之舍也。

能有天下者，必不失其国；能有其国者，必不丧其家；能治其家者，必不遗其身；能修其身者，必不忘其心；能原其心者，必不亏其性；能全其性者，必不惑于道。故广成子[11]曰："慎守而内，周闭而外，多知为败。毋视毋听，抱神以静，形将自正。"不得之己而能知彼者，未之有也。故《易》曰："括囊无咎无誉。"

能成霸王者，必得胜者也；能胜敌者，必强者也；能强者，必用人力者也；能用人力者，必得人心也；能得人心者，必自得者也；能自得者，必柔弱也。强胜不若己者，至于与同则格[12]；柔胜出于己者，其力不可度。故能以众不胜成大胜者，唯圣人能之。

善游者，不学刺舟而便用之；劲窥者，不学骑马而便居之；轻天下者，身不累于物，故能处之。泰王亶父处邠，狄人攻之，事之以皮币珠玉而不听，乃谢耆老而徙岐周，百姓携幼扶老而从之，遂成国焉。推此意，四世[13]而有天下，不亦宜乎？

无以天下为者，必能治天下者。霜雪雨露，生杀万物，天无为焉，犹之贵天也。厌文搔法[14]，治官理民者，有司也，君无事焉，犹尊君也。辟地垦草者后稷也，决河浚江者禹也，听狱制中者皋陶也，有圣名者尧也。故得道以御者，身虽无能，必使能者为己用；不得其道，伎艺虽多，未有益也。

方船济乎江，有虚舟从一方来，触而覆之。虽有忮心，必无怨色。有一人在其中，一谓张之，一谓歙之[15]，再三呼而不应，必以丑声随其后；向不怒而今怒，向虚而今实也。人能虚己以游于世，孰能訾之！

释道而任智者必危，弃数而用才者必困。有以欲多而亡者，未有以无欲而危者也。有以欲治而乱者，未有以守常而失者也。故智不足免患，愚不足以至于失宁，守其分，循其理，失之不忧，得之不喜。故成者非所为也。得者非所求也；入者有受而无取，出者有授而无予；因春而生，因秋而杀；所生者弗德，所杀者非怨；则几于道也。

圣人不为可非之行，不憎人之非己也；修足誉之德，不求人之誉己也；不能使祸不至，信己之不迎也；不能使福必来，信己之不攘也。祸之至也，非其求所生，故穷而不忧；福之至也，非其求所成，故通而弗矜。知祸福之制不在于己也，故闲居而乐，无为而治。圣人守其所以有，不求其所未得。求其所无，则所有者亡矣；修其所有，则所欲者至。故用兵者，先为不可胜，以待敌之可胜也；治国者，先为不可夺，以待敌之可夺也，舜修之历山，而海内从化；文王修之岐周，而天下移风。使舜趋天下之利，而忘修己之道，身犹弗能保，何尺地之有？故治未固于不乱，而事为治者必危；行未固于无非，而急求名者必寮也。福莫大无祸，利莫美不丧。动之为物，不损则益，不成则毁，不利则病，皆险也，道之者危。故秦胜乎戎而败乎殽[16]，楚胜乎诸夏而败乎柏莒[17]。故道不可以劝而就利者，而可以宁避害者。故常无祸，不常有福；常无罪，不常有功。

圣人无思虑，无设储；来者弗迎，去者弗将[18]；人虽东西南北，独立中央。故处众枉之中，不失其直，天下皆流，独不离其坛域。故不为善，不避丑，遵天之道；不为始，不专己，循天之理；不豫谋，不弃时，与天为期；不求得，不辞福，从天之则。不求所无，不失所得；内无旁祸，外无旁福；祸福不生，安有人贼？

为善则观，为不善则议；观则生贵，议则生患。故道术不可以进而求名，而可以退而修身；不可以得利，而可以离害。故圣人不以行求名，不以智见誉；法修自然，己无所与。

虑不胜数，行不胜德，事不胜道。为者有不成，求者有不得。人有穷而道无不通，与道争则凶。故《诗》曰："弗识弗知，顺帝之则。"有智而无为，与无智者同道；有能而无事，与无能者同德。其智也，告之者至，然后觉其动也；其能也，使之者至，然后觉其为也。有智若无智，有能若无能，道理为正也。故功盖天下，不施其美；泽及后世，不有其名，道理通而人伪灭也。

名与道不两明。人受名则道不用，道胜人则名息矣。道与人竞长。章人者息道者也[19]，人章道息，则危不远矣。故世有盛名，则衰之日至矣。

欲尸名者必为善，欲为善者必生事，事生则释公而就私，背数而任己。欲见誉于为善，而立名于为质，则治不修故，而事不须时。治不修故则多责，事不须时则无功。责多功鲜，无以塞之，则妄发而邀当，妄为而要中，功之成也不足以更责，事之败也不足以毙身。故重为善若重为非，而几于道矣。

天下非无信士也，临货分财，必探筹而定分，以为有心者之于平，不若无心者也。天下非无廉士也，然而守重宝者，必关户而全封，以为有欲者之于廉，不若无欲者也。

人举其疵则怨人，鉴见其丑则善鉴。人能接物而不与己焉，则免于累矣。

公孙龙粲于辞而贸名，邓析巧辩而乱法，苏秦善说而亡国。由其道则善无章，修其理则巧无名。故以巧斗力者，始于阳，常卒于阴；以慧治国者，始于治，常卒于乱。使水流下，孰弗能治？激而上之，非巧不能。故文胜则质掩，邪巧则正塞之也。

德可以自修，而不可以使人暴；道可以自治，而不可以使人乱。虽有圣贤之宝，不遇暴乱之世，可以全身，而未可以霸王也。汤武之王也，遇桀纣之暴也。桀纣非以汤武之贤暴也，汤武遭桀纣之暴而王也。故虽贤王必待遇。遇者，能遭于时而得之也，非智能所求而成也。

君子修行而使善无名，布施而使仁无章。故士行善而不知善之所由来，民澹利而不知利之所由出，故无为而自治。善有章则士争名，利有本则民争功。二争者生，虽有贤者弗能治。故圣人掩迹于为善，而息名于为仁也。

外交而为援，事大而为安，不若内治而待时。凡事人者，非以宝币，必以卑辞。事以玉帛，则货殚而欲不餍；卑礼婉辞，则谕说而交不结；约束誓盟，则约定而反无日。虽割国之锱锤[20]以事人，而无自恃之道，不足以为全。若诚外释交之策而慎修其境内之事，尽其地力以多其积，厉其民死以牢其城，上下一心，君臣同志，与之守社稷，鷇死而民弗离，则为名者不伐无罪，而为利者不攻难胜，此必全之道也。

民有道所同道，有法所同守，为义之不能相固，威之不能相必也。故立君以一民，君执一则治，无常则乱。君道者，非所以为也，所以无为也。何谓无为？智者不以位为事，勇者不以位为暴，仁者不以位为患，可谓无为矣。夫无为则得于一也。一也者，万物之本也，无敌之道也。凡人之性，少则猖狂，壮则暴强，老则好利，一人之身既数变矣，又况君数易法，国数易君？人以其位通其好憎，下之径衢不可胜理。故君失一则乱，甚于无君之时。故《诗》曰："不愆不忘，率由旧章。"此之谓也。

君好智，则倍时而任己，弃数而用虑，天下之物博而智浅，以浅澹博，未有能者也。独任其智，失必多矣。故好智，穷术也。好勇则轻敌而简备，自负而辞助。一人之力以御强敌，不仗众多而专用身才，必不堪也。故好勇，危术也。好与则无定分，上之分不定，则下之望无止。若多赋敛，实府库，则与民为仇。少取多与，数未之有也。故好与，来怨之道也。仁智勇力，人之美才也，则莫足以治天下。由此观之，贤能之不足任也而道术之可修，明矣。

圣人胜心，众人胜欲。君子行正气，小人行邪气。内便于性，外合于义，循理而动，不系于物者，正气也。重于滋味，淫于声色，发于喜怒，不顾后患者，邪气也。邪与正相伤，欲与性相害，不可两立，一置一废，故圣人损欲而从事于性。目好色，耳好声，口好味，接而说之，不知利害，嗜欲也。食之不宁于体，听之不合于道，视之不便于性，三官交争[21]，以义为制者，心也。割痤疽，非不痛也；饮毒药，非不苦也；然而为之者，便于身也。渴而饮水，非不快也；饥而大飧，非不赡也；然而弗为者，害于性也。此四者，耳、目、鼻、口不知所取去，心为之制，各得其所。由是观之，欲之不可胜，明矣。凡治身养性，节寝处，适饮食，和喜怒，便动静，使在己者得，而邪气因而不生，岂若忧痕疵之与痤疽之发，而预备之哉？夫函牛之鼎沸[22]，而蝇蚋弗敢入，昆山之玉瑱[23]，而尘垢弗能污也。圣人无去之心而心无丑，无取之美而美不失。故祭祀思亲不求福，飨宾修敬不思德，唯弗求者能有之。

处尊位者，以有公道而无私说，故称尊焉，不称贤也。有大地者，以有常术而无钤谋，故称平焉，不称智也。内无暴事以离怨于百姓，外无贤行以见忌于诸侯，上下之礼袭而不离，而为论者莫然不见所观焉，此所谓藏无形者。非藏无形，孰能形？

三代之所道者，因也。故禹决江河，因水也；后稷播种树谷，因地也；汤武平暴乱，因时也。故天下可得而不可取也，霸王可受而不可求也。

在智则人与之讼，在力则人与之争。未有使人无智者，有使人不能用其智于己者也；未有使人无力者，有使人不能施其力于己者也。此两者常在久见，故君贤不见，诸侯不备；不肖不见，则百姓不怨。百姓不怨，则民用可得；诸侯弗备，则天下之时可承。事所与众同也，功所与时成也，圣人无焉。故老子曰："虎无所措其爪，兕无所措其角。"盖谓此也。

鼓不灭于声，故能有声。镜不没于形，故能有形。金石有声，弗叩弗鸣。管箫有音，弗吹无声。圣人内藏，不为物先倡。事来而制，物至而应。饰其外者伤其内，扶其情者害其神，见其文者蔽其质。无须臾忘为质者必困于性，百步之中不忘其容者必累其形。故羽翼美者伤骨骸，枝叶美者害根茎。能两美者，天下无之也。

天有明，不忧民之晦也，百姓穿户凿牖，自取照焉。地有财，不忧民之贫也。百姓伐木芟草，自取富焉。至德道者若丘山，嵬然不动，行者以为期也；直己而足物[24]，不为人赐，用之者亦不受其德；故宁而能久。天地无予也，故无夺也。日月无德也，故无怨也。喜德者必多怨，喜予者必善夺。唯灭迹于无为，而随天地自然者，唯能胜理，而为受名。名兴则道行，道行则人无位矣。故誉生则毁随之，善见则怨从之。

利则为害始，福则为祸先，唯不求利者为无害，唯不求福者为无祸。侯而求霸者，必失其侯；霸而求王者，必丧其霸。故国以全为常，霸王其寄也；身以生为常，富贵其寄也。能不以天下伤其国，而不以国害其身者，为可以托天下也。

不知道者，释其所已有而求其所未得也。苦心悉虑以行曲，故福至则喜，祸至则怖；神劳于谋，智遽于事；祸福萌生，终身不悔；己之所生，乃反愁人；不喜则忧，中未尝平；持无所监，谓之狂生。

人主好仁，则无功者赏，有罪者释；好刑，则有功者废，无罪者诛；及无好者，诛而无怨，施而不德，放准循绳，身无与事，若天若地，何不覆载？故合而舍之者君也，制而诛之者法也。民已受诛，怨无所灭，谓之道，道胜则人无事矣。

圣人无屈奇之服[25]，无瑰异之行，服不视，行不观，言不议，通而不华，穷而不慑，荣而不显，隐而不穷，异而不见怪，容而与众同，无以名之，此之谓大通。

升降揖让，趋翔周游，不得已而为也。非性所有于身，情无符检，行所不得已之事而不解构耳，岂加故为哉？故不得已而歌者，不事为悲；不得已而舞者，不矜为丽；歌舞而不事为悲丽者，皆无有根心者。

善博者不欲牟，不恐不胜，平心定意，捉得其齐，行由其理，虽不必胜，得筹必多。何则？胜在于数，不在于欲。駟者不贪最先[26]，不恐独后，缓急调乎手，御心调乎马，虽不能必先载，马力必尽矣。何则？先在于数，而不在于欲也。是故灭欲则数胜，弃智则道立矣。

贾多端则贫，工多技则穷，心不一也。故木之大者害其条，水之大者害其深。有智而无术，虽钻之不通；有百技而无一道，虽得之弗能守。故《诗》曰："淑人君子，其仪一也；其仪一也，心如结也。"君子其结于一乎？

舜弹五弦之琴，而歌《南风》之诗，以治天下；周公毅臑不收于前[27]，钟鼓不解于县，以辅成王，而海内平。匹夫百亩一守，不遑启处，无所移之也。以一人兼听天下，日有余而治不足，使人为之也。

处尊位者如尸，守官者如祝宰。尸虽能，剥狗烧彘弗为也，弗能无亏；俎豆之列次，黍稷之先后，虽知弗教也，弗能害也。不能祝者，不可以为祝，无害于为尸。不能御者，不可以为仆，无害于为佐。故位愈尊而身愈佚，身愈大而事愈少。譬如张琴，小弦虽急，大弦必缓。

无为者，道之体也；执后者，道之容也。无为制有为，术也；执后之制先，数也。放于术则强，审于数则宁。今与人卞氏之璧，未受者，先也；求而致之，虽怨不逆者，后也。三人同舍，二人相争，争者各自以为直，不能相听，一人虽愚，必从旁而决之，非以智，不争也。两人相斗，一赢在侧，助一人则胜，蚏一人则免，斗者虽强，必制一赢，非以勇也，以不斗也。由此观之，后之制先，静之胜躁，数也。倍道弃数，以求苟遇；变常易故，以知要遮；过则自非，中则以为候；暗行缪改，终身不寤：此之谓狂。有祸则诎，有福则赢，有过则悔，有功则矜，遂不知反；此谓狂人。

圆之中规，方之中矩，行成兽，止成文，可以将少，而不可以将众。蓼菜成行，瓶瓯有堤[28]，量粟而舂，数米而炊，可以治家，而不可以治国。涤杯而食，洗爵而饮，浣而后馈，可以养家老，而不可以飨三军。

非易不可以治大，非简不可以合众。大乐必易，大礼必简。易故能天，简故能地。大乐无怨，大礼不责。四海之内，莫不系统，故能帝也。

心有忧者，筐床衽席，弗能安也；菰饭犓牛，弗能甘也；琴瑟鸣竽，弗能乐也。患解忧除，然后食甘寝宁，居安游乐。由是观之，生有以乐也，死有以哀也。今务益性之所不能乐，而以害性之所以乐，故虽富有天下，贵为天子，而不免为哀之人。凡人之性，乐恬而憎悯，乐佚而憎劳。心常无欲，可谓恬矣。形常无事，可谓佚矣。游心于恬，舍形于佚，以俟天命；自乐于内，无急于外，虽天下之大，不足以易其一概。日月废而无溉于志㉙，故虽贱如贵，虽贫如富。

大道无形，大仁无亲，大辩无声，大廉不嗛，大勇不矜。五者无弃，而几乡方矣㉚。

军多令则乱，酒多约则辩。乱则降北，辩则相贼。故始于都者，常大于鄙；始于乐者，常大于悲。其作始简者，其终本必调。今有美酒佳肴以相飨，卑礼婉辞以接之，欲以合欢，争盈爵之间，反生斗。斗而相伤，三族结怨，反其所憎，此酒之败也。

诗之失，僻；乐之失，刺；礼之失，责。

徵音非无羽声也，羽音非无徵声也。五音莫不有声，而以徵羽定名者，以胜者也。故仁义智勇，圣人之所备有也，然而皆立一名者，言其大者也。

阳气起于东北，尽于西南；阴气起于西南，尽于东北。阴阳之始，皆调适相似，日长其类，以侵相远，或热焦沙，或寒凝水，故圣人谨慎其所积。

水出于山，而入于海；稼生于野，而藏于廪。见所始，则知终矣。

席之先藋蕈，樽之上玄酒，俎之先生鱼，豆之先泰羹，此皆不快于耳目，不适于口腹，而先王贵之；先本而后末。

圣人之接物，千变万轸，必有不化而应化者。夫寒之与暖相反，大寒地坼水凝，火弗为衰其暑；大热铄石流金，火弗为益其烈。寒暑之变，无损益于己，质有之也。

圣人常后而不先，常应而不唱；不进而求，不退而让。随时三年，时去我先；去时三年，时在我后；无去无就，中立其所。

天道无亲，唯德是与。有道者不失时与人，无道者失于时而取人。直己而待命，时之至不可迎而反也；要遮而求合，时之去不可追而援也。

故不曰我无以为，而天下远；不曰我不欲，而天下不至。

古之存己者，乐德而忘贱，故名不动志；乐道而忘贫，故利不动心。名利充天下，不足以概志。故廉而能乐，静而能澹，故其身治者，可与言道矣。自身以上至于荒芒，亦远矣；自死而天地无穷，亦滔矣。以数杂之寿^㉛，忧天下之乱，犹忧河水之少，泣而益之也。龟三千岁，浮游不过三日，以浮游而为龟忧养生之具，人必笑之矣。故不忧天下之乱，而乐其身之治者，可与言道矣。

君子为善，不能使福必来；不为非，而不能使祸无至。福之至也，非其所求，故不伐其功；祸之来也，非所其生，故不悔其行。内修极而横祸至者，皆天也，非人也。故中心常恬漠，累积其德；狗吠而不惊，自信其情。故知道者不惑，知命者不忧。

万乘之主卒，葬其骸于广野之中，祀其鬼神于明堂之上，神贵于形也。故神制则形从，形胜则神穷，聪明虽用，必反诸神，谓之太冲。

【注释】

①太一：生化万物的最终根源。

②物物者亡乎万物之中：物物，即创造万物。意指造物者不在万物之中。

③稽古太初，人生于无，形于有：远溯到上古太初之时，天地始生，人由无中而生，成形于有，即无形生有形。

④尸：即主体、载体。古代也指神主。

⑤朕：即征兆、迹象。

⑥王子庆忌死于剑：王子庆忌是吴王僚的弟子，他健勇擅剑，因此阖闾弑僚后，派人将他刺死。

⑦羿死于桃棓：棓，大杖。神箭手后羿死于桃棓之下，鬼怕桃一说由此而来。

⑧苏秦死于口：著名说客苏秦正是因善辩的口而被齐国杀掉。

⑨五见则德无位矣：五见，指智、慧、事、仁、强五事都显现。意指突出五事，则德无所居之位。

⑩在于去载：载，即浮华之载。强调去浮华而返本性。

⑪广成子：传说中黄帝时的人。

⑫至于与同则格：如果对方与自己力量相同，那就难免相互格斗。

⑬四世：即指太王、王季、周文王和周武王。

⑭厌文挠法：厌，即持守；挠，即费心劳神。

⑮一谓张之，一谓歙之：指持舟楫划船，靠近岸边的则为歙，远离岸边的则为张。

⑯故秦胜乎戎而败乎殽：所以秦穆公战胜西戎而败给晋国于殽。

⑰楚胜乎诸夏而败乎柏莒：楚昭王威慑诸夏而在柏莒被吴国军队打败。

⑱弗将：即不必相送。

⑲章人者息道者也：章，即彰明；息，即止息。意指突出人为则大道休止。

⑳锱锤：古重量单位，六两为一锱，二锱为一锤。

㉑三官交争：三官，指口食、目视、耳听；交争，即相互争斗。

㉒夫函牛之鼎沸：指能容纳一条整牛的大鼎沸腾了。

㉓昆山之玉瑱：意指用昆仑山产的美玉塞耳防尘。玉瑱，古人塞耳防尘的美玉。

㉔直己而足物：己，这里指山。指山自生万物而满足百姓之用。

㉕圣人无屈奇之服：屈奇，即屈短而奇长。因为服而不衷，身必有灾，圣人所以无屈短奇长之服。

㉖驰者不贪最先：驰，同"骋"，即竞赛奔驰。

㉗周公觳臑不收于前：觳臑，动物的臂下肥健之肉。犹言周公顾不得美味佳肴的享受。

㉘瓶瓯有堤：堤，指使瓶瓯安处不倒的支座。

㉙日月廋而无溉于志：廋，即隐。溉，即灌。自己已经隐藏，更不以他欲而灌其志。

㉚而几乡方矣：乡，即驱向、驱近；方，指道。意指几乎驱向、接近于道。

㉛以数杂之寿：杂，即匝，从子至亥为一匝。数杂即数匝，指从子至亥数匝。

兵略训

古之用兵者，非利土壤之广，而贪金玉之略，将以存亡继绝，平天下之乱，而除万民之害也。凡有血气之虫，合牙带角，前爪后距，有角者触，有齿者噬，有毒者螫，有蹄者趹，喜而相戏，怒而相害，天之性也。人有衣食之情，而物弗能足也，故群居杂处，分不均，求不赡则争，争则强胁弱而勇侵怯。人无筋骨之强、爪牙之利，故割革而为甲，铄铁而为刃。贪昧饕餮之人，残贼天下，万人搔动，莫宁其所。有圣人勃然而起，乃讨强暴，平乱世，夷险除秽，以浊为清，以危为宁，故不得不中绝。兵之所由来者远矣。黄帝尝与炎帝战矣。颛顼尝与共工争矣。故黄帝战于涿鹿之野，尧战于丹水之浦，舜伐有苗，启攻有扈，自五帝而弗能偃也，又况衰世乎！

夫兵者，所以禁暴讨乱也。炎帝为火灾，故黄帝擒之，共工为水害，故颛顼诛之。教之以道，导之以德而不听，则临之以威武；临之威武而不从，则制之以兵革。故圣人之用兵也，若栉发耨苗，所去者少，而所利者多。杀无罪之民，而养无义之君，害莫大焉；殚天下之财，而赡一人之欲，祸莫深焉。使夏桀、殷纣有害于民，而立被其患，不至于为炮烙；晋厉、宋康行一不义，而身死国亡，不至于侵夺为暴。此四君者，皆有小过而莫之讨也，故至于攘天下，害百性，肆一人之邪，而长海内之祸，此大论之所不取也。所为立君者，以禁暴讨乱也。今乘万民之力，而反为残贼，是为虎傅翼，曷为弗除！

夫畜池鱼者，必去猵獭^①，养禽兽者，必去豺狼，又况治人乎！故霸王之兵，以论虑之，以策图之，以义扶之，非以亡存也，将以存亡也。故闻敌国之君有加虐于民者，则举兵而临其境，责之以不义，刺之以过行。兵至其郊，乃令军师曰："毋伐树木，毋抉坟墓，毋爇五谷^②，毋焚积聚，毋捕民虏，毋收六畜。"乃发号施令曰：其国之君，傲天侮鬼，决狱不辜，杀戮无罪，此天之所以诛也，民之所以仇也；兵之来也，以废不义而复有德也，有逆天之道、帅民之贼者，身死族灭；以家听者禄以家，以里听者赏以里，以乡听者封以乡，以县听者侯以县！克国不及其民，废其君而易其政，尊其秀士而显其贤良，振其孤寡，恤其贫穷，出其囹圄，赏其有功。百姓开门而待之，淅米^③而储之，唯恐其不来也。此汤武之所以致王，而齐桓、晋文之所以成霸也。故君为无道，民之思兵也，若旱而望雨，渴而求饮，夫有谁与交兵接刃乎？故义兵之至也，至于不战而止。

晚世之兵，君虽无道，莫不设渠堑傅堞而守^④。攻者非以禁暴除害也，欲以侵地广壤也。是故至于伏尸流血，相支以日，而霸王之功不世出者，自为之故也。夫为地战者，不能成其王；为身战者，不能立其功。举事以为人者，众助之；举事以自为者，众去之。众之所助，虽弱必强；众之所去，虽大必亡。

兵失道而弱，得道而强；将失道而拙，得道而工；国得道而存，失道而亡。所谓道者，体圆而法方，背阴而抱阳，左柔而右刚，履幽而戴明。变化无常，得一之原，以应无方，是谓神明。夫圆者天也，方者地也。天圆而无端，故不可得而观；地方而无垠，故莫能窥其门。天化育而无形象，地生长而无计量，浑浑沉沉，孰知其藏？凡物有朕，唯道无朕。所以无朕者，以其无常形势也。轮转而无穷，象日月之运行，若春秋有代谢，若日月有昼夜，终而复始，明而复晦，莫能得其纪。

制刑而无刑，故功可成。物物而不物⑤，故胜而不屈。刑，兵之极也；至于无刑，可谓极之矣。是故大兵无创，与鬼神通；五兵不厉，天下莫之敢当；建鼓不出库，诸侯莫不怊怅沮胆其廑。故庙战者帝，神化者王。所谓庙战者，法天道也；神化者，法四时也。修政于境内，而远方慕其德，制胜于未战，而诸侯服其威，内政治也。

古得道者，静而法天地，动而顺日月，喜怒而合四时，叫呼而比雷霆，音气不戾八风，诎伸不获五度⑥。下至介鳞，上及毛羽，条修叶贯；万物百族，由本至末，莫不有序。是故入小而不逼，处大而不窕，浸乎金石，润乎草木；宇中六合⑦，振毫之末，莫不顺比。道之浸洽，渐淖纤微，无所不在，是以胜权多也。

夫射，仪度不得，则格的不中⑧；骥，一节不用，而千里不至。夫战而不胜者，非鼓之日也，素行无刑久矣。故得道之兵，车不发轫，骑不被鞍，鼓不振尘，旗不解卷，甲不离矢，刃不尝血，朝不易位，贾不去肆，农不离野，招义而责之，大国必朝，小城必下。因民之欲，乘民之力，而为之去残除贼也。故同利相死，同情相成，同欲相助。顺道而动，天下为向；因民而虑，天下为斗。猎者逐禽，车驰人趋，各尽其力，无刑罚之威，而相为斥阓要遮者⑨，同所利也。同舟而济于江，卒遇风波，百族之子，捷捽招杼船，若左右手，不以相德，其忧同也。故明王之用兵也，为天下除害，而与万民共享其利，民之为用，犹子之为父，弟之为兄。威之所加，若崩山决塘，敌孰敢当？故善用兵者，用其自为用也；不能用兵者，用其为己用也。用其自为用，则天下莫不可用也；用其为己用，所得者鲜矣。

兵有三诋[10]。治国家，理境内，行仁义，布德惠，立正法，塞邪隧，群臣亲附，百姓和辑，上下一心，君臣同力，诸侯服其威，而四方怀其德，修政庙堂之上，而折冲千里之外，拱揖指捴，而天下响应，此用兵之上也。地广民众，主贤将忠，国富兵强，约束信，号令明，两军相当，鼓铎望相[11]，未至兵交接刃，而敌人奔亡，此用兵之次也。知土地之宜，习险隘之利，明奇正之变，察行陈解赎之数，维枹绾而鼓之[12]，白刃合，流矢接，涉血属肠，舆死扶伤，流血千里，暴骸盈场，乃以决胜，此用兵之下也。今夫天下皆知事治其末，而莫知务修其本，释其根而树其枝也。

夫兵之所以佐胜者众，而所以必胜者寡。甲坚兵利，车固马良，畜积给足，士卒殷轸[13]，此军之大资也，而胜亡焉。明于星辰日月之运、刑德奇赅之数[14]、背向左右之便，此战之助也，而全亡焉。良将之所以必胜者，恒有不原之智、不道之道，难以众同也。夫论除谨，动静时，吏卒辨，兵甲治，此司马之官也。正行伍，连什伯，明鼓旗，此尉之官也。前后知险易，见敌知难易，发斥不忘遗，此候之官也。隧路亟[15]，行輜治，赋丈均，处军辑，井灶通，此司空[16]之官也。收藏于后，迁舍不离，无淫舆，无遗辎，此舆之官也[17]。凡此五官之于将也，犹身之有股肱手足也。必择其人技能其才，使官胜其任，人能其事，告之以政，申之以令，使之若虎豹之有爪牙，飞鸟之有六翮，莫不为用。然皆佐胜之具也，非所以必胜也。兵之胜败，本在于政。政胜其民，下附其上，则兵强矣。民胜其政，下畔其上，则兵弱矣。故德义足以怀天下之民，事业足以当天下之急，选举足以得贤士之心，谋虑足以知强弱之势，此必胜之本也。

地广人众，不足以为强；坚甲利兵，不足以为胜；高城深池，不足以为固；严令繁刑，不足以为威。为存政者，虽小必存；为亡政者，虽大必亡。昔者，楚人地南卷沅湘，北绕颍泗，西包巴蜀，东裹郯邳；颍汝以为洫[18]，江汉以为池；垣之以邓林[19]，绵之以方城[20]；山高寻云，溪肆无景[21]；地利形便，卒民勇敢；蛟革犀兕，以为甲胄；修铩短钑[22]，齐为前行；积弩[23]陪后，错车卫旁；疾如锥矢，合如雷电，解如风雨。然而兵殆于垂沙[24]，众破于柏举。楚国之强，大地计众，中分天下，然怀王北畏孟尝君，背社稷之守，而委身强秦，兵挫地削，身死不还。二世皇帝，势为天子，富有天下，人迹所至，舟楫所通，莫不为郡县。然纵耳目之欲，穷侈靡之变，不顾百姓之饥寒穷匮也。兴万乘之驾，而作阿房之宫，发闾左之戍，收太半之赋[25]，百姓之随逮肆刑、挽辂首路死者，一旦不知千万之数；天下敖然若焦热，倾然若苦烈，上下不相宁，吏民不相僇。戍卒[26]陈胜兴于大泽，攘臂袒右，称为大楚，而天下响应。当此之时，非有牢甲利兵劲弩强冲也，伐棘枣而为矜，周锥凿而为刃，剟撕笋，奋儋镵，以当修戟强弩，攻城略地，莫不降下。天下为之麋沸蚁动，云彻席卷，方数千里。势位至贱，而器械甚不利，然一人唱而天下应之者，积怨在于民也。

武王伐纣，东面而迎岁[27]，至汜而水，至共头而坠[28]，彗星出而授殷人其柄[29]；当战之时，十日乱于上，风雨击于中；然而前无蹈难之赏，而后无遁北之刑，白刃不毕拔，而天下得矣。是故善守者无与御，而善战者无与斗；明于禁舍开塞之道，乘时势，因民欲，而取天下。

故善为政者积其德，善用兵者畜其怒；德积而民可用，怒畜而威可立也。故文之所以加者浅，则势之所胜者小；德之所施者博，而威之所制者广。威之所制者广，则我强而敌弱矣。故善用兵者，先弱敌而后战者也，故费不半而功自倍也。汤之地方七十里而王者，修德也；智伯有千里之地而亡者，穷武也。故千乘之国，行文德者王，万乘之国，好用兵者亡。故全兵先胜而后战，败兵先战而后求胜。德均则众者胜寡，力敌则智者胜愚，智侔则有数者禽无数。凡用兵者，必先自庙战。主孰贤？将孰能？民孰附？国孰治？蓄积孰多？士卒孰精？甲兵孰利？器备孰便？故运筹于庙堂之上，而决胜千里之外矣。

夫有形埒者，天下讼见之；有篇籍者，世人传学之。此皆以形相胜者也，善形者弗法也。所贵道者，贵其无形也。无形则不可制迫也，不可度量也，不可巧诈也，不可规虑也。智见者，人为之谋；形见者，人为之功；众见者，人为之伏；器见者，人为之备。动作周还，倨句诎伸，可巧诈者，皆非善者也。善者之动也，神出而鬼行，星耀而玄逐；进退诎伸，不见朕垠；鸾举麟振，凤飞龙腾；发如秋风，疾如骇龙；当以生击死，以盛乘衰，以疾掩迟，以饱制饥；若以水灭火，若以汤沃雪，何往而不遂？何之而不用达？在中虚神，在外漠志，运于无形，出于不意；与飘飘往，与忽忽来，莫知其所之；与条出，与间人，莫知其所集；卒如雷霆，疾如风雨，若从地出，若从天下，独出独入，莫能应圉；疾如镞矢，何可胜偶，一晦一明，孰知其端绪？未见其发，固已至矣。

故善用兵者，见敌之虚，乘而勿假也，追而勿舍也，迫而勿去也；击其犹犹，陵其与与；疾雷不及塞耳，疾霆不暇掩目；善用兵若声之与响，若镗之与鞈㉚，眣不给抚，呼不给吸。当此之时，仰不见天，俯不见地，手不麾戈，兵不尽拔，击之若雷，薄之若风，炎之若火，凌之若波。敌之静不知其所守，动不知其所为。故鼓鸣旗麾，当者莫不废滞崩棚，天下孰敢厉威抗节而当其前者？故凌人者胜，待人者败，为人杓者死。

兵静则固，专一则威，分决则勇，心疑则北，力分则弱。故能分人之兵，疑人之心，则锱铢有余；不能分人之兵，疑人之心，则数倍不足。故纣之卒，百万之心，武王之卒，三千人皆专而一。故千人同心，则得千人力；万人异心，则无一人之用。将卒吏民，动静如身，乃可以应敌合战。故计定而发，分决而动；将无疑谋，卒无二心；动无堕容，口无虚言，事无尝试；应敌必敏，发动必亟。故将以民为体，而民以将为心；心诚则支体亲刃，心疑则支体挠北。心不专一，则体不节动；将不诚心，则卒不勇敢。故良将之卒，若虎之牙，若兕之角，若鸟之羽，若蚈㉛之足，可以行，可以举，可以噬，可以触，强而不相败，众而不相害，一心以使之也。故民诚从其令，虽少无畏；民不从令，虽众为寡。故下不亲上，其心不用；卒不畏将，其形不战。守有必固，而攻有必胜，不待交兵接刃，而存亡之机固以形矣。

兵有三势，有二权。有气势，有地势，有因势。将充勇而轻敌，卒果敢而乐战，三军之众，百万之师，志厉青云，气如飘风，声如雷霆，诚积逾而威加敌人，此谓气势。硖路津关，大山名塞，龙蛇蟠，却笠居，羊肠道，发笱门㉜，一人守隘而千人弗敢过也，此谓地势。因其劳倦怠乱饥渴冻砅，推其摇摇，挤其揭揭，此谓因势。善用间谍，审错规虑，设蔚施伏，隐匿其形，出于不意，敌人之兵无所适备，此谓知权。陈卒正，前行选，进退俱，什伍搏，前后不相稂，左右不相干，受刃者少，伤敌者众，此谓事权。权势必形，吏卒专精，选良用才，官得其人，计定谋决，明于死生，举错得失，莫不振惊，故攻不待冲隆云梯而城拔，战不至交兵接刃而敌破，明于必胜之攻也。故兵不必胜，不苟接刃；攻不必取，不为苟发。故胜定而后战，铃县而后动；故众聚而不虚散，兵出而不徒归。唯无一动，动则凌天振地，抗泰山，荡四海，鬼神移徙，鸟兽惊骇。如此，则野无校兵，国无守城矣。

静以合躁，治以持乱。无形而制有形，无为而应变，虽未能得胜于敌，敌不可得胜之道也。敌先我动，则是见其形也；彼躁我静，则是罢其力也。形见则胜可制也，力罢则威可立也。视其所为，因与之化；观其邪正，以制其命；饵之以所欲，以罢其足；彼若有间，急填其隙；极其变而束之，尽其节而仆之。敌若反静，为之出奇，彼不吾应，独尽其调；若动而应，有见所为，彼持后节，与之推移；彼有所积，必有所亏，精若转左，陷其右陂；敌溃而走，后必可移，敌迫而不动，名之曰奄迟。击之如雷霆，斩之若草木，耀之若火电，欲疾以寙；人不及步锅，车不及转毂，兵如植木，弩如羊角。人虽众多，势莫敢格。诸有象者，莫不可胜也；诸有形者，莫不可应也。是以圣人藏形于无，而游心于虚。风雨可障蔽，而寒暑不可开闭，以其无形故也。夫能滑淖精微，贯金石，穷至远，放乎九天之上，蟠乎黄卢之下，唯无形者也。

善用兵者，当击其乱，不攻其治。是不袭堂堂之寇，不击填填[33]之旗。容未可见，以数相持，彼有死形，因而制之。敌人执数，动则就阴，以虚应实，必为之禽。虎豹不动，不入陷阱；麋鹿不动，不离置罘；飞鸟不动，不绁网罗；鱼鳖不动，不摲厴喙。物未有不以动而制者也。是故圣人贵静，静则能应躁，后则能应先，数则能胜疏，博则能禽缺。

故良将之用卒也，同其心，一其力；勇者不得独进，怯者不得独退；止如丘山，发如风雨；所凌必破，靡不毁沮；动如一体，莫之应圉。是故伤敌者众，而手战者寡矣。夫五指之更弹，不若卷手之一挃[34]；万人之更进，不如百人之俱至也。今夫虎豹便捷，熊罴多力，然而人食其肉而席其革者，不能通其知而一其力也。夫水势胜火，章华之台[35]烧，以升勺沃而救之，虽涸井而竭池，无奈之何也；举壶榼盆盎而以灌之，其灭可立而待也。今人之与人，非有水火之胜也，而欲以少耦众，不能成其功亦明矣。兵家或言曰：少可以耦众。此言所将，非言所战也。或将众而用寡者，势不齐也；将寡而用众者，用力谐也。若乃人尽其才，悉用其力，以少胜众者，自古及今未尝闻也。

神莫贵于天，势莫便于地，动莫急于时，用莫利于人。凡此四者，兵之干植也。然必待道而后行，可一用也。夫地利胜天时，巧举胜地利，势胜人，故任天者可迷也，任地者可束也，任时者可迫也，任人者可惑也。

夫仁勇信廉，人之美才也，然勇者可诱也，仁者可夺也，信者易欺也，廉者易谋也，将众者有一见焉，则为人禽矣。由此观之，则兵以道理制胜，而不以人才之贤，亦自明矣。

是故为麋鹿者，则可以罝罘设也；为鱼鳖者，则可以网罟取也；为鸿鹄者，则可以矰缴加也；唯无形者，无可奈也。是故圣人藏于无原，故其情不可得而观；运于无形，故其陈不可得而经。无法无仪，来而为之宜；无名无状，变而为之象。深哉睭睭，远哉悠悠；且冬且夏，且春且秋；上穷至高之末，下测至深之底；变化消息，无所凝滞；建心乎窈冥之野，而藏志乎九旋之渊。虽有明目，孰能窥其情？

兵之所隐议者天道也，所图画者地形也，所明言者人事也，所以决胜者钤势也。故上将之用兵也，上得天道，下得地利，中得人心，乃行之以机，发之以势，是以无破军败兵。及至中将，上不知天道，下不知地利，专用人与势，虽未必能万全，胜钤必多矣。下将之用兵也，博闻而自乱，多知而自疑，居则恐惧，发则犹豫，是以动为人禽矣。

今使两人接刃，巧拙不异，而勇士必胜者，何也？其行之诚也。夫以巨斧击桐薪，不待利时良日而后破之；加巨斧于桐薪之上，而无人力之奉，虽顺招摇、挟刑德[36]而弗能破者，以其无势也。故水激则悍，矢激则远。夫栝淇卫箘簵[37]，载以银锡[38]，虽有薄缟之诤、腐荷之诤，然犹不能独射也。假之筋角之力，弓弩之势，则贯兕甲而径于革盾矣。夫风之疾，至于飞屋折木；虚举之下，大迟自上高丘，人之有所推也。是故善用兵者，势如决积水于千仞之堤，若转员石于万丈之溪。天下见吾兵之必用也，则孰敢与我战者？故百人之必死也，贤于万人之必北也，况以三军之众，赴水火而不还踵乎？虽誂合刃于天下，谁敢在于上者？

所谓天数者，左青龙，右白虎，前朱雀，后玄武[39]。所谓地利者，后生而前死，左牡而右牝。所谓人事者，庆赏信而刑罚必。

动静时，举错疾，此世传之所以为仪表者固也，然而非所以生仪表者，因时而变化者也，是故处于堂上之阴，而知日月之次序，见瓶中之冰，而知天下之寒暑。

夫物之所以相形者微，唯圣人达其至。故鼓不与于五音，而为五音主；水不与于五味，而为五味调；将军不与于五官之事，而为五官督。故能调五音者，不与五音者也；能调五味者，不与五味者也；能治五官之事者，不可揆度者也。是故将军之心，滔滔如春，旷旷如夏，湫漻如秋，典凝如冬，因形而与之化，随时而与之移。

夫景不为曲物直，响不为清音浊，观彼之所以来，各以其胜应之。是故扶义而动，推理而行，掩节而断割，因资而成功。使彼知吾所出，而不知吾所入；知吾所举，而不知吾所集。始如狐狸，彼故轻来；合如兕虎，敌故奔走。夫飞鸟之挚也俯其首，猛兽之攫也匿其爪，虎豹不外其爪，而噬不见齿。故用兵之道，示之以柔而迎之以刚，示之以弱而乘之以强，为之以歙而应之以张⑩，将欲西而示之以东；先忤而后合，前冥而后明，若鬼之无迹，若水之无创。故所向非所之也，所见非所谋也，举措动静莫能识也。若雷之击，不可为备；所用不复，故胜可百全；与玄明通，莫知其门，是谓至神。

兵之所以强者，民也；民之所以必死者，义也；义之所以能行者，威也。是故合之以文，齐之以武，是谓必取；威仪并行，是谓至强。夫人之所乐者生也，而所憎者死也，然而高城深池，矢石若雨，平原广泽，白刃交接，而卒争先合者，彼非轻死而乐伤也，为其赏信而罚明也。

是故上视下如子，则下视上如父；上视下如弟，则下视上如兄。上视下如子，则必王四海；下视上如父，则必正天下。上视下如弟，则不难为之死；下视上如兄，则不难为之亡。是故父子兄弟之寇不可与斗者，积恩先施也。故四马不调，造父不能以致远；弓矢不调，羿不能以必中；君臣乖心，则孙子不能以应敌。是故内修其政，以积其德；外塞其丑，以服其威；察其劳佚，以知其饱饥；故战日有期，视死若归。故将必与卒同甘苦、侔饥寒，故其死可得而尽也。故古之善将者，必以其身先之。暑不张盖，寒不被裘，所以程寒暑也；险隘不乘，上陵必下，所以齐劳佚也；军食熟然后敢食，军井通然后敢饮，所以同饥渴也；合战必立矢射之所及，以共安危也。故良将之用兵也，常以积德击积怨，以积爱击积憎，何故而不胜？

主之所求于民者二：求民为之劳也，欲民为之死也。民之所望于主者三：饥者能食之，劳者能息之，有功者能德之。民以偿其二积，而上失其三望，国虽大，人虽众，兵犹日弱也。若苦者必得其乐，劳者必得其利，斩首之功必全，死事之后必赏，四者既信于民矣，主虽射云中之鸟，而钓深渊之鱼，弹琴瑟，声钟竽，敦六博[41]，投高壶，兵犹且强，令犹且行也。是故上足仰则下可用也，德足慕则威可立也。

将者必有三隧、四义、五行、十守。所谓三隧者，上知天道，下习地形，中察人情。所谓四义者，便国不负兵，为主不顾身，见难不畏死，决疑不辟罪。所谓五行者，柔而不可卷也，刚而不可折也，仁而不可犯也，信而不可欺也，勇而不可陵也。所谓十守者，神清而不可浊也，谋远而不可慕也，操固而不可迁也，知明而不可蔽也，不贪于货，不淫于物，不嚙于辩，不推于方，不可喜也，不可怒也。是谓至于精，窈窈冥冥，孰知其情？发必中铨，言必合数，动必顺时，解必中揍[42]；通动静之机，明开塞之节；审举措之利害，若合符节；疾如彍弩，势如发矢；一龙一蛇，动无常体；莫见其所中，莫知其所穷；攻则不可守，守则不可攻。

盖闻善用兵者，必先修诸己，而后求诸人，先为不可胜，而后求胜。修己于人，求胜于敌，己未能治也。而攻人之乱，是犹以火救火，以水应水也，何所能制？今使陶人化而为埴，则不能成盆盎；工女化而为丝，则不能织文锦；同莫足以相治也，故以异为奇。两爵相与斗，未有死者也，鹯鹰至则为之解，以其异类也。故静为躁奇，治为乱奇，饱为饥奇，佚为劳奇。奇正之相应，若水火金木之代为雌雄也。善用兵者，持五杀以应[43]，故能全其胜。拙者处五死以贪，故动而为人擒。

兵贵谋之不测也，形之隐匿也，出于不意，不可以设备也。谋见则穷，形见则制。故善用兵者，上隐之天，下隐之地，中隐之人。隐之天者，无不制也。何谓隐之天？大寒甚暑，疾风暴雨，大雾冥晦，因此而为变者也。何谓隐之地？山陵丘阜，林丛险阻，可以伏匿而不见形者也。何谓隐之人？蔽之于前，望之于后，出奇行陈之间，发如雷霆，疾如风雨，搴巨旗，止鸣鼓，而出入无形，莫知其端绪者也。

故前后正齐，四方如绳，出入解续，不相越凌，翼轻边利[44]，或前或后，离合散聚，不失行伍，此善修行陈者也。明于奇正阴阳，刑德五行，望气候星，龟策祈祥，此善为天道者也。设规虑，施蔚伏，用水火，出珍怪，鼓噪军，所以营其耳也；曳梢肆柴，扬尘起竤[45]，所以营其目者，此善为诈佯者也。镎钺牢重，固植而难恐，势利不能诱，死亡不能动，此善为充干者也。剽疾轻悍，勇敢轻敌，疾苦灭没，此善用轻出奇者也。相地形，处次舍，治壁垒，审烟斥，居高陵，舍出处，此善为地形者也。因其饥渴冻暍、劳倦怠乱、恐惧窘步，乘之以选卒，击之以宵夜，此善因时应变者也。易则用车，险则用骑，涉水多弓，隘则用弩，昼则多旌，夜则多火，晦冥多鼓，此善为设施者也。凡此八者，不可一无也，然而非兵之贵者也。

夫将者，必独见独知。独见者，见人所不见也；独知者，知人所不知也。见人所不见谓之明。知人所不知谓之神。神明者，先胜者也。先胜者，守不可攻，战不可胜，攻不可守，虚实是也。上下有隙，将吏不相得，所持不直，卒心积不服，所谓虚也。主明将良，上下同心，气意俱起，所谓实也。若以水投火，所当者陷，所薄者移，牢柔不相通，而胜败相奇者，虚实之谓也。故善战者不在少，善守者不在小，胜在得威，败在失气。

夫实则斗，虚则走，盛则强，衰则北。吴王夫差地方二千里，带甲七十万，南与越战，栖之会稽；北与齐战，破之艾陵；西遇晋公，擒之黄池；此用民气之实也。其后骄溢纵欲，拒谏喜谀，憷研悍遂过，不可正喻，大臣怨怼，百姓不附，越王选卒三千人，擒之于隧，因制其虚也。夫气之有虚实也，若明之必晦也。故胜兵者非常实也，败兵者非常虚也。善者能实其民气，以待人之虚也；不能者虚其民气，以待人之实也。故虚实之气，兵之贵者也。

凡国有难，君自宫召将，诏之曰："社稷之命，在将军，即今国有难，愿请子将而应之。"将军受命，乃令祝史太卜，斋宿三日，之太庙，钻灵龟，卜吉日，以受鼓旗。君入庙门，西面而立。将入庙门，趋至堂下，北面而立。主亲操钺持头，授将军其柄，曰："从此上至天者，将军制之。"复操斧持头，授将军其柄，曰："从此下至渊者，将军制之。"将已受斧钺，答曰："国不可从外治也，军不可从中御也。二心不可以事君，疑志不可以应敌。臣既以受制于前矣，鼓旗斧钺之威，臣无还请，愿君亦以垂一言之命于臣也。君若不许，臣不敢将。君若许之，臣辞而行。"乃爪鬋，设明衣也，凿凶门而出；乘将军车，载旌旗斧钺，累若不胜；其临敌决战，不顾必死，无有二心。是故无天于上，无地于下，无敌于前，无主于后；进不求名，退不避罪，唯民是保，利合于主。国之实也，上将之道也。如此，则智者为之虑，勇者为之斗。气厉青云，疾如驰骛。是故兵未交接，而敌人恐惧。若战胜敌奔，毕受功赏，吏迁官，益爵禄，割地而为调，决于封外，卒论断于军中。顾反于国，放旗以入，斧钺报毕于君，曰："军无后治。"乃缟素辟舍，请罪于君。君曰："赦之。"退斋服，大胜三年反舍，中胜二年，下胜期年。兵之所加者，必无道国也，故能战胜而不报，取地而不反。民不疾疫，将不夭死，五谷丰昌，风雨时节。战胜于外，福生于内，是故名必成，而后无余害矣。

【注释】

①必去猵獭：猵獭，生活在水中的食鱼动物。

②毋蓺五谷：蓺，即烧的意思。

③渐米：渐，即浸渍之意。

④傅堞而守：傅，即把守。堞，指城上的女墙。

⑤物物而不物：一作"象物而不物"。

⑥不获五度：获，即违背、失误；五度，即五行。

⑦宇中六合：宇中，又称四宇，即宇宙之内；六合，即左右前后上下或东南西北上下六合之内。

⑧格的不中：格，射；的，即射箭的靶子、目标。

⑨斥闉要遮者：斥，即等候；闉，即堵塞。

⑩兵有三诋：诋，通"柢"，根基、基础，此指要事。

⑪鼓镈：战鼓和大钟。

⑫维枹绾而鼓之：用绳系住鼓槌，以便随时击鼓。

⑬士卒殷轸：指士卒众而战车多的盛况。

⑭刑德奇该之数：奇该，即阴阳、奇秘之要。

⑮隧路亟：隧，即道。意指使行军之道畅通。

⑯司空：负责补空修缮的官。

⑰舆官：在军队之后，统领车舆负责收拾遗留辎重的官。

⑱南卷沅湘，北绕颍泗，西包巴蜀，东裹郯邳；颍汝以为洫：沅湘，即沅水和湘水。颍泗，即颍水和泗水；巴蜀，地名，在今四川；郯邳，也是地名，即今郯城、邳州市；洫，即河沟的意思。

⑲垣之以邓林：垣，墙垣，即起墙垣的防护作用；邓林，在沔水上游。

⑳绵之以方城：绵，即缠绕、网络之意；方城，当时楚国的北塞，位于

今河南叶县。

㉑溪肆无景：肆，至极之意。极深之溪，不见其景。

㉒修铩短铍：修，细长；铩，长矛；铍，小矛。

㉓积弩：连弩。

㉔垂沙：古地名。在今川鄂交界处。

㉕收太半之赋：太半，即三分之二。

㉖戍卒陈胜兴于大泽，攘臂袒右：陈胜，字涉，阳城人，当时为戍卒；兴，即起义；大泽，地名，在今安徽宿州；袒右，脱去衣服，露出右臂。

㉗而迎岁：即太岁之寅。

㉘至共头而坠：共头，是山名，位于河曲，意指共头山陨。

㉙彗星出而授殷人其柄：当时有彗星出现，柄在东南，有横扫西人之意，即天授柄殷人以扫周人。

㉚鞈：辕马胸前的皮革，代指夹辕两马。

㉛蚈：这里指马獾。

㉜发笱门：发笱，即竹笱，是一种有入门无出口的捕鱼工具。

㉝填填：军旗挺立，牢固不动的样子。

㉞挃：即捣或击。

㉟章华之台：楚国的高台。

㊱虽顺招摇、挟刑德：招摇，即指斗杓；刑，是指十二辰；德，是指十日。

㊲夫栝淇卫箘簵：栝，即指箭栝；淇卫箘簵，是指箭的出处。

㊳载以银锡：载，即装饰。这里指用银锡装饰箭。

㊴左青龙，右白虎，前朱雀，后玄武：角亢为青龙，参井为白虎，星张为朱雀，斗牛为玄武，用兵若能右参井，左角亢，背斗牛而面星张，便是顺应的北斗铨衡。

㊵为之以歙而应之以张：歙，即弱；张，即强。

㊶敦六博：敦，即致；六博，是一种古游戏。

㊷捘：即理。

㊸持五杀以应：五杀，指金木水火土五行。

㊹翼轻边利：两翼轻巧，保护边军而得利。

㊺曳梢肆柴，扬尘起竑：梢，即小柴；竑，即尘埃。

《金楼子》精华

【著录】

《金楼子》一书，六卷，系南朝梁元帝萧绎所撰。《梁书·孝元皇帝本纪》称元帝博览群书，著述多行于世，当他为诸侯王时，曾自号为"金楼子"，因此他的著作便以金楼子命名。

《隋书·经籍志》《唐书·艺文志》《宋史·艺文志》都记该书为二十卷。宋晁公武的《郡斋读书志》则记为十五篇，说明此书在宋代尚无缺佚。而到了明代宋濂等人罗列子书书目时却没有了该书，可见明初该书已渐湮没，至明朝末年就散佚了。清人马骕在撰写《绎史》时对此书征引最博，而他自己却称没见过《金楼子》的传本，只是从别的书中采录而已。《永乐大典》中该书的遗文较多，据考证是元朝至正年间的刊本，只是所列为十四篇，比晁公武所记少一篇。而且《二南五霸》一篇与《说蕃》多有重文，或许是传刻者混乱了篇目，以至于把原文也搞乱了。且《永乐大典》中割裂破碎的篇目不止一篇，其篇首也只有《戒子》《后妃》《捷对》《志怪》四篇存在，其他的都有脱逸。而中间的《兴王》《戒子》《说蕃》《聚书》《立言》《著书》《捷对》《志怪》等八篇则首尾完整。幸亏该书标目分明，虽有错讹，但可详加补缀，参考互订。

《金楼子》一书，对于古今见闻、治乱兴衰都有记载，并附有议论和劝诫。该书之所以采征广博，大概是由于当时周秦之书还未散失尽的缘故。该书中记载的如许由之父名耳，兄弟七人，十九岁隐居；成汤共有七个称号等都是别书所未载。《立言》《聚书》《著书》等诸篇中称自己勤于著述，他所记录典籍的源流可以考补别书所未有。因此该书具有相当高的史料价值。只是由于自南齐永明以后，华丽的文风盛行，该书的风格也未能跳出时代的局限，故有些篇章文风古奥。

《金楼子》一书，具有一定的价值，既可以补文献之不足，又可帮助查寻古书源流，且书中有些篇章的思想富有哲理，对后世学者仍有一定的借鉴意义。

戒子篇　录四则

王文舒[①]曰："孝敬仁义，百行之首，而立身之本也。孝敬则宗族安之，仁义则乡党重之。行成于内，名著于外者也。未有干名要利，欲而不厌，而能保于世，永全福禄者也。欲使汝曹立身行己，遵儒者之教，履道家之言，故以玄默冲虚为名，欲使顾名思义，不敢违越也。古者盘盂有铭，几杖有戒，俯仰察焉。夫物速成而疾亡，晚就而善终。朝华之草，戒旦零落；松柏之茂，隆冬不衰。是以大雅君子恶速成，戒阙党也。夫人有善，鲜不自伐；有能，寡不自矜。伐则掩人，矜则陵人。掩人者人亦掩之，陵人者人亦陵之也。"

颜延年[②]云："喜怒者，性所不能无，常起于褊量，而止于宏识。然喜过则不重，怒过则不威。能以恬漠为体，宽裕为器，善矣！大喜荡心，微抑则定；甚怒倾性，小忍则歇。故动无响容，举无失度，则为善也。欲求子孝，必先为慈；将责弟悌，务念为友。虽孝不待慈，而慈固植孝；悌非期友，而友亦立悌。夫和之不备，或应以不和，犹信不足焉，必有不信。倘知恩意相生，情理相出，可以使家有参、柴[③]，人皆由、损[④]。枚叔[⑤]有言：'欲人不闻，莫若不言。欲人不知，莫若弗为。御寒莫若重裘，止谤莫若自修。'《论语》云：'内省不疚，夫何忧何惧？'"

单襄公[⑥]曰："君子不自称也，必以让也，恶其盖人也。吾弱年重之中朝，名士抑扬于诗酒之际，吟咏于啸傲之间，自得如山，忽人如草，好为辞费，颇事抑扬。末甚悔之，以为深戒。"

任彦升⑦云：“人皆有荣进之心，政复有多少耳。然口不及，迹不营，居当为胜。”王文舒曰：“人或毁己，当退而求之于身。若己有可毁之行，则彼言当矣；若己无可毁之行，则彼言妄矣。当则无怨于彼，妄则无害于身，又何反报焉？且闻人毁己而忿者，恶丑声之加己，反报者滋甚，不如默而自修也。”颜延年言：“流言谤议，有道所不免，况在阙薄，难用算防。应之之方，必先本己。或信不素积，嫌闲所为；或性不和物，尤怨所聚。有一于此，何处逃之？日省吾躬，月料吾志，斯道必存，何恤人言？任嘏⑧每献忠言，辄手书怀本，自在禁省，归书不封，何其美乎！入仕之后，此其勖哉！昔孔光⑨有人问温室⑩之树，笑而不答，诚有以也。”

【注释】

①王文舒：三国魏人，名昶，今太原晋阳人，年少时与王凌同名，文帝为太子时，他为太子文学，后迁升庶子。文帝当政，又任洛阳典农。明帝时，赐爵关内侯。

②颜延年：名延之，刘宋临沂人。少孤贫，好读书，文章之美，冠绝当时，与谢灵运齐名，居身俭约，而性激直，所言无忌讳。

③参、柴：指曾参、高柴。

④由、损：指仲由、闵损。

⑤枚叔：名乘，汉江苏淮阴人，善词赋，曾作《七发》。

⑥单襄公：周卿士，名朝。食采于单，故称单襄公。

⑦任彦升：梁博昌人。武帝时为义兴新安太守，为政清省，吏民便之，所著文章数十万言。

⑧任嘏：魏人，字昭先。八岁丧母，以至性见称。

⑨孔光：汉人，深明经学，成帝时举博士，典枢机十余年。守法度，修故事。王莽专政，光乞骸骨归。

⑩温室：汉殿名，武帝建，冬时处之温暖。

立言篇下　录二则

夫以众勇，无所畏乎孟贲①矣；以众力，无所畏乎乌获②矣；以众视，无以畏乎离娄③矣；以众智，无以畏乎尧舜矣。此君人者之大宝也。

登高使人欲望，临深使人欲窥，处使然也。射则使人端，钓则使人恭，事使然也。或吹火而然，或吹火而灭，所以吹者异也。

【注释】

①孟贲：战国时勇士，水行不避蛟龙，陆行不避虎兕，发怒吐气，声响动天。

②乌获：战国时勇士，秦武王有力好戏，乌获与任鄙、孟说皆至大官。

③离娄：即离朱，上古黄帝时人，古代的明目人。黄帝遗失黑色宝珠，曾命离朱寻找。

著书篇　录二则

《全德志论》曰："物我俱忘，无贬廊庙之器；动寂同遣，何累经纶之才？虽坐三槐，不妨家有三径①；但接五侯，不妨门垂五柳②。使良园广宅，面水带山，饶甘果而足花卉，葆筠篁而玩鱼鸟。九月肃霜，时飨田畯，三春捧茧，乍酬蚕妾。酌斗酒而歌《南山》，烹羔豚而击西缶。或出或处，并以全身为贵；优之游之，咸以忘怀自逸。若此众君子，可谓得之矣。"

《〈怀旧志〉序》曰："吾自北守琅台③，东探禹穴④。观涛广陵⑤，面金汤之设险，方舟宛委⑥，眺玉笥之干霄。临水登山，命俦啸侣。中年承乏，摄牧神州，戚里英贤，南冠髦俊。荫真长⑦之弱柳，观茂宏之舞鹤。清酒继进，甘果徐行。长安群公，为其延誉，扶风长者，刷其羽毛。于是驻伏熊，回驷口，命邹湛⑧，召王祥⑨。余顾而言曰：斯乐难常，诚有之矣。日月不居，零露相半。素车白马，往矣不追。春华秋实，怀哉何已？独轸魂交，情深宿草。故备书爵里，陈怀旧焉。"

【注释】

①三径：指家园，晋陶渊明《归去来辞》："三径就荒，松菊犹存。"

②五柳：陶渊明宅边有五柳树，以五柳先生自称。

③琅台：即琅琊台，右黄海间琅琊之东。

④禹穴：位于今浙江绍兴市石箐山，夏禹藏书之所。

⑤广陵：郡名，故城位于今江苏江都市。扬子江由此入海，故波涛汹涌可观。

⑥宛委：山名，即天柱，一名玉笥。在今浙江绍兴市东南十五里，是会稽山的支峰。

⑦真长：姓刘名惔，晋相县人。少清远有标格，与母寓居京口，织芒屦为养，雅善言理。后提升为丹阳尹，为政清静，门无杂宾。

⑧邹湛：晋新野人，字润甫。少以文学知名，为羊祜所器重，累迁国子祭酒。

⑨王祥：晋临沂人，字休征，事继母笃孝，尝卧冰求鲤以供母。晋武帝时拜为太保。

子部

《刘子》精华

【著录】

　　《刘子》一书，十卷，又称《刘子新论》，撰者或题刘歆，或题刘勰，或题刘孝标。唐袁孝政作序，定为北齐刘昼。《隋书·经籍志》没有著录，《唐书·艺文志》杂家类中有录，将其作者署为刘勰。陈振孙《直斋书录解题》、晁公武《郡斋读书志》都根据《唐播州录事参军袁孝政序》作北齐人刘昼撰。《宋史·艺文志》也作刘昼撰。《四库全书总目提要》的作者认为《刘子》一书或许是刘孝标采掇诸子之言，自作此书而自注之。认为刘勰信佛，而此书言道，北齐人刘昼未曾播迁江表，也不善辞藻，与此书文辞缛丽轻倩不相符合。《四库全书总目提要》的作者虽作此考论，但仍采陈、晁二家之说，题作者为刘昼。近人余嘉锡先生列举四证，断为刘昼所作。

　　《刘子》一书，主要阐释道家修身、寡欲、崇尚自然，兼论儒法等别家学说。

防　　欲

　　人之禀气，必有情性。性之所感者，情也；情之所安者，欲也。情出于性而情违性，欲由于情而欲害情。情之伤性，性之妨情，犹烟波之与水火也。烟生于火而烟郁火，冰出于水而冰遏水。故烟微而火盛，冰泮而水通；性贞则情消，情炽则性灭。是以珠莹则尘埃不能附，性明而情欲不能染也。

　　故林之性静，所以动者，风摇之也；水之性清，所以浊者，土浑之也；人之性贞，所以邪者，欲眩之也。身之有欲，如树之有蝎。树抱蝎则还自凿，身抱欲而反自害。故蝎盛则木折，欲炽则身亡。

将收情欲，先敛五关。五关者，情欲之路，嗜好之府也。目爱彩色，命曰伐性之斤；耳乐淫声，命曰攻心之鼓；口贪滋味，命曰腐肠之药；鼻悦芳馨，命曰熏喉之烟；身安笑驷①，命曰召蹶之机。此五者，所以养生，亦以伤生。耳目之于声色，鼻口之于芳味，肌体之于安适，其情一也。然亦以之死，亦以之生，或为贤智，或为庸愚，由于处之异也。譬由愚者之养鱼鸟也，见天之寒，则内鱼于温汤之中，而栖鸟于火林之上。水木者，所以养鱼鸟也，养之失理，必至燋烂。声色芳味，所以悦人，悦之过理，还以害生。故明者刳情以遣累，约欲以守贞。食足以充虚接气，衣足以盖形御寒。靡丽之华，不以滑性，哀乐之感，不以乱神。处于止足之泉，立于无害之岸。此全性之道也。

夫蜂虿螫指，则穷日烦挠；蚊虻嘈肤，则通宵失寐。蜂蚊小害，指肤外疾，人入山则避蜂虿，入室则驱蚊虻，何者？以其害于体也。嗜欲攻心，正性颠倒，嗜欲大害，攻心内疾，方于指肤，亦以多也。外疾之害，轻于秋毫，人知避之，内疾之害，重于太山，而莫之避，是弃轻患而负重害，不亦倒乎？人有牛马放逸不归，必知收之；情欲放逸而不知收之，不亦惑乎？

将收情欲，必在脆微。情欲之萌，如木之将蘖，火之始荧，手可擘而断，露可滴而灭。及其炽也，结条陵云，煽熛②章华，虽穷力运斤，竭池灌火，而不能禁，其势盛也。嗜欲之萌，耳目可关，而心意可钥；至于炽也，虽襞情卷欲而不能收，其性败也。如能塞充于未形，禁欲于至微，虽求悔吝，其可得乎？

【注释】

①笑驷：笑，与舆同义；驷，指车马。

②煽熛：指火势旺盛。

崇　学

至道无言，非立言无以明其理；大象无形，非立象无以测其奥。道象之妙，非言不津；津言之妙，非学不传。未有不因学而鉴道，不假学以光身者也。

夫茧①缲以为丝，织为缣纨，绩以黼黻，则王侯服之，学为礼仪，丝以文藻，而世人荣之。茧之不缲，则素丝蠹于筐笼；人之不学，则才智腐于心胸。海蚌未剖，则明珠不显；昆竹未断，则凤音不彰；情性未炼，则神明不发。譬诸金木，金性苞水，木性藏火，故炼金则水出，钻木而火生。人能务学，钻炼其性，则才惠发矣。

青出于蓝而青于蓝，染使然也；冰生于水而冷于水，寒使然也；镜出于金而明于金，莹使然也。戎夷之子，生而同声，长而异语，教使然也。山抱玉而草木润焉，川贮珠而岸不枯焉，口纳滋味而百节肥焉，心受典诰而五性通焉。故不登峻岭，不知天之高；不瞰深谷，不知地之厚；不游六艺，不知智之源。

远而光华者，饰也；近而愈明者，学也。故吴窬②质劲，非窦羽③而不美；越剑性利，非淬砺而不铦，人性怀惠④，非积学而不成。沿浅以及深，披暗而睹明，不可以传闻称，非得以泛滥善也。

夫还乡者心务见家，不可以一步至也；慕学者情缠典素，不可以一读能也。故为山者基于一篑之土，以成千丈之峭；凿井者起于三寸之坎，以就万仞之深。灵珠如豆，不见其长，叠岁而大；铙舌如指，不觉其损，累时而折。悬岩滴溜，终能穴石；规车牵索，卒至断轴。水非石之钻，绳非木之锯，然而断穴者，积渐之所成也。

耳形完而听不闻者，聋也；目形全而视不见者，盲也；人性美而不监道者，不学也。耳之初窒，目之始昧，必不吝百金遭医千里。人不涉学，犹心之聋盲，不知远祈明师以攻心术，性之蔽也。故宣尼⑤临没，手不释卷；仲舒⑥垂卒，口不辍诵；有子⑦恶卧，自粹其掌；苏生⑧患睡，亲锥其股。以圣贤之性，犹好学无倦，矧伊佣人而可怠哉！

【注释】

①茧：蚕之衣。

②窬：小竹，可制为箭。

③窦羽：指箭末的翎羽。

④怀惠：犹言智慧。

⑤宣尼：孔子，汉平帝追谥孔子为褒成宣尼公，后世因称孔子曰宣尼。

⑥仲舒：即汉代的董仲舒。少治《春秋》，下帷讲授，三年不窥园，卒成大儒。

⑦有子：即有若，孔子的弟子。

⑧苏生：即苏秦，战国洛阳人，夜读《阴符经》时欲睡，刀持锥自刺其股。

祸　　福

祸福同根，妖祥共域。祸之所倚，反以为福；福之所伏，还以成祸；妖之所见，或能为吉；祥之所降，亦回成凶。有知祸之为福，福之为祸，妖之为吉，祥之为凶，则可与言物类矣。

吴兵大胜，以为福也，而有姑苏之困，越栖会稽，以为祸也，而有五湖之霸。戎王强盛，以为福也，而有樽下之执。陈骈出奔，以为祸也，终有厚遇之福。祸福回旋，难以类推。

昔宋人有白犊①之祥，而有失明之祸；虽有失明之祸，以至获全之福。北叟有胡马②之利，卒有奔坠之患；虽有奔坠之患，以至保身之福。以见不祥而修善，则妖反为祥；见祥而不为善，即祥还成妖矣。

昔武丁③之时，亳有桑谷共生于朝。史占之曰："野草生朝，朝其亡乎！"武丁恐惧，侧身修德，桑谷自枯，八纮之内，重译而来，殷道中兴。帝辛④之时，有雀生鸢于城之隅。史占之曰："以小生大，国家必王。"帝辛骄暴，遂亡殷国。故妖孽者所以警王侯也，怪梦者所以警庶人也。妖孽不胜善政，则凶反成吉；怪梦不胜善言，则福转为祸。

人有祸必惧，惧必有敬，敬则有福。福则有喜，喜则有骄，骄则有祸。是以君子祥至不深喜，逾敬慎以检诫其身；妖见不为戚，逾修德以为务。故招庆于神祇，灾消而福降也。

【注释】

①宋人有白犊：宋国有个好行善的人，家里的黑母牛生了白牛犊，无缘无故地父子俩都失明。楚军攻打宋国，围困宋国的都城。城中百姓粮尽柴绝，不得不换孩子吃，拆析尸骨当柴烧，只有这父子俩因为是瞎子，用不着登城

作战。战斗结束，都城解围，父子俩的眼睛又复明。

②北叟胡马：《淮南子》说："塞上一位老翁丢失了一匹马，人们都向他说安慰的话。老翁说：'这件事怎么能知道不是福呢？'几个月后，这匹马带着胡人的骏马返回了。人们都向他表示庆贺。他又说：'这怎么能知道不是祸呢？'家庭富有，马匹优良，他的儿子喜好骏马，结果坠马折断髀骨。人们又都去安慰他。他又说：'这事怎么能知道不是福呢？'一年后，胡狄大肆进攻，丁壮中青年十有八九都在抗击战中阵亡，他的儿子只因为是跛子而没有参战，父子俩相互得以保全。"

③武丁：商朝的高宗。推举傅说为相，国家大治，商朝复兴。

④帝辛：即商王纣。

《颜氏家训》精华

【著录】

　　《颜氏家训》一书，作者颜之推（531～约595）字介，琅琊临沂人，北周文学家。初仕梁元帝，出任在皇帝左右规劝过失、以备顾问的散骑侍郎之职。江陵被北周破，投奔北齐，任黄门侍郎、平原太守。齐亡入周，为御史上士。隋朝统一后，曾被太子召为学士。

　　《颜氏家训》共二卷，分二十篇，是一部散文杂论集，作者写作此书的目的是教诫后世子孙。由于作者学识渊博，经历丰富，因而各篇内容涉及范围很广，对人生的思考也极为深刻，古人对它尤为推崇，有所谓"古今家训，以此为祖""篇篇药石，言言龟鉴"，乃至"凡为人子弟者，家置一册，奉为明训，不独颜氏"。

　　《颜氏家训》的成书年代，从内容上看，当在隋朝统一之前，也是作者经年积累终得成书的。成书之后，对颜氏家族几代人都产生了重大影响，如其孙唐代著名古籍整理专家颜师古、五世孙大书法家颜真卿等无不与少承家学息息相关。

兄弟篇

　　夫有人民而后有夫妇，有夫妇而后有父子，有父子而后有兄弟。一家之亲，此三而已矣。自兹以往，至于九族，皆本于三亲焉，故于人伦为重者也，不可不笃。兄弟者，分形连气之人也。方其幼也，父母左提右挈，前襟后裾，食则同案，衣则传服，学则连业，游则共方，虽有悖乱之人，不能不相爱也。及其壮也，各妻其妻，各子其子，虽有笃厚之人，不能不少衰也。娣姒之比兄弟，则疏薄矣。今使疏薄之人，而节量亲厚之恩，犹方底而圆盖，必不合矣。惟友悌深至，不为旁人之所移者，免夫！

二亲既殁，兄弟相顾，当如形之与影，声之与响。爱先人之遗体，惜己身之分气，非兄弟何念哉？兄弟之际，异于他人，望深则易怨，他亲则易弭。譬犹居室，一穴则塞之，一隙则涂之，则无颓毁之虑。如雀鼠之不恤，风雨之不防，壁陷楹沦，无可救矣。仆妾之为雀鼠，妻子之为风雨，甚哉！

兄弟不睦，则子侄不爱；子侄不爱，则群从疏薄；群从疏薄，则僮仆为仇敌矣。如此，则行路皆踏其面而蹈其心，谁救之哉？人或交天下之士，皆有欢爱，而失敬于兄者，何其能多而不能少也！人或将数万之师，得其死力，而失恩于弟者，何其能疏而不能亲也！

娣姒者，多争之地也。使骨肉居之，亦不若各归四海，感霜露而相思，伫日月之相望也。况以行路之人，处多争之地，能无间者鲜矣。所以然者，以其当公务而执私情，处重责而怀薄义也。若能恕己而行，换子而抚，则此患不生矣。

人之事兄，不可同于事父，何为爱弟不及爱子乎？是反照而不明也。沛国刘璡[1]、尝与兄瓛[2]连栋隔壁。瓛呼之数声不应，良久方答。瓛怪问之，乃云："向来未著衣帽故也。"以此事兄，可以免矣。

江陵王元绍，弟孝英、子敏，兄弟三人，特相爱友，所得甘旨新异，非共聚食，必不先尝，孜孜色貌，相见如不足者。及西台陷没，元绍以形体魁梧，为兵所围。二弟争共抱持，各求代死，终不得解，遂并命尔。

【注释】

①刘璡：南齐人，字子璥。袁粲嘉其清德，荐为秘书郎，建元初年为武陵王征房参军。

②刘瓛：刘璡之兄。性至孝，当时推为大儒，诏谥贞简。

勉学篇 录一则

自古明王圣帝，犹须勤学，况凡庶乎？此事遍于经史，吾亦不能郑重，聊举近世切要，以终寤汝耳。

士大夫子弟，数岁已上，莫不被教，多者或至《礼》《传》，少者不失《诗》《论》。及至冠婚，体性稍定，因此天机，倍须训诱。有志尚者，遂能磨砺，以就素业。无履立者，自兹堕慢，便为凡人。

人生在世，会当有业。农民则计量耕稼，商贾则计论货贿，工巧则致精器用，伎艺则深思法术，武夫则惯习弓马，文士则讲议经书。多见士大夫耻涉农商，羞务工伎，射既不能穿札，笔则才记姓名，饱食醉酒，忽忽无事，以此销日，以此终年。或因家世余绪，得一阶半级，便谓为足，安能自苦。及有吉凶大事，议论得失，蒙然张口，如坐云雾；公私宴集，谈古赋诗，塞默低头，欠伸而已。有识旁观，代其入地。何惜数年勤学，长受一生愧辱哉！

梁朝全盛之时，贵游子弟，多无学术。至于谚云："上车不落则著作，体中何如则秘书。"无不熏衣剃面，傅粉施朱，驾长檐车，跟高齿屐，坐棋子方褥，凭班丝隐囊，列器玩于左右，从容出入，望若神仙；明经求第，则顾人答策；三九公宴，则假手赋诗。当尔之时，亦快士也。及离乱之后，朝市迁革，铨衡选举，非复曩者之亲；当路秉权，不见昔时之党。求诸身而无所得，施之世而无所用。披褐而丧珠，失皮而露质；兀若枯木，泊若穷流；独孤戎马之间，转死沟壑之际。当尔之时，诚驽材也。

有学艺者，触地而安。自荒乱已来，诸见俘虏。虽百世小人，知读《论语》《孝经》者，尚为人师；虽千载冠冕，不晓书记者，莫不耕田养马。以此观之，安可不自勉耶？若能常保数百卷书，千载终不为小人也。

夫明六经之指，涉百家之书，纵不能增益德行，敦厉风俗，犹为一艺，得以自资。父兄不可常依，乡国不可常保。一旦流离，无人庇荫，当自求诸身耳。谚曰："积财千万，不如薄伎在身。"伎之易习而可贵者，无过读书也。世人不问愚智，皆欲识人之多，见事之广，而不肯读书，是犹求饱而懒营馔，欲暖而惰裁衣也。夫读书之人，自羲、农已来，宇宙之下，凡识几人，凡见几事，生民之成败好恶；固不足论，天地所不能藏，鬼神所不能隐也。

有客难主人曰："吾见强弩长戟，诛罪安民，以取公侯者有矣；文义习史，匡时富国，以取卿相者有矣；学备古今，才兼文武，身无禄位，妻子饥寒者，不可胜数，安足贵学乎？"主人对曰："夫命之穷达，犹金玉木石也；修以学艺，犹磨莹雕刻也。金玉之磨莹，自美其矿璞；木石之段块，自丑其雕刻。安可言木石之雕刻，乃胜金玉之矿璞哉？不得以有学之贫贱，比于无学之富贵也。且负甲为兵，咋笔为吏，身死名灭者如牛毛，角立杰出者如芝草；握素披黄，吟道咏德，苦辛无益者如日蚀，逸乐名利者几秋荼①。岂得同年而语矣！且又闻之，生而知之者上，学而知之者次。所以学者，欲其多智明达耳。必有天才，拔群出类，为将则暗与孙武、吴起同术，执政则悬得管仲、子产之教，虽未读书，吾亦谓之学矣。今子即不能，然不师古之踪迹，犹蒙被而卧耳。"

人见邻里亲戚有佳快者，使子弟慕而学之，不知使学古人，何其蔽也哉！世人但知跨马被甲，长矟强弓，便云"我能为将"，不知明乎天道，辨乎地利，比量逆顺，鉴达兴亡之妙也；但知承上接下，积财聚谷，便云"我能为相"，不知敬鬼事神，移风易俗，调节阴阳，荐举贤圣之至也；但知私财不入，公事夙办，便云"我能治民"。不知诚己型物，执辔如组，反风灭火，化鸱为凤之术也；但知抱令守律，早刑晚舍，便云"我能平狱"。不知同辕观罪，分剑追财，假言而奸露，不问而情得之察也。爰及农商工贾，厮役奴隶，钓鱼屠肉，饭牛牧羊，皆有先达，可为师表。博学求之，无不利于事也。

夫所以读书学问，本欲开心明目，利于行耳。未知养亲者，欲其观古人之先意承颜，怡声下气，不惮劬劳，以致甘腝，惕然惭惧，起而行之也。未知事君者，欲其观古人之守职无侵，见危受命，不忘诚谏，以利社稷，恻然自念，思欲效之也。素骄奢者，欲其观古人之恭俭节用，卑以自牧，礼为教本，敬者身基，瞿然自失，敛容抑志也；素鄙吝者，欲其观古人之贵义轻财，少私寡欲，忌盈恶满，周穷恤匮，赧然悔耻，积而能散也；素暴悍者，欲其观古人之小心黜己，齿弊舌存，含垢藏疾，尊贤容众，苶然沮丧，若不胜衣也；素怯懦者，欲其观古人之达生委命，强毅正直，立言必信，求福不回，勃然奋厉，不可恐慑也。历兹以往，百行皆然。纵不能淳，去泰去甚。学之所知，施无不达。

世人读书者，但能言之，不能行之；忠孝无闻，仁义不足；加以断一条讼，不必得其理；宰千户县，不必理其民；问其造屋，不必知楣横而棁竖也；问其为田，不必知稷早而黍迟也；吟啸谈谑，讽咏辞赋，事既优闲，材增迂诞，军国经纶，略无施用。故为武人俗吏所共嗤诋。良由是乎！

夫学者所以求益尔。见人读数十卷书，便自高大，凌忽长者，轻慢同列，人疾之如仇敌，恶之如鸱枭。如此以学自损，不如无学也。古之学者为己，以补不足也；今之学者为人，但能说之也。古之学者为人，行道以利世也；今之学者为己，修身以求进也。夫学者犹种树也，春玩其华，秋登其实。讲论文章，春华也；修身利行，秋实也。

人生小幼，精神专利，长成已后，思虑散逸，固须早教，勿失机也。吾七岁时，诵《灵光殿②赋》，至于今日，十年一理，犹不遗忘。二十之外，所诵经书，一月废置，便至荒芜矣。然人有坎壈③，失于盛年，犹当晚学，不可自弃。孔子云："五十以学《易》，可以无大过矣。"魏武、袁遗④，老而弥笃，此皆少学而至老不倦也。曾子七十乃学，名闻天下。荀卿⑤五十始来游学，犹为硕儒。公孙弘⑥四十余方读《春秋》，以此遂登丞相。朱云⑦亦四十始学《易》《论语》。皇甫谧⑧二十始授《孝经》《论语》，皆终成大儒。此并早迷而晚寤也。世人婚冠未学，便称迟暮，因循面墙，亦为愚尔。幼而学者，如日出之光；老而学者，如秉烛夜行，犹贤乎瞑目而无见者也。

学之兴废，随世轻重，汉时贤俊，皆以一经弘圣人之道，上明天时，下该人事，用此致卿相者多矣。末俗已来不复尔，空守章句，但诵师言，施之世务，殆无一可。故士大夫子弟，皆以博涉为贵，不肯专儒。

梁朝皇孙已下，总𫌀之年，必先入学，观其志尚、出身已后，便从文吏，略无卒业者。冠冕为此者，则有何胤⑨、刘瓛、明山宾⑩、周舍⑪、朱异⑫、周弘正⑬、贺琛⑭、贺革⑮、萧子政、刘绦⑯等，兼通文史，不徒讲说也。洛阳亦闻崔浩⑰、张伟⑱、刘芳⑲，邺下又见邢子才⑳，四儒者虽好经术，亦以才博擅名。如此诸贤，故为上品。以外率多田里间人，音辞鄙陋，风操蚩拙，相与专固，无所堪能，问一言辄酬数百，责其指归，或无要会。邺下谚云："博士买驴，书券三纸，未有驴字。"使汝以此为师，令人气塞。

孔子曰："学也，禄在其中矣。"今勤无益之事，恐非业也。夫圣人之书，所以设教。但明练经文，粗通注义，常使言行有得，亦足为人，何必"仲尼居"即须两纸疏义，燕寝讲堂，亦复何在？以此得胜，宁有益乎？

光阴可惜，譬诸逝水，当博览机要，以济功业，必能兼美，吾无间焉。

俗间儒士，不涉群书，经纬之外，义疏而已。吾初入邺，与博陵崔文彦㉑交游，尝说《王粲㉒集》中，难郑玄㉓《尚书》事。崔转为诸儒道之，始将发口，悬见排蹙，云："文集止有诗、赋、铭、诔，岂当论经书事乎？且先儒之中，未闻有王粲也。"崔笑而退，竟不以《粲集》示之。魏收㉔之在议曹，与诸博士议宗庙事，引据《汉书》。博士笑曰："未闻《汉书》得证经术。"魏便忿怒，都不复言，取《韦玄成㉕传》掷之而起。博士一夜共披寻之，达明，乃来谢曰："不谓玄成如此学也。"

【注释】

①秋荼：荼，秽草，至秋而萎。秋荼，是言其无用。

②灵光殿：汉景帝子恭王所立，其遗址位于今山东曲阜市东部。

③坎壈：不得志。《楚辞》："坎壈兮贫士，失职而志不平。"

④魏武、袁遗：魏武，曹操。袁遗，字伯业，绍从兄，有冠世之懿德和干时之量。

⑤荀卿：名况，战国赵人，著《荀子》三十三篇，以明周孔之教。

⑥公孙弘：汉朝人。少年贫，牧豕海上，年四十余，乃学《春秋》杂说。武帝初，举贤良，对策第一，拜博士。终为丞相。

⑦朱云：汉平陵人。少轻侠，年四十，折节从师，受《易》《论语》，能传其业。

⑧皇甫谧：晋人，字士安。年二十余，乃感激求学。居贫，躬自稼穑，带经而农，遂博综典籍百家之言。

⑨何胤：字子季，梁人。好学，师事沛国刘瓛，受《易》及《礼记》《毛诗》，隐居不仕。

⑩明山宾：字孝若，梁人。七岁能言玄理，十三岁博通经传，累官东宫学士兼国子祭酒。

⑪周舍：字升逸，梁人。博学多闻，梁武帝时拜尚书祠部郎，礼仪益损，多自周舍出。参与机密二十余年，称贤相。性俭素如布衣。

⑫朱异：字彦和，梁人。遍览《五经》，尤明《礼》《易》。由明山宾荐，召直西省，兼太学博士，甚为梁武帝所重。

⑬周弘正：字思行，南陈人。年十岁，通《老子》《周易》，十五岁补国子生，学行甚著。

⑭贺琛：字国宝，梁人。幼受经于仲父，一闻便通义理。家贫，贩粟自给。闲则习业，尤精《三礼》，梁武帝召见文德殿，与语，悦之，官至通直散骑常侍，郊庙诸仪，多所创定。

⑮贺革：贺琛的从弟，字文明。少通《三礼》，及长遍治《孝经》《论语》《毛诗》《左传》。起家晋安王国侍郎，累官尚书仪曹郎。

⑯萧子政、刘绦：与贺琛、贺革同时，事迹无考。

⑰崔浩：后魏人，字伯渊。少好学，博览经史百家之言。无不该综。始光中，凡军国大计，皆咨浩然后行，宠冠一时，后迁司徒，诏总理史务。

⑱张伟：后魏中都人，字仲业。学通诸经。讲授乡里，受业者常数百人。伟告喻殷勤，常依附经典，教以孝弟，人感其神化。性清雅笃慎，非法不言。官至营州刺史。

⑲刘芳：后魏彭城人，字伯文。处贫窘而业尚贞固，聪敏过人，笃志坟典。昼则佣书以自给，夜则穷经不寝，著《穷通论》以自慰。宣武帝时，官至太常卿。

⑳邢子才：名劭，北齐人，十岁能属文，雅有才思，日诵万言，其书甚多。文章典丽，既赡且速。年未二十，名动衣冠，率情简素，内行修谨。

㉑崔文彦：南北朝人，与颜之推友善。

㉒王粲：三国魏高平人，字仲宣。避乱依刘表。貌短小寝丑，博闻多识，问无不知。蔡邕奇其才略，尝倒履迎之，后仕魏，累官侍中，为"建安七子"之一。

㉓郑玄：东汉高密人，字康成，少为啬夫，弃去，往事扶风马融，三年辞归。客耕东莱，门徒千数百人。所著书凡百余万言。

㉔魏收：北齐人，字伯起。年十五能属文，下笔便就，与温子升、邢劭齐誉，世称"三才"。

㉕韦玄成：汉人，字少翁。年轻时就已明经，以父任为郎，修业下士，拜河南太守，元帝时继父相位，守正持重不及父，而文采超过父亲。

《独断》精华

【著录】

　　《独断》一书，二卷，系东汉蔡邕编所撰，是一部记载汉代制度、礼仪、车服及诸帝世系的书，兼或追溯前代有关礼乐，以示沿革脉络。宋人王应麟在《玉海》中说，此书间有颠倒错乱之处，他曾于宋仁宗嘉祐（1056～1063）年间整理并加了说明，称之为《新定独断》。但王应麟整理的新本已失传。从现在所流行的版本内容来看，已经不是蔡邕所著之原文，其中有不少是后人删夷修改的内容。《独断》一书记载礼制主要依据《礼记》，而不信《周礼》，如五等封爵的内容与《周礼·大司徒》所记全然不同，而对礼制含义的解释也多依据《礼记》之郑注。虽然现在流行的版本中传写脱误较多，但全书条理清楚，沿革线索清晰，是研究汉代及先秦礼制的重要参考书，也是研究汉代思想史的重要参考书。

独　　断　　录七则

　　皇帝，至尊之称。皇者，煌也，盛德煌煌，无所不照。帝者，谛也，能行天道，事天审谛。故称皇帝。

　　朕，我也。古者尊卑共之，贵贱不嫌，则可同号之义也。尧曰："朕在位七十载。"皋陶与帝舜言曰："朕言惠可底行。"屈原曰："朕皇考。"此其义也。至秦天子独以为称，汉因而不改也。

　　陛下者：陛，阶也，所由升堂也。天子必有近臣，执兵陈于陛侧，以戒不虞，谓之陛下者。群臣与天子言，不敢指斥天子，故呼在陛下者而告之，因卑达尊之意也。上书亦如之。及群臣士庶相与言曰殿下、阁下、执事之属，皆此类也。

　　幸者，宜幸也。世俗谓幸为侥幸。车驾所至，臣民被其德泽以侥幸，故曰幸也。先帝故事，所至见长吏、三老、官属，亲临轩作乐，赐食、皂、帛、越巾、刀、佩带，民爵有级数，或赐田租之半，是故谓之幸，皆非其所当得而得之。王仲任曰："君子无幸而有不幸，小人有幸而无不幸。"《春秋传》曰："民之多幸，国之不幸也。"言民之得所不当得，故谓之幸。然则人主必慎所幸也。御者进也，凡衣服加于身，饮食入于口，妃妾接于寝，皆曰御。亲爱者皆曰幸。

　　天子所都曰京师。京，水也。地下之众者莫过于水，地上之众者莫过于人。京大，师众也。故曰京师也。

　　天子诸侯后妃、夫人之别名：天子之妃曰后，后之言后也。诸侯之妃曰夫人，夫之言扶也。大夫曰孺人，孺之言属也。士曰妇人，妇之言服也。庶人曰妻，妻之言齐也。公侯有夫人，有世妇，有妻，有妾。皇后赤绶玉玺，贵人绸缫[1]金印，绸缫色似绿。

　　五等爵之别名：三公者，天子之相。相，助也，助理天下，其地方百里。侯者，候也，候，逆顺也，其地方百里。伯者，白也，明白于德，其地方七十里。子者，滋也，奉天王之恩德，其地方五十里。男者，任也，立功业以化民，其地方五十里。

【注释】

　　[1]绸缫：紫青色称作绸，黑绿色称作缫。

《论衡》精华

【著录】

《论衡》一书，系东汉思想家王充所著。全书八十五篇，因《招致篇》只有篇名而无正文，所以，现在通行本实际只有八十四篇。

王充生活在东汉前期，历经光武、明、章、和帝四朝。在这一时期，东汉社会虽然呈现出相对稳定的统一局面，社会经济文化也得到一定程度的恢复和发展，但是，土地和社会财富仍旧集中在豪强地主手里，阶级矛盾尖锐。封建统治者为保护他们的政治、经济利益，维护专制主义中央集权，一方面加强暴力统治，一方面全面继承西汉官方唯心主义神学思想体系和谶纬迷信学说，宣传君权神授，天人感应，鬼神迷信，以加强思想统治。由于豪强地主势力的日益强大，细族孤门及地主下层知识分子的仕途受到阻遏，王充入仕后多遭压抑。章帝章和二年（88）"罢州家居"，内伤时命之坎坷，外疾世俗之虚伪，为抒心中苦闷，以"疾虚妄"为宗旨，乃施之于笔端，遂著成《论衡》一书。对唯心主义神学思想进行了全面批判和抨击。告诫世人不信神，不信鬼，追求真实，注重实践。他的朴素唯物论思想对当时及其以后的进步思想家产生了相当积极的影响。

王充毕竟是一个地主阶级的知识分子，从本质上并不反对维护地主阶级统治的封建等级思想和伦理道德观念。因而《论衡》一书中有关符命说，以及机械唯物论、认识论的经验论、自然命定论、自然主义的历史观等观点是不足取的。

奇怪篇

　　儒者称圣人之生，不因人气，更禀精于天。禹母[1]吞薏苡而生禹，故夏姓曰姒；卨母[2]吞燕卵而生卨，故殷姓曰子；后稷[3]母履大人迹而生后稷，故周姓曰姬。《诗》曰："不坼不副，是生后稷。"说者又曰："禹、卨逆生，闿[4]母背而出；后稷顺生，不坼不副。"不感动母体，故曰不坼不副。逆生者，子孙逆死；顺生者，子孙顺亡。故桀、纣诛死，赧王夺邑。言之有头足，故人信其说，明事以验证，故人然其文。谶书又言，尧母庆都[5]野出，赤龙感己，遂生尧。《高祖本纪》言刘媪尝息大泽之陂，梦与神遇，是时雷电晦冥，太公往视，见蛟龙于上，已而有身，遂生高祖。其言神验，文又明著，世儒学者，莫谓不然。如实论之，虚妄言也。

　　彼《诗》言"不坼不副"，言其不感动母体，可也；言其闿母背而出，妄也。夫蝉之生复育[6]也，闿背而生。天之生圣子，与复育同道乎？兔吮毫而怀子；及其子生，从口而出。案禹母吞薏苡，卨母咽燕卵，与兔吮毫同实也。禹、卨之母，生宜皆从口，不当闿背。夫如是，闿背之说，竟虚妄也。世间血刃死者多，未必其先祖初为人者，生时逆也。秦失天下，阎乐[7]斩胡亥，项羽诛子婴。秦之先祖伯翳[8]，岂逆生乎？如是为顺逆之说，以验三家之祖，误矣。且夫薏苡，草也；燕卵，鸟也；大人迹，土也。三者皆形，非气也，安能生人？

　　说圣者以为禀天精微之气，故其为有殊绝之知。今三家之生，以草、以鸟、以土，可谓精微乎？天地之性，唯人为贵，则物贱矣。今贵人之气，更禀贱物之精，安能精微乎？夫令鸠雀施气于雁鹄，终不成子者，何也？鸠雀之身小，雁鹄之形大也。今燕之身，不过五寸，薏苡之茎，不过数尺，二女吞其卵实，安能成七尺之形乎？烁一鼎之铜，以灌一钱之形，不能成一鼎，明矣。今谓大人天神，故其迹巨。巨迹之人，一鼎之烁铜也；姜原之身，一钱之形也。使大人施气于姜原，姜原之身小，安能尽得其精？不能尽得其精，则后稷不能成人。尧、高祖，审龙之子；子性类父，龙能乘云，尧与高祖亦宜能焉。

　　万物生于土，各似本种。不类土者，生不出于土，土徒养育之也。母之怀子，犹土之育物也。尧、高祖之母，受龙之施，犹土受物之播也。物生自类本种，夫二帝宜似龙也。且夫含血之类，相与为牝牡。牝牡之会，皆见同类之物，精感欲动，乃能授施。若夫牡马见雌牛，雄雀见牝鸡，不相与合者，异类故也。今龙与人异类，何能感于人而施气？

或曰："夏之衰，二龙斗于庭，吐姅于地，龙亡姅在，椟而藏之。至周幽王，发出龙姅[9]，化为玄鼋，入于后宫，与处女交，遂生褒姒。"玄鼋与人异类，何以感于处女而施气乎？夫玄鼋所交非正，故褒姒为祸，周国以亡，以非类妄交，则有非道妄乱之子。今尧、高祖之母，不以道接会，何故二帝贤圣，与褒姒异乎！

或曰："赵简子病，五日不知人，觉言：'我之帝所，有熊来，帝命我射之，中熊，死；有罴来，我又射之，中罴，罴死。后问当道之鬼，鬼曰：熊罴，晋二卿之先祖也。'"熊罴，物也，与人异类，何以施类于人，而为二卿祖？夫简子所射熊罴，二卿祖当亡，简子当昌之秋也。简子见之，若寝梦矣。空虚之象，不必有实；假令有之，或时熊罴先化为人，乃生二卿。鲁公牛哀病化为虎，人化为兽，亦如兽为人。玄鼋入后宫，殆先化为人。天地之间，异类之物，相与交接，未之有也。

天人同道，好恶均心。人不好异类，则天亦不与通。人虽生于天，犹虮虱生于人也。人不好虮虱，天无故欲生于人。何则？异类殊性，情欲不相得也。天地，夫妇也，天施气于地以生物，人转相生，精微为圣，皆因父气，不更禀取。如更禀者为圣，卨、后稷不圣；如圣人皆当更禀，十二圣不皆然也。黄帝、帝喾、帝颛顼、帝舜之母，何所受气？文王、武王、周公、孔子之母，何所感吞？此或时见三家之姓，曰姒氏、子氏、姬氏，则因依放，空生怪说，犹见鼎湖之地，而著黄帝升天之说矣。

失道之意，还反其字。苍颉[10]作书，与事相连。姜原履大人迹；迹者，基也，姓当为其下土，乃为女旁臣，非基迹之字，不合本事，疑非实也。以周姬况夏、殷，亦知子之与姒，非燕子薏苡也。或时禹、契、后稷之母，适欲怀妊，遭吞薏苡、燕卵，履大人迹也。世好奇怪，古今同情。不见奇怪，谓德不异，故因以为姓。世间诚信，因以为然；圣人重疑，因不复定；世士浅论，因不复辨；儒生是古，因生其说。彼《诗》言"不坼不副"者，言后稷之生，不感动母身也。儒生穿凿，因造禹、契逆生之说。感于龙，梦与神遇，犹此率也。尧、高祖之母，适欲怀妊，遭逢雷龙，载云雨而行。人见其形，遂谓之然。梦与神遇，得圣子之象也。梦见鬼合之，非梦与神遇乎？安得其实？野出感龙，及蛟龙居上，或尧、高祖受富贵之命。龙为吉物，遭加其上；吉祥之瑞，受命之证也。

光武皇帝产于济阳宫，凤凰集于池，嘉禾生于屋。圣人之生，奇鸟吉物之为瑞应。必以奇吉之物见而子生，谓之物之子，是则光武皇帝嘉禾之精，凤凰之气欤？案《帝系》之篇，及《三代世表》，禹，鲧之子也；卨、稷皆帝喾之子，其母皆帝喾之妃也。及尧，亦喾之子。帝王之妃，何为适草野？古时虽质，礼已设制，帝王之妃，何为浴于水？夫如是言，圣人更禀气于天，母有感吞者，虚妄之言也。

实者圣人自有种，世族仁如文、武各有类。孔子吹律，自知殷后；项羽重瞳，自知虞舜苗裔也。五帝三王，皆祖黄帝。黄帝圣人，本禀贵命，故其子孙皆为帝王。帝王之生，必有怪奇。不见于物，则效于梦矣。

【注释】

①禹母：《帝王纪》云："禹母吞神珠薏苡，胸坼而生禹。"

②卨母：卨，同契，卨母简狄，为帝喾次妃。三人行浴，见玄鸟堕其卵，简狄取吞之，因孕生卨。

③后稷：名弃。其母姜原出野，见巨人迹，心忻然悦，欲践之。践之而身动如孕者，期年而生后稷。

④闿：开启。

⑤庆都：尧母名。生尧于斗维之野，尝有黄云覆护其上。

⑥复育：蝉未脱时，名曰复育。

⑦阎乐：秦赵高婿，赵高令阎乐将吏卒千余人至望夷宫弑二世，二世被逼自杀。

⑧伯翳：即伯益，佐禹治水有功，禹崩，以天下授益，益避居箕山之阳。

⑨龙䘏：䘏，涎沫。龙䘏谓龙所吐之涎沫。

⑩苍颉：黄帝时为左史，生而神圣，有四目。观鸟兽之迹，体类象形而制字，以代结绳之政。字成，天雨粟，鬼皆夜哭。

福虚篇

世论行善者福至，为恶者祸来。福祸之应，皆天也。人为之，天应之。阳恩，人君赏其行；阴惠，天地报其德。无贵贱贤愚，莫谓不然。徒见行事有其文传，又见善人时遇福，故遂信之，谓之实然。斯言或时贤圣欲劝人为善，著必然之语，以明德报；或福时适遇者以为然。如实论之，安得福佑乎？

楚惠王食寒菹①而得蛭②，因遂吞之，腹有疾而不能食。令尹问："王安得此疾也？"王曰："我食寒菹而得蛭，念谴之而不行其罪乎，是废法而威不立也，非所以使国人闻之也。谴而行诛乎，则庖厨监食者，法皆当死，心又不忍也。吾恐左右见之也，因遂吞之。"令尹避席，再拜而贺曰："臣闻天道无亲，唯德是辅。王有仁德，天之所奉也，病不为伤。"是夕也，惠王之后而蛭出，及久患心腹之积皆愈。故天之亲德也，可谓不察乎？

曰：此虚言也。案惠王之吞蛭，不肖之主也。有不肖之行，天不佑也。何则？惠王不忍谴蛭，恐庖厨监食法皆诛也。一国之君专擅赏罚，而赦，人君所为也。惠王通谴菹中何故有蛭，庖厨监食皆当伏法。然能终不以饮食行诛于人，赦而不罪，惠莫大焉。庖厨罪觉而不诛，自新而改后。惠王赦细而活微，身安不病。

今则不然，强食害己之物，使监食之臣，不闻其过，失御下之威，无御非之心，不肖一也。使庖厨监食失甘苦之和，若尘土落于菹中，大如虮虱，非意所能览，非目所能见，原心定罪，不明其过，可谓惠矣。今蛭广有分数，长有寸度，在寒菹中，眇目之人，犹将见之；臣不畏敬，择濯不谨，罪过至重。惠王不谴，不肖二也。菹中不当有蛭，不食投地，如恐左右之见，怀屏隐匿之处，足以使蛭不见，何必食之，如不可食之物，误在菹中，可复隐匿而强食之，不肖三也。有不肖之行而天佑之，是天报佑不肖人也。不忍谴蛭，世谓之贤，贤者操行，多若吞蛭之类！吞蛭天除其病，是则贤者常无病也。贤者德薄，未足以言，圣人纯道，操行少非，为推不忍之行，以容人之过，必众多矣。然而武王不豫，孔子疾病，天之佑人，何不实也？

或时惠王吞蛭，蛭偶自出。食生物者，无有不死，腹中热也。初吞蛭时，未死，而腹中热，蛭动作，故腹中痛。须臾，蛭死腹中，痛亦止。蛭之性食血，惠王心腹之积，殆积血也，故食血之虫死，而积血之病愈。犹狸之性食鼠，人有鼠病，吞狸自愈。物类相胜，方药相使也。食蛭虫而病愈，安得怪乎？食生物无不死，死无不出，之后蛭出，安得佑乎？令尹见惠王有不忍之德，知蛭入腹中必当死出，臣因再拜贺病不为伤，著己知来之德，以喜惠王之心，是与子韦之言星徙，太卜之言地动，无以异也。

宋人有好善行者，三世不改，家无故黑牛生白犊，以问孔子。孔子曰："此吉祥也，以享鬼神。"即以犊祭。一年，其父无故而盲，牛又生白犊。其父又使其子问孔子，孔子曰："吉祥也，以享鬼神。"复以犊祭。一年，其子无故而盲。其后楚攻宋，围其城，当此之时，易子而食之，析骸而炊之。此独以父子俱盲之故，得毋乘城。军罢围解，父子俱视。此修善积行，神报之效也。

曰：此虚言也。夫宋人父子修善如此，神报之，何必使之先盲后视哉？不盲常视，不能护乎？此神不能护不盲之人，则亦不能以盲护人矣。使宋、楚之君，合战顿兵，流血僵尸，战夫禽获，死亡不还，以盲之故，得脱不行，可谓神报之矣。今宋楚相攻，两军未合，华元、子反[3]结言而退，二军之众，并全而归，兵矢之刃无顿用者，虽有乘城之役，无死亡之患，为善人报者，为乘城之间乎？使时不盲，亦犹不死。盲与不盲，俱得脱免。神使之盲，何益于善？当宋国乏粮之时也，盲人之家岂独富哉？俱与乘城之家，易子析骸，反以穷厄，独盲无见，则神报佑人，失善恶之实也。宋人父子，前偶自以风寒发盲；围解之后，盲偶自愈。世见父子修善，又用二白犊祭，宋、楚相攻独不乘城，围解之后父子皆视，则谓修善之报，获鬼神之佑矣。

楚相孙叔敖[4]为儿之时，见两头蛇，杀而埋之，归对其母泣。母问其故，对曰："我闻见两头蛇死。向者出，见两头蛇，恐去母死，是以泣也。"其母曰："今蛇何在？"对曰："我恐后人见之，即杀而埋之。"其母曰："吾闻有阴德者，天必报之，汝必不死，天必报汝。"叔敖竟不死，遂为楚相。埋一蛇获二佑，天报善明矣。

曰：此虚言矣。夫见两头蛇辄死者，俗言也。有阴德天报之福者，俗议也。叔敖信俗言而埋蛇，其母信俗议而必报，是谓死生无命，在一蛇之死。

齐孟尝君田文[5]，以五月五日生，其父田婴让其母曰："何故举之？"曰："君所以不举五月子，何也？"婴曰："五月子长与户同，杀其父母。"

曰："人命在天乎？在户乎？如在天，君何忧也？如在户，则宜高其户耳，谁而及之者？"后文长与一户同而婴不死，是则五月举子之忌无效验也。夫恶见两头蛇，犹五月举子也。五月举子，其父不死，则知见两头蛇者，无殃祸也。由此言之，见两头蛇自不死，非埋之故也。埋一蛇获二福，如埋十蛇，得几佑乎？埋蛇恶人复见，叔敖贤也。贤者之行，岂独埋蛇一事哉？前埋蛇之时，多所行矣。禀天善性，动有贤行；贤行之人，宜见吉物。无为乃见杀人之蛇，岂叔敖未见蛇之时有恶，天欲杀之；见其埋蛇除其过，天活之哉？石生而坚，兰生而香，如谓叔敖之贤，在埋蛇之时，非生而禀之也。

儒家之徒董无心⑥，墨家之役缠子⑦，相见讲道。缠子称墨家佑鬼神，是引秦穆公有明德，上帝赐之九十年。缠子难⑧以尧、舜不赐年，桀、纣不夭死。尧、舜、桀、纣犹为尚远，且近难以秦穆公、晋文公。夫谥者，行之迹也；迹生时行，以为死谥。穆者误乱之名，文者德惠之表。有误乱之行，天赐之年；有德惠之操，天夺其命乎？案穆公之霸，不过晋文；晋文之谥，美于穆公。天不加晋文以命，独赐穆公以年，是天报误乱，与穆公同也。天下善人寡，恶人众；善人顺道，恶人违天。然夫恶人之命不短，善人之年不长；天不命善人常享一百载之寿，恶人为殇子恶死，何哉？

【注释】

①寒菹：即今人所食之咸酢菜。

②蛭：即水蛭，一名马蟥，性喜吮血。

③华元、子反：华元，宋督曾孙，为右师。子反，即公子侧，事楚庄王为司马。

④孙叔敖：楚人，楚相虞邱进之于楚庄王。为相三月，施教导民，吏无奸邪，盗贼不起。三得相而不喜，三去相而不悔。

⑤田文：战国齐威王之孙。好养士，门下食客，珠履三千人，父婴，为威王少子，封于薛，号靖郭君。

⑥董无心：人名，儒家之徒。

⑦缠子：人名，墨家之徒。

⑧缠子难：依上下文意，此处"缠子"当为董子之误。

说日篇　录一则

　　儒者曰:"日朝见,出阴中;暮不见,入阴中。阴气晦冥,故没不见。"如实论之,不出入阴中,何以效之? 夫夜,阴也,气亦晦冥;或夜举火者,光不灭焉。夜之阴,北方之阴也。朝出,日入所举之火也。火夜举光不灭,日暮入独不见,非气验也。夫观冬日之出入,朝出东南,暮入西南。东南、西南非阴,何故谓之出入阴中? 且夫星小犹见,日大反灭。世儒之论,竟虚妄也。

　　儒者曰:"冬日短,夏日长,亦复以阴阳。夏时阳气多,阴气少,阳气光明,与日同耀,故日出辄无郭蔽。冬阴气晦冥,掩日之光,日虽出,犹隐不见,故冬日日短。阴多阳少,与夏相反。"如实论之,日之长短,不以阴阳,何以验之? 复以北方之星。北方之阴,日之阴也。北方之阴,不蔽星光,冬日之阴,何故犹灭日明? 由此言之,以阴阳说者,失其实矣。实者,夏时日在东井①,冬时日在牵牛②。牵牛去极远,故日道短;东井近极,故日道长。夏北至东井,冬南至牵牛,故冬夏节极,皆谓之至;春秋未至,故谓之分。

　　或曰:"夏时阳气盛,阳气在南方,故天举而高;冬时阳气衰,天抑而下。高则日道多,故日长;下则日道少,故日短也。"日阳气盛,天南方举,而日道长,月亦当复长。案夏日长之时,日出东北,而月出东南;冬日短之时,日出东南,月出东北。如夏时天举南方,日月当俱出东北;冬时天复下,日月亦当俱出东南。由此言之,夏时天不举南方,冬时天不抑下也。然则夏日之长也,其所出之星在北方也;冬日之短也,其所出之星在南方也。问曰:"当夏五月日长之时在东井,东井近极,故日道长。今案察五月之时,日出于寅,入于戌,日道长,去人远。何以得见其出于寅,入于戌乎?"日东井之时,去人极近。夫东井近极,若极旋转,人常见之矣。使东井在极旁,则得无夜常为昼乎? 日昼行十六分,人常见之,不复出入焉。儒者或曰:"日月有九道③,故曰:日行有近远,昼夜有长短也。"夫复五月之时,昼十一分,夜五分;六月,昼十分,夜六分。从六月往至十一月,月减一分。此则日行月从一分道也,岁日行天十六道也,岂徒九道?

或曰："天高南方下北方，日出高故见，入下故不见。天之居若倚盖矣，故极在人之北，是其效也。极其天下之中，今在人北，其若倚盖明矣。"日明既以倚盖喻，当若盖之形也。极星在上之北，若盖之葆矣。其下之南，有若盖之茎者，正何所乎？夫取盖倚于地，不能运立，而树之然后能转。今天运转，其北际不著地者，触碍何以能行？由此言之，天不若倚盖之状，日之出入，不随天高下明矣。

或曰："天北际下地中，日随天而入地，地密障隐，故人不见。然天地夫妇也，合为一体。天在地中，地与天合。天地并气，故能生物。北方阴也，合体并气，故居北方。"天运行于地中乎？不则北方之地低下而不平。如审运行地中，凿地一丈，转见水源。天行地中，出入水中乎？如北方低下不平，是则九川北注，不得盈满也。

实者天不在地中，日亦不随天隐，天平正与地无异。然而日出上、日入下者，随天转运，视天若覆盆之状，故视日上下然，似若出入地中矣。然则日之出，近也，其入，远，不复见，故谓之入。运见于东方，近，故谓之出。何以验之？系明月之珠于车盖之橑，转而旋之，明月之珠旋邪。人望不过十里，天地合矣，远，非合也。今视日入，非入也，亦远也。当日入西方之时，其下民亦将谓之日中；从日入之下，东望今之天下，或时亦天地合。如是方天下在南方也。故日出于东方，入于北方之地，日出北方，入于南方。各于近者为出，远者为入；实者不入，远矣。临大泽之滨，望四边之际与天属，其实不属，远若属矣。日以远为入，泽以远为属，其实一也。泽际有陆，人望而不见。陆在，察之若属；日亦在，视之若入，皆远之故也。

太山之高，参天入云，去之百里，不见埵块。夫去百里不见太山，况日去人以万里数乎？太山之验既明矣，试使一人把大炬火，夜行于道，平易无险。去人不一里，火光灭矣。非灭也，远也。今日西转不复见者，非入也。

问曰："天平正与地无异；今仰视天，观日月之行，天高南方下北方，何也？"曰：方今天下，在东南之上，视天若高；日月道在人之南。今天下在日月道下，故观日月之行，若高南下北也。何以验之？即天高南方之星亦当高。今视南方之星低下，天复低南方乎？夫视天之居，近者则高，远则下焉。极北方之民以为高，南方为下，极东极西，亦如此焉。皆以近者为高，远者为下。从北塞下近仰视斗极，且在人上，匈奴之北，地之边陲，北上视天，天复高北下南。日月之道，亦在其上。立太山之上，太山高；去下十里，太山下。夫天之高下，犹人之察太山也。平正四方，中央高下皆同。今望天之四边若下者，非也，远也；非徒下，若合矣。

儒者或以旦暮日出入为近，日中为远；或以日中为近，日出入为远。其以日出入为近，日中为远者，见日出入时大，日中时小也。察物近则大、远则小，故日出入为近，日中为远也。其以日出入为远，日中时为近者，见日中时温，日出入时寒也。夫火光近人则温，远人则寒，故以日中为近，日出入为远也。

二论各有所见，故是非曲直，未有所定。如实论之，日中近而日出入远。何以验之？以植竿于屋上，夫屋高三丈，竿于屋栋之下，正而树之，上扣栋，下抵地，是以屋栋去地三丈。如旁邪倚之，则竿末旁跌，不得扣栋，是为去地过三丈也。日中时，日正在天上，犹竿之正树，去地三丈也。日出入，邪在人旁，犹竿之旁跌，去地过三丈也。夫如是，日中为近，出入为远，可知明矣。试复以屋中堂而坐一人，一人行于屋上，其行中屋之时，正在坐人之上，是为屋上之人，与屋下坐人，相去三丈矣。如屋上人在东危④若西危上，其与屋下坐人，相去过三丈矣。日中时，犹人正在屋上矣。其始出与入，犹人在东危与西危也。日中去人近，故温；日出入远，故寒。然则日中时日小，其出入时大者，日中光明，故小；其出入时光暗，故大。犹昼日察火光小，夜察之，火光大也。既以火为效，又以星为验。昼日星不见者，光耀灭之也；夜无光耀，星乃见。夫日月，星之类也，平旦日入光销，故视大也。

儒者论日，旦出扶桑⑤，暮入细柳⑥。扶桑，东方地；细柳，西方野也。桑、柳，天地之际，日月常所出入之处。

问日："岁二月八月时，日出正东，日入正西，可谓日出于扶桑，入于细柳。今夏日长之时，日出于东北，入于西北；冬日短之时，日出东南，入于西南。冬与夏日之出入，在于四隅，扶桑、细柳，正在何所乎？"所论之言，犹谓春秋，不谓冬与夏也。如实论之，日不出于扶桑，入于细柳。何以验之？随天而转，近则见，远则不见。当在扶桑、细柳之时，从扶桑、细柳之民，谓之日中之时。从扶桑、细柳察之，或时为日出入。若以其上者为中，旁则为旦夕，安得出于扶桑入细柳？儒者论曰："天左旋，日月之行，不系于天，各自旋转。"难之曰：使日月自行，不系于天，日行一度，月行十三度，当日月出时，当进而东旋，何还始西转？系于天，随天四时转行也，其喻若蚁行于硙上，日月行迟，天行疾，天持日月转，故日月实东行，而反西旋也。

【注释】

① 东井：星名，即井宿。

② 牵牛：星名，在天河侧，与织女星相对，二星平列，俗谓之扁担星。

③ 九道：谓黄道一、黑道二、赤道二、西道二、青道二，共九道。

④ 危：指屋栋上面。

⑤ 扶桑：古国名，谓为日出之处。

⑥ 细柳：地名，指日入之处。

乱龙篇

董仲舒申《春秋》之雩，设土龙以招雨，其意以云龙相致。《易》曰："云从龙，风从虎。"以类求之，故设土龙；阴阳从类，云雨自至。儒者或问曰：夫《易》言"云从龙"者，谓真龙也，岂谓土哉？楚叶公①好龙，墙壁、盘盂皆画龙，必以象类为若真，是则叶公之国常有雨也。《易》又曰："风从虎"，谓虎啸而谷风至也。风之与虎，亦同气类。设为土虎，置之谷中，风能至乎？夫土虎不能而致风，土龙安能而致雨？古者畜龙，乘车驾龙，故有豢龙氏②、御龙氏③。夏后之庭，二龙常在，季年夏衰，二龙低伏。真龙在地，犹无云雨，况伪象乎？礼画雷樽，象雷之形。雷樽不闻能致雷，土龙安能而动雨？顿牟④掇芥，磁石引针，皆以其真是，不假他类，他类肖似，不能掇取者，何也？气性异殊，不能相感动也。

刘子骏⑤掌雩祭，典土龙事。桓君山⑥亦难以顿牟磁石不能真是，何能掇针取芥，子骏穷无以应。子骏，汉朝智囊，笔墨渊海，空无以应者，是事非议误，不得道理实也。曰：夫以非真难，是也；不以象类说，非也。

夫东风至，酒湛溢；鲸鱼死，彗星出，天道自然，非人事也。事与彼云龙相从，同一实也。

日，火也；月，水也。水火感动，常以真气。今伎道之家，铸阳燧[7]取飞火于日，作方诸[8]取水于月，非自然也，而天然之也。土龙亦非真，何为不能感天？一也。

阳燧取火于天，五月丙午，日中之时，消炼五石，铸以为器，乃能得火。今妄取刀剑偃月之钩，摩以向日，亦能感天。夫土龙既不得比于阳燧，当与刀剑偃月钩[9]为比，二也。

齐孟尝君[10]夜出秦关。关未开，客为鸡鸣，而真鸡鸣和之。夫鸡可以奸声感，则雨亦可以伪象致，三也。

李子长为政，欲知囚情，以梧桐为人，象囚之形，凿地为坎，以卢为椁，卧木囚其中。囚罪正则木囚不动，囚冤侵夺，木囚动出。不知囚之精神著木人乎？将精神之气动木囚也。夫精神感动木囚，何为独不应以土龙？四也。

舜以圣德，入大麓之野，虎狼不犯，虫蛇不害；禹铸金鼎象百物，以入山林，亦辟凶殃。论者以为非实。然而上古久远，周鼎之神，不可无也。夫金与土同五行也，使作土龙者如禹之德，则亦将有云雨之验，五也。

顿牟掇芥，磁石钩象之石，非顿牟也，皆能掇芥。土龙亦非真，当与磁石钩象为类，六也。

楚叶公好龙，墙壁、盂樽皆画龙象，真龙闻而下之。夫龙与云雨同气，故能感动，以类相从。叶公以为画致真龙，今独何以不能致云雨？七也。

神灵示人以象不以实，故寝卧梦悟，见事之象，将吉，吉象来；象凶，凶象至。神灵之气，云雨之类，八也。

神灵以象见实，土龙何独不能以伪致真也？上古之人，有神荼、郁垒[11]者，昆弟二人，性能执鬼，居东海度朔山上，立桃树下，简阅百鬼。鬼无道理，妄为人祸，荼与郁垒缚以卢索，执以食虎。故今县官斩桃为人，立之户侧；画虎之形，著之门阑。夫桃人非荼、郁垒也，画虎非食鬼之虎也，刻画效象，冀以御凶。今土龙亦非致雨之龙，独信桃人画虎，不知土龙，九也。此尚因缘昔书，不见实验。

鲁般、墨子[12]刻木为鸢，蜚之三日而不集，为之巧也。使作土龙者若鲁般、墨子，则亦将有木鸢蜚不集之类。夫蜚鸢之气，云雨之气也。气而蜚木鸢，何独不能从土龙？十也。

夫云，雨之气也。知于蜚鸢之气，未可以言。钓者以木为鱼，丹漆其身，近之水流而击之；起水动作，鱼以为真，并来聚会。夫丹木非真鱼也，鱼含血而有知，犹为象至。云雨之知，不能过鱼，见土龙之象，何能疑之？十一也。此尚鱼也，知不如人。

匈奴敬畏郅都⑬之威，刻木象都之状，交弓射之，莫能一中。不知都之精神在形象邪？亡也？将匈奴敬鬼，精神在木也。如都之精神在形象，天龙之神亦在土龙，如匈奴精在于木人，则雩祭者之精亦在土龙。十二也。

金翁叔⑭，休屠王之太子也，与父俱来降汉。父道死，与母俱来，拜为骑都尉。母死，武帝图其母于甘泉殿上，署曰：休屠王焉提。翁叔从上上甘泉，拜谒起立，向之泣涕沾襟，久乃去。夫图画，非母之实身也，因见形象，泣涕辄下，思亲气感，不待实然也。夫土龙犹甘泉之图画也，云雨见之，何为不动？十三也。此尚夷狄也。

有若似孔子，孔子死，弟子思慕，共坐有若、孔子之座。弟子知有若非孔子也，犹共坐而尊事之。云雨之知，使若诸弟子之知，虽知土龙非真，然犹感动，思类而至，十四也。

有若、孔子弟子疑其体象，则谓相似。孝武皇帝幸李夫人⑮，夫人死，思见其形，道士以术为李夫人。夫人步入殿门，武帝望见，知其非也，然犹感动，喜乐近之。使云雨之气，如武帝之心，虽知土龙非真，然犹爱好感起而来，十五也。

既效验有十五，又亦有义四焉。立春东耕，为土象人，男女各二人，秉耒把锄，或立土牛，未必能耕也。顺气应时，示率下也。今设土龙，虽知不能致雨，亦当夏时，以类应变，与立土人土牛同义，一也。礼宗庙之主，以木为之，长尺二寸，以象先祖。孝子入庙，主心事之。虽知木主非亲，亦当尽敬有所主事。土龙与木主同，虽知非真，示当感动，立意于象，二也。涂车⑯、刍灵⑰，圣人知其无用，示象生存，不敢无也。夫设土龙，知其不能动雨也，示若涂车、刍灵而有致，三也。天子射熊，诸侯射麋，卿大夫射虎豹，士射鹿豕，示服猛也。名布为侯，示射无道诸侯也。夫画布为熊麋之象，名布为侯，礼贵意象，示义取名也。土龙亦夫熊麋布侯之类，四也。

夫以象类有十五验，以礼示意有四义，仲舒览见深鸿，立事不妄。设土龙之象，果有状也，龙暂出水，云雨乃至。古者畜龙御龙，常存无云雨，犹旧交相阔远，卒然相见，欢欣歌笑，或至悲泣涕，偃伏少久，则示行各恍忽矣。《易》曰："云从龙"，非言龙从云也。云樽刻雷云之象，龙安肯来？夫如是，传之者何可解？则桓君山之难可说也，则刘子骏不能对，劣也。劣则董仲舒之龙说不终也，《论衡》终之，故曰乱龙；乱者终也。

【注释】

①叶公：即沈诸梁，字子高。性好龙，雕文画之，天龙闻而示之。

②豢龙氏：豢龙，古官名。因以为氏，故曰豢龙氏。

③御龙氏：御龙，亦古官名。因以为氏，故曰御龙氏。

④顿牟：即琥珀。

⑤刘子骏：名歆，刘向子。与向领校秘书。集六艺群书而别为《七略》。

⑥桓君山：名谭，后汉相人，以父任为郎，遍习五经，能文章，尤好古学，光武时为给事中。著有《新论》。

⑦阳燧：火镜，古人用以取火于日中。

⑧方诸：古用以取明水之器。见《周礼》。郑玄注《周礼》以为鉴，高诱注《淮南》，则以为大蛤，未知孰是。

⑨偃月钩：谓钩形作半弦月状。

⑩孟尝君：名文，田婴之子。食客数千，名闻诸侯。尝入秦，秦昭王欲杀之，赖其客有能为狗盗鸡鸣者，仅得免归。后归老于薛。

⑪神荼、郁垒：即古之门神。

⑫鲁般、墨子：鲁般，即公输般。《鸿书》："公输般为木鸢以窥宋城。"又《韩非子》："墨子为木鸢，三年成飞，一日而败。"

⑬郅都：汉大阳人。景帝时为中郎将，敢直谏，拜济南太守。为人勇悍公廉，行法不避贵戚，列侯宗室侧目而视，号曰"苍鹰"。

⑭金翁叔：休屠王太子。

⑮李夫人：李延年妹，妙丽善舞，得幸武帝，早死。武帝图其形于甘泉宫，思念不已。方士齐人少翁，言能致其神。乃夜张灯设帷帐，令帝居他帐遥望，

见好女如夫人。

⑯涂车：以泥为车，古之明器。

⑰刍灵：束茅为人马，古人用以殉葬。后世犹沿用。

商虫篇

变复之家，谓虫食谷者，部吏所致也。贪则侵渔，故虫食谷。身黑头赤，则谓武官；头黑身赤，则谓文官。使加罚于虫所象类之吏，则虫灭息不复见矣。夫头赤则谓武吏，头黑则谓文吏所致也。时或头赤身白，头黑身黄，或头身皆黄，或头身皆青，或皆白，若鱼肉之虫，应何官吏？时谓白布，豪民猾吏，被刑乞贷者，威胜于官，取多于吏，其虫形象何如状哉？虫之灭也，皆因风雨。案虫灭之时，则吏未必伏罚也。陆田之中时有鼠，水田之中时有鱼、虾、蟹之类，皆为谷害，或时希出而暂为害，或常有而为灾。等类众多，应何官吏？

鲁宣公①履亩而税，应时而有蝝②生者，或言若蝗。蝗时至蔽天如雨，集地食物，不择谷草。察其头身，象类何吏？变复之家，谓蝗何应？建武③三十一年，蝗起太山郡④，西南过陈留河南，遂入夷狄，所集乡县，以千百数。当时乡县之吏，未皆履亩。蝗食谷草，连日老极，或蜚徙去，或止枯死。当时乡县之吏，未必皆伏罪也。夫虫食谷，自有止期，犹蚕食桑，自有足时也。生出有日，死极有月，期尽变化，不常为虫。使人君不罪其吏，虫犹自亡。夫虫风气所生。苍颉知之，故凡虫为风之字，取气于风，故八日而化。生春夏之物，或食五谷，或食众草。食五谷，吏受钱谷也；其食他草，受人何物？

倮虫三百，人为之长。由此言之，人亦虫也。人食虫所食，虫亦食人所食。俱为虫而相食物。何为怪之？设虫有知，亦将非人曰："女食天之所生，吾亦食之。谓我为变，不自谓为灾。"凡含气之类，所甘嗜者，口腹不异。人甘五谷，恶虫之食，自生天地之间，恶虫之出。设虫能言，以此非人，亦无以诘也。夫虫之在物间也，知者不怪，其食万物也，不谓之灾。甘香渥味之物，虫生常多，故谷之多虫者，粢也。稻时有虫，麦与豆无虫。必以有虫责主者吏，是其粢乡部吏常伏罪也。

神农、后稷藏种之方，煮马屎以汁渍种者，令禾不虫。如或以马屎渍种，其乡部吏，鲍焦⑤、陈仲子⑥也。是故后稷、神农之术用，则其乡吏可免为奸。何则？虫无从生，上无以察也。虫食他草，平事不怪；食五谷叶，乃谓之灾。桂有蠹，桑有蝎。桂中药而桑给蚕，其用亦急，与谷无异。蠹蝎不为怪，独谓虫为灾，不通物类之实，暗于灾变之情也。谷虫曰蛊，蛊若蛾矣；粟米馈热生蛊，夫蛊食粟米，不谓之灾；虫食苗叶，归之于政。如说虫之家，谓粟轻苗重也。

虫之种类，众多非一。鱼肉腐臭有虫，醢酱不闭有虫，饭温湿有虫，书卷不舒有虫，衣襞不悬有虫，蜗疽蛤蝼蟋虾有虫，或白或黑，或长或短，大小鸿杀，不相似类，皆风气所生，并连以死，生不择日。若生日短促，见而辄灭，变复之家，见其希出，出又食物，则谓之灾。灾出当有所罪，则依所似类之吏，顺而说之。人腹中有三虫。下地之泽，其虫曰蛭。蛭食人足，三虫食肠，顺说之家，将谓三虫何以类乎？

凡天地之间，阴阳所生，蛟蛲⑦之类，蜫蠕⑧之属，含气而生，开口而食，食有甘不，同心等欲，强大食细弱，知慧反顿愚。他物小大，连相啮噬，不谓之灾；独谓虫食谷物为应政事，失道理之实，不达物气之性也。然夫虫之生也，必依温湿。温湿之气，常在春夏。秋冬之气，寒而干燥，虫未曾生。若以虫生罪乡部吏，是则乡部吏贪于春夏，廉于秋冬，虽盗跖⑨之吏，以秋冬署，蒙伯夷之举矣。夫春夏非一，而虫时生者，温湿甚也，甚则阴阳不和。阴阳不和，政也。徒当归于政治，而指谓部吏为奸，失事实矣。

何知虫以温湿生也？以蛊虫知之。谷干燥者虫不生，温湿馈竭，虫生不禁。藏宿麦之种，烈日干暴，投于燥器，则虫不生；如不干暴，闻喋之虫，生如云烟。以虫闻喋，准况众虫，温湿所生明矣。《诗》云："营营青蝇，止于藩。恺悌君子，无信谗言。"谗言伤善，青蝇污白，同一祸败，《诗》以为兴。昌邑王梦西阶下有积蝇矢，明旦召问郎中龚遂⑩，遂对曰："蝇者，谗人之象也。夫矢积于阶下，王将用谗臣之言也。"由此言之，蝇之为虫，应人君用谗，何故不谓蝇为灾乎？如蝇可以为灾，夫蝇岁生，世间人君，常用谗乎？

案虫害人者，莫如蚊虻。蚊虻岁生，如以蚊虻应灾，世间常有害人之吏乎？必以食物乃为灾，人则物之最贵者也；蚊虻食人，尤当为灾。必以暴生害物乃为灾，夫岁生而食人，与时出而害物，灾孰为甚？人之病疥，亦希非常，疥虫何故不为灾？且天将雨，蚁出蚋蜚，为与气相应也。或时诸虫之生，自与时气相应，如何辄归罪于部吏乎？天道自然，吉凶偶会，非常之虫适生，贪吏遭署。人察贪吏之操，又见灾虫之生，则谓部吏之所为致也。

【注释】

①鲁宣公：文公庶子，名倭。在位十八年。

②螽：蝗子之未生翅者。

③建武：东汉光武帝年号。

④太山郡：今山东旧泰安府及长清、滋阳、宁阳等处。

⑤鲍焦：周之耿介之士。

⑥陈仲子：即於陵仲子，战国时楚人。楚王闻仲子贤，使使持金往聘，仲子谢而不许，偕妻逃，为人灌园。

⑦蛲：状如蛔虫而甚小，雄者长一分，雌者长三分许，色白，形圆，末端弯曲，寄生于人肠。

⑧蠕：谓蠕行动物，如蚯蚓、水蛭之类。

⑨盗跖：人名，柳下惠之兄。

⑩龚遂：汉南平阳人，字少卿。以明经仕为昌邑王郡中令，刚毅有大节，引经义谏诤至涕泣。昌邑王被废，他连坐输城旦。

《白虎通》精华

【著录】

　　《白虎通》一书，又名《白虎通义》《白虎通德论》，系东汉班固（32—92）所撰。共十卷，四十四篇。汉章帝建初四年（79）在白虎观召集诸儒讲论五经异同，五官中郎将魏原承制定，侍中淳于恭奏，章帝亲临决断，连月乃罢。当时编撰的《白虎奏议》早已散失，后命班固撰集《白虎通义》，成为当时统一的五经解释，而居于权威法典的地位。《隋书·经籍志》载《白虎通》六卷，不著撰人。《新唐书·艺文志》载《白虎通义》六卷，始题班固等撰。《直斋书录解题》载《白虎通》十卷，四十四篇，即今天所见到的《白虎通》。

　　《白虎通》多宣扬董仲舒的学说及其"天人感应"的基本观点，大量引述纬书为其论据，宣扬唯心主义世界起源说，提出"三纲六纪"，又以土为五行之首，把经学、神学合为一体，在董仲舒改造孔子学说的基础之上，进一步附加谶纬学说及迷信成分，使孔子具有学者和教主的双重身份，把董仲舒"天人感应"的理论加以神圣化，使儒学的独尊地位通过政治权力最后加以确定，以加强封建统治。

号

　　帝王者何？号也。号者，功之表也，所以表功名德、号令臣下者也。德合天地者称帝，仁义合者称王，别优劣也。《礼记·谥法》曰："德象天地称帝，仁义所生称王。"帝者，天号；王者，五行之称也。皇者何谓也？亦号也。皇，君也，美也，大也，天之总①美大称也，时质故缪之也。

号之为皇者，煌煌人莫违也。烦一夫、扰一士，以劳天下，不为皇也。不扰匹夫、匹妇，故为皇。故黄金弃于山，珠玉捐于渊，岩居穴处，衣皮毛，饮泉液，吮露英，虚无寥廓，与天地通灵也。号言为帝者何？帝者，谛也，象可承也；王者，往也，天下所归往。《钩命诀》曰："三皇步，五帝趋。三王驰，五霸骛。"

或称天子，或称帝王何？以为接上称天子，明以爵事天也；接下称帝王者，得号天下，至尊言称，以号令臣下也。故《尚书》曰："咨四岳②。"曰裕汝众，或有一人。王者自谓一人者，谦也，欲言已材能当一人耳。故《论语》曰："百姓有过，在予一人。"臣谓之一人何？亦所尊王者也，以天下之大，四海之内，所共尊者一人耳。故《尚书》曰："不施予一人。"或称朕何？亦王者谦也。朕，我也，或称予者，予亦我也。不以尊称自也，但自我皆谦。

或称君子何？道德之称也，君之为言群也。子者，丈夫之通称也。故《孝经》曰："君子之教以孝也。所以敬天下之为人父者也。"何以言知其通称也？以天子自于民。故《诗》云："恺弟君子，民之父母。"《论语》云："君子哉若人。"此谓弟子，弟子者，民也。

三皇者何谓也？谓伏羲、神农、燧人也，或曰伏羲、神农、祝融也。《礼》曰："伏羲、神农、祝融，三皇也。"谓之伏羲者何？古之时未有三纲③六纪④，民人但知其母，不知其父，能覆前而不能覆后，卧之法法⑤，起之吁吁，饥即求食，饱即弃余，茹毛饮血而衣皮苇。于是伏羲仰观象于天，俯察法于地，因夫妇，正五行，始定人道，画八卦以治下，治下伏而化之，故谓之伏羲也。谓之神农何？古之人民，皆食禽兽肉。至于神农，人民众多，禽兽不足。于是神农因天之时，分地之利，制耒耜，教民农作，神而化之，使民宜之，故谓之神农也。谓之燧人何？钻木燧取火，教民熟食，养人利性，避臭去毒，谓之燧人也。谓之祝融何？祝者，属也，融者续也。言能属续三皇之道而行之，故谓祝融也。

五帝者何谓也？《礼》曰："黄帝、颛顼、帝喾、帝尧、帝舜，五帝也。"《易》曰："黄帝、尧、舜氏作。"《书》曰："帝尧、帝舜。"黄帝中和之色，自然之性，万世不易，黄帝始作，制度得其中和，万世常存，故称黄帝也。谓之颛顼何？颛者，专也，顼者，正也，能专正天人之道，故谓之颛顼也。谓之帝喾者何也？喾者，极也，言其能施行穷极道德也。谓之尧者何？尧犹峣峣⑥也，至高之貌，清妙高远，优游博衍，众圣之主，百王之长也。谓之舜者何？舜犹舛舛⑦也，言能推信尧道而行之。

三王者何谓也？夏、殷、周也。故《礼·士冠经》曰："周弁殷冔夏收，三王共皮弁也。"所以有夏、殷、周号何？以为王者受命，必立天下之美号，以表功自克，明易姓为子孙制也。夏、殷、周者，有天下之大号也。百王同天下，无以相别，改制天下之大礼，号以自别于前，所以表著己之功业也。必改号者，所以明天命已著，欲显扬己于天下也。己复袭先王之号，与继体守文之君，无以异也。不显不明，非天意也。故受命王者，必择天下美号，表著己之功业，明当致施是也，所以预自表克于前也。帝王者，居天下之尊号也，所以差优号令臣下。谥者，行之迹也，所以别于后代，著善恶垂无穷，无自推观施后世，皆以劝善著戒恶明不勉也。不以姓为号何？姓者，一字之称也，尊卑所同也。诸侯各称一国之号，而有百姓矣。天子至尊，即备有天下之号，而兼万国矣。夏者，大也，明当守持大道。殷者，中也，明当为中和之道也，闻也，见也，谓当道著见中和之为也。周者，至也，密也，道德周密无所不至也。何以知即政立号也？《诗》云："命此文王，于周于京。"此改号为周，易邑为京也。《春秋传》曰："王者受命而王，必择天下之美号以自号也。"

五帝无有天下之号何？五帝德大能禅，以民为子，成于天下，无为立号也。或曰："唐虞者号也。"唐荡荡也，荡荡者，道德至大之貌也。虞者乐也，言天下有道，人皆乐也。故《论语》曰："唐虞之际，帝喾有天下号高辛，颛顼有天下号曰高阳，黄帝有天下号曰自然者，独宏大道德也。"高阳者，阳犹明也。道德高明也。高辛者，道德大信也。

五霸者何谓也？昆吾氏⑧、大彭氏⑨，豕韦氏⑩、齐桓公、晋文公⑪也。昔三王之道衰，而五霸存其政，率诸侯朝天子，正天下之化，兴复中国，攘除夷狄，故谓之霸也。昔昆吾氏霸于夏者也，大彭氏、豕韦氏霸于殷者也，齐桓、晋文霸于周者也。或曰："五霸谓齐桓公、晋文公、秦穆公、楚庄王、吴王阖闾也。"霸者，伯也，行方伯⑫之职，会诸侯，朝天子，不失人臣之义，故圣人与之，非明王之法张。霸，犹迫也，把也，迫胁诸侯，把持其政。《论语》曰："管仲相桓公，霸诸侯。"《春秋》曰："公朝于王所。"于是时晋文之霸。《尚书》曰："邦之荣怀，亦尚一人之庆。"知秦穆之霸也。楚胜郑而不告，从而攻之，又令还师而佚晋寇，围宋，宋因而与之平，引师而去，知楚庄之霸也。蔡侯无罪而拘于楚，吴有忧中国心，兴师伐楚，诸侯莫敢不至，知吴之霸也。或曰："五霸谓齐桓公、晋文公、秦穆公、宋襄公、楚庄王也。"宋襄伐楚，不擒二毛，不鼓不成列。《春秋传》曰："虽文王之战不是过。"知其霸也。

伯、子、男，臣子于其国中褒其君为公王者，臣子独不得褒其君谓之为帝何？以为诸侯有会聚其事相朝聘之道，或称公而尊，或称伯、子、男而卑，为交接之时不私，其臣子之义，心俱欲尊其君父，故皆令臣子得称其君为公也。帝王异时，无会同之义，故无为同也。何以诸侯得公？齐侯桓公。《尚书》曰"公曰嗟"，秦伯也。《诗》云"覃公维私"。覃子也。《春秋》曰："葬许穆公"，许男也。《礼·大射经》曰："公则释获"，大射者，诸侯之礼也，伯、子、男皆在也。

【注释】

①总：总领。

②四岳：唐尧之臣，羲和的四个儿子，分掌四方的诸侯，所以称四岳。

③三纲：君臣、父子、夫妇为三纲。

④六纪：指诸父兄弟族人，诸舅师长朋友。

⑤诎诎：卧时的鼻息声。

⑥峣峣：山高貌。

⑦舛舛：一玉成两圭，尺相对。

⑧昆吾氏：古国名，为成汤所灭。今河南濮阳有昆吾故城。

⑨大彭氏：古国名。彭祖自尧时举用，历夏、殷，封于大彭，后为商王武丁所灭。

⑩豕韦氏：古之诸侯。商时尝称霸，后武丁西征豕韦，克之。

⑪齐桓公、晋文公：齐桓公，名小白。晋文公，名重耳。是春秋时期的两个霸主。

⑫方伯：一方诸侯之长。

《风俗通义》精华

【著录】

　　《风俗通义》一书，系东汉应劭所著，十卷。原书三十卷，在南朝梁和李唐两代还没有散佚，《隋书·经籍志》注说：该书在南朝梁时还有三十卷。至宋太宗命李昉等人编撰《太平御览》时，还曾大量抄录，说明宋朝初年本书尚且完整。然而一个世纪后，当宋神宗元丰年间苏颂校书时，该书已散佚过半，只剩十卷。今人所见刻本除明代吴琯《古今逸史》等少数四卷本之外，多数是十卷本，其中以元朝的大德本为最佳。

　　应劭著《风俗通义》，是想用封建的正统思想整齐风俗，使上下之心"咸归于正"。通过辨正物类名号，解释时俗嫌疑，借以缓和日益尖锐的社会矛盾，稳定东汉王朝的封建统治。从历史的角度加以认识，该书的价值却是不容忽视的：许多关于东汉社会风俗的记述，透露了当时的社会矛盾；有些篇章记载了统治阶级"过誉""愆礼"行为，反映了封建制度的虚伪和腐败；还有关于乐器的专篇，记述了各种乐器的制作和形制，是研究乐器史难得的材料；书中对于山河薮泽的专门记载，是研究历史地理的重要参考资料；一些关于神异鬼怪的片断，为后来著名的志怪小说《搜神记》所取材，有的篇章甚至被全文移植。全书涉及的范围极为广泛，从许多侧面展现了当时的社会生活状况和思想文化面貌，为后世对东汉历史的研究提供了丰富的史料。从编纂的体例上看，《风俗通义》已具备了"三通"（杜佑《通典》、郑樵《通志》、马端临《文献通考》）的雏形，成为后代"通书"的鼻祖。

　　《风俗通义》因事立论，各卷都有总题，总题下分为细目，总题先概括介绍这一题目的大意，细目再详论其事。《四库全书总目提要》称其书可与王充的《论衡》媲美，而其叙述的简明又远远胜于《论衡》行文的冗漫，该书文辞清新淡雅，亦具有较高的文学价值和可读性。

五　霸

《春秋》说：齐桓、晋文、秦缪、宋襄、楚庄是五霸也。

谨按《春秋左氏传》：夏后太康，娱于耽乐，不循民事，诸侯僭差。于是昆吾氏乃为盟主，诛不从命，以尊王室。及殷之衰也，大彭氏、豕韦氏复续其绪，所谓王道废而霸业兴者也。齐桓九合一匡，率成王室，责强楚[1]之罪，复菁茅之贡。晋文为践土之会[2]，修朝聘之礼，纳襄冠带，翼戴天子。孔子称"民到于今受其赐"。又曰："齐桓正而不谲，晋文谲而不正。"至于三国，既无叹誉一言。而缪公[3]受郑甘言，置戍而去，违黄发[4]之计，而遇祅之败，杀贤臣百里奚[5]，以子车氏[6]为殉，《诗·黄鸟》之所为作，故谥曰"缪"。襄公不度德量力，慕名而不综实，六鹢五石[7]，先著其异，覆军残身，终为僇笑。庄王僭号，自下摩上，观兵[8]京师，问鼎轻重，恃强肆忿，几亡宋国，易子析骸，厥祸亦巨。皆无兴微继绝、尊事王室之功。世之纪事者不详察其本末，至书于竹帛，同之伯功，或误后生，岂不暗乎？

伯者，长也，白也。言其咸建五长，功实明白。或曰：霸者，把也，驳也。言把持天子政令，纠率同盟也。桓公问管仲："吾何君也？"对曰："狄困于卫，复兵不救，须灭乃往存之。仁不纯，为霸君也。"盖三统者，天、地、人之始，道之大纲也。五行者，品物之宗也。道以三兴，德以五成，故三皇、五帝，三王、五霸，至道不远，三五复反，譬若循连环，顺鼎耳。穷则反本，终则复始也。

【注释】

①责强楚：鲁僖公四年，齐桓公使管仲责楚菁茅不贡。按菁茅，楚之贡物，祭祀用以漉酒。

②践土之会：事在鲁僖公二十八年，践土，郑地。

③"缪公"句：鲁僖公三十年，晋人、秦人围郑。秦缪公私与郑盟，戍郑而去之，秦、晋之怨自此始。

④黄发：指蹇叔。

⑤百里奚：相秦七年而霸。及其死，秦国男女流涕，童子不歌谣，舂者不相杵。

⑥子车氏：秦穆公卒，以子车氏之三子奄息、仲行为人殉，皆秦之良善。国人哀之，为之赋《黄鸟》。

⑦六鹢五石：鲁僖公十六年正月朔，有五块陨石落于宋国，是月有六鹢退飞过宋都。

⑧"观兵"二句：周定王元年，楚子伐陆浑之戎，遂至于洛，观兵于周疆。周王使王孙满劳之，楚子问鼎之大小轻重。

王阳能铸黄金

《汉书》①说：王阳虽儒生，自寒贱，然好车马衣服，极为鲜好，而无金银文绣之物。及迁徙去处，所载不过囊衣，不蓄积余财。去位家居，亦布衣疏食。天下服其廉而怪其奢，故俗传王阳能作黄金。

谨按《太史记》：秦始皇欺于徐市②之属，求三山于海中，求神仙，隐形体，自谓想蓬莱③而不免沙丘④之祸。孝武皇帝兹益迷谬，文成⑤、五利⑥处之不疑，妻以公主，赐以甲第，家累万金，身佩四印，辞穷情得，亦旋枭裂。淮南王安锐精黄白⑦，庶几轻举⑧，卒离亲伏白刃之罪。刘向⑨得其遗文，奇而献之。成帝令典尚方⑩铸作事，费甚多，而方不验。劾向大辟⑪，系须冬狱，兄阳成侯乞入国半，故得减死。秦、汉以天子之贵，四海之富，淮南竭一国之贡税，向假尚方之饶，然不能有成者，夫物之变化固自有极，王阳何人，独能乎哉？语曰："金不可作，世不可度。"王阳居官食禄，虽为鲜明，车马衣服，亦能几所，何足怪之！乃传俗说，班固⑫之论陋于是矣。

【注释】

①王阳：汉皋虞人，名吉，字子阳。宣帝时为博士谏大夫。吉常上疏言得失，

宣帝以为迂阔，谢病归，与贡禹为友，世称"王阳在位，贡公弹冠。"元帝立，复召为谏大夫，未至京，死在路上。

②徐市：秦时方士。原名福，字君房，《史记》作市。始皇闻东海中祖洲有不死之药，乃遣福及童男女各三千人，乘楼船入海寻祖洲，不返回。

③蓬莱：神山名，传说在渤海中，山上有仙人及不死之草。

④沙丘：在河北平乡县东北，秦始皇死于此。

⑤文成：将军名号。汉武帝拜方士少翁为文成将军。

⑥五利：将军名号。武帝拜方士栾大为五利将军。

⑦黄白：道士烧炼丹药，成黄金白银，谓之黄白之术。

⑧轻举：谓登仙。《汉书》："遥兴轻举，登遐倒景。"

⑨刘向：汉之宗室，字子政。初为谏大夫，宣帝诏选名儒才俊，向以通达能属文参加。为人简易无威仪，专积思于经术，昼诵书传，夜观星宿，或不寐达旦。所著书有《洪范五行传》《列女传》《新序》《说苑》等。

⑩尚方：官名，掌配制药品之职。

⑪大辟：死刑。

⑫班固：东汉人，班彪长子，字孟坚。博通载籍，明帝时典校秘书，续成父之《西汉书》。

声　音

《易》称："先王作乐崇德，殷荐之上帝，以配祖考。"《诗》曰："钟鼓锽锽，磬管铪铪，降福穰穰。"《书》曰："击石拊石，百兽率舞。"乌兽且犹感应，而况于人乎？况于鬼神乎？

夫乐者，圣人所以动天地，感鬼神，按万民，成性类者也。故黄帝作《咸池》①，颛顼作《六茎》，喾作《五英》，尧作《大章》，舜作《韶》，禹作《夏》，汤作《濩》，武王作《武》，周公作《勺》。《勺》，言能斟勺先祖之道也。《武》，言以功定天下也。《濩》，言救民也。《夏》，大承二帝也。《韶》，继尧也。《大章》，章之也。《五英》，英华茂也。《六茎》，及根茎也。《咸池》，备矣。

其后周室陵迟，礼崩乐坏，诸侯恣行，竞悦所习。桑间、濮上②，郑、卫、宋、赵之声，弥以放远，滔湮③心耳，乃忘平和，乱政伤民，致疾损寿。重遭暴秦，遂以阙忘。汉兴，制氏世掌大乐④，颇能纪其铿锵，而不能说其义。武帝始定郊祀、巡狩、告封，乐官多所增饰，然非雅正，故继其条畅曰声音也。

昔黄帝使伶伦⑤自大夏⑥之西，昆仑之阴，取竹于增谷⑦，生其窍厚均者，断两节而吹之，以为黄钟⑧之管。制十二篪，以听凤之鸣，其雄鸣为六，雌鸣亦为六。天地之风气正，而十二律⑨之五声于是乎生，八音于是乎出。声者，宫、商、角、徵、羽也。音者，土曰埙，匏曰笙，革曰鼓，竹曰管，丝曰弦，石曰磬，金曰钟，木曰穆。《诗》曰："鹤鸣九皋，声闻于天。"《书》："八音克谐，无相夺伦。"由是言之，声本音末也。

【注释】

①《咸池》《六茎》《五英》《大章》《韶》《夏》《濩》《武》《勺》：都是乐名。

②桑间、濮上：谓不正之音。《礼》："桑间、濮上之音，亡国之音也。"

③滔湮：弥漫。

④大乐：官名，秦、汉奉常属官有大乐令，掌伎乐人。后汉稍改其制，旋复旧。

⑤伶伦：一作冷纶，黄帝时的乐官。

⑥大夏：西域国名。

⑦增谷：昆仑之北谷。

⑧黄钟：十二律之一。

⑨十二律：包括阳六律：黄钟、太簇、姑洗、蕤宾、夷则、无射；阴六律：大吕、夹钟、仲吕、林钟、南吕、应钟，共为十二律。

《聱隅子》精华

【著录】

　　《聱隅子》一书，又名《歔欷琐微论》《聱隅子歔欷琐微论》，系宋代黄晞所撰。黄晞，字景微，蜀人，年少通经，曾聚书千卷，学者多跟随他学习和游历，自号聱隅子，著《歔欷琐微论》十卷，聱隅是秽物之名，歔欷是叹声，琐微是述辞。石介在太学为直讲，闻其名，派诸生以礼招聘，黄晞固辞不就。枢密使韩琦上表荐之为太学助教，受命一夕而卒。今存《聱隅子》上、下两卷，宋人陈振孙《直斋书录解题》、赵希弁《读书附志》均有著录，《宋史·艺文志》著录于子部儒家类。《知不足斋丛书》《子书百家·杂家类》《百子全书·杂家类》《丛书集成初编·哲学类》均收录此书。

　　《聱隅子》十卷十篇：《生学》第一，《进身》第二，《扬名》第三，《虎豹》第四，《仁者》第五，《文成》第六，《战克》第七，《大中》第八，《道德》第九，《三王》第十。每篇都冠以小序，卷首又有自序，述十篇相承之旨。黄晞的文学在宋初见重于名儒大臣，故其书言论不违于正，体裁文句皆仿照汉代扬雄的《法言》，该书对了解黄晞的哲学思想具有重要的参考价值。

文成篇

　　天生万汇，为兹人用。纷纭交蔓，将焉救之。有条有纲，统宗会元。故作《文成篇》。

　　聱隅子曰："文成而道存，道存而事协，事协而功易。有不由于此者，犹舍舟而渡渊，其能济乎？呜呼！顺道而不顺人者少矣，顺人而不顺道者众矣。"

聱隅子曰："弗人也，斯人之行也，貌迩而心远，临利而忘亲，肤思而腹怨。"

或问成人，聱隅子对曰："修尔三至，崇尔五反。"曰："何谓三至？"曰："惠不在大，以赴人之急为至。言不在胜，以破时之惑为至。行不在亢，以镇时之俗为至。""何谓五反？"曰："时未遇则反之于命，众未尊则反之于德，俗未附则反之于信，名未光则反之于道，功未著则反之于力。"或者誉人于子。曰："彼之道不其至欤？"聱隅子复之曰："吾昔临于溪涧沼碛，见其泉清源砥，欲狎而玩之。及临乎江河淮海，见其巨浪滔天，则懔然有畏之之色。至与弗至，则吾弗知之矣。"

或问："子贡①之辨，与苏、张②为孰愈？"聱隅子对曰："义存鲁国，则子贡之力也。姑利六王，则苏、张之术矣。辩与不辩，则吾弗知之矣。"

聱隅子曰："女不耻其身之不正，而耻其色之不偶；士不耻其才之不充，而耻其禄之不厚，亦不思之甚矣。"

聱隅子曰："君子之于己也薄矣，其于人也厚矣。小人之于艺也廉矣，其于人也详矣。"

聱隅子曰："猛虎不伤其类，而伤其非类。谤者不闻于自己，而闻于他人也。"

聱隅子曰："君子哉，报德不报怨，先疏而后亲，先危而后安。"

或问尧舜之寿考。"生民之寿考耳。"又曰："汉之党锢③。"曰："非人实党锢，而主之自锢也。呜呼！囚道德，械忠信，适足以殄绝，不亦悲夫！"

聱隅子曰："秦汉而下，才不必于朝廷，道不谋于草野，此生民所以未瘳也。"

聱隅子曰："大伪若真，大邪若正，大私若公，大害若利。圣人不启人以为贼，而奸人迹圣人以为贼。"

聱隅子曰："生不幸，仁人死。不遇明主，亦士之耻也。"

或问出处之道，聱隅子曰："民不富，士不荣，君不胜，国不壮，勃然而耻者，三代之人焉。饱于道，醉于德，冠于仁，履于义，覃然④而宅善者，五帝之人也。非五帝之人静，而三王之人躁，盖君子之时行矣。"

聱隅子曰："尧、舜不以天下量其位，而以天下量其德。桀、纣不以天下量其德，而以天下量其欲。"

或曰："有金、张⑤之贵，王、石⑥之富，守之以理义，何如？"曰："可也。未若荣道以贵而贵足，尚知以富则富有余。"

【注释】

①子贡：孔子的弟子，姓端木，名赐。

②苏、张：即苏秦、张仪，皆战国时人，一主合纵，一主连横。

③党锢：东汉桓帝时，宦官势盛，士大夫李膺等疾之，捕杀其党。宦官乃言膺等与太学游士为朋党，诽谤朝廷。辞连二百余人，禁锢终身，史称党锢之祸。

④罩然：深广，大。

⑤金、张：金日磾、张安世，皆汉宣帝时权贵，氏族甚盛，后遂以"金张"称贵族。

⑥王、石：王恺、石崇，皆晋时人，拥资巨万，互相斗富。王、石之富，以此得名。

《嬾真子》精华

【著录】

《嬾真子》一书，五卷，系宋代马永卿所撰。该书乃其杂记之书，然卷中多述刘安世语，又在开卷冠以司马光事，书中也多称司马光，大概是为了明其渊源所自出。《宋史·艺文志》著录该书，但宋代晁公武《郡斋读书志》、陈振孙《直斋书录解题》两家书目皆不载，不过，《嬾真子》一书曾为南宋人所援引，南宋建炎（1127～1130）、绍兴（1131～1162）年间入袁文所著《瓮牖闲评》一书，有驳其中印文五字一条；庆元（1195～1200）、嘉泰（1203～1204）年间入王懋所著《野容丛书》一书，有驳其承露囊一条；绍熙（1190～1194）、开禧（1205～1207）年间入费衮所著《梁溪漫志》一书，有驳其汉太公无名母媪无姓一条。可见此书曾流传于世，为两家书目所遗漏。书末称绍兴六年（1136），大概其书成于宋朝南渡之后。此书中间颇及杂事，大多短小精悍，而以就事论事、考证之文为多。

嬾真子　录十三则

元城①先生尝言："古之史出于一人之手，故寓意深远。且如《前汉书》，每同列传者，亦各有意。"杨王孙②，武帝时人。胡建③，昭帝时人。朱云④，元帝时人。梅福⑤，成帝时人。云敞⑥，平帝时人。为一列传，盖五人者皆不得其中，然其用意则皆可取。王孙裸葬，虽非圣人之道，然其意在于矫厚葬也。胡建为军正丞，不上请而擅斩御史，然其意在于明军法也。朱云以区区口舌斩师傅,然其意在于去佞臣也。梅福以疏远小臣而言及于骨肉权臣之间,然其意在于尊王室也。云敞犯死救师,虽非中道,然忠义所激耳,稍近其中。故《叙传》云:"王孙裸葬,建乃斩将,云廷讦禹,福逾刺凤,是谓狂狷,敞近其衷。"言此五人皆狂狷不得中道,独敞近于中耳。此其所以为一列传。

"成汤既没,太甲元年。"注去:"太甲,太丁之子,汤之孙也。太丁未立而卒,及汤没而太甲立,称元年。""惟元祀十有二月乙丑,伊尹祠于先王。"注云:"成汤崩逾月,太甲即位,奠殡而告。"据此文意,则成汤之后,中间别无君也。然《孟子》云:"汤崩,太丁未立,外丙二年,仲壬四年,太甲颠覆汤之典刑,伊尹放之于桐。"据此,则中间又有两君矣。《史记》:"汤崩,太丁未立而卒,于是乃立太丁之弟外丙,是为帝外丙。外丙即位三年崩,立外丙之弟仲壬,是为帝仲壬。帝仲壬即位四年崩,伊尹乃立太丁之子太甲。太甲,成汤嫡长孙也。"以此考之。然则《书》所谓"成汤既没,太甲元年"者,盖为伊尹欲明言成汤之德,以训嗣王,故须先言成汤既没,非谓中间无二君也。而注误认此语,遂失之。当以《孟子》、《史记》为正。

古人吟诗,绝不草草。至于命题,各有深意。老杜⑦《独酌》诗云:"步屟深林晚,开樽独酌迟。仰蜂粘落絮,行蚁上枯梨。"《徐步》诗云:"整履步青芜,荒庭日欲晡,芹泥随燕嘴,花蕊上蜂须。"且独酌则无献酬也,徐步则非奔走也,以故蜂蚁之类,微细之物,皆能见之。若夫与客对谈,急趋而过,则何暇视详至于是哉?仆尝以此理问仆舅氏,舅氏曰:"《东山》⑧之诗,盖尝言之:'伊威⑨在室,蟏蛸⑩在户。町畽鹿场,熠耀宵行。'此物寻常亦有之,但人独居闲时乃见之耳。杜诗之源出于此。"

东坡至黄州⑪,邀一隐士相见。但视传舍⑫,不言而去。东坡曰:"岂非以身世为传舍相戒乎?"因赠以诗,末云:"士廉岂识桃椎妙,妄意称量未必然。"此盖用朱桃椎故事也。高士廉备礼请见,与之语,不答,瞪目而去。士廉再拜曰:"祭酒其使我以无事治蜀耶?"乃简条目,州遂大治。东坡用事之切当如此，皆取隐士相见不言之意也。

关中隐士骆耕道，常言修养之士，当书《月令》置坐左右，夏至宜节嗜欲，冬至宜禁嗜欲。盖一阳初生，其气微矣，如草木萌生，易于伤伐，故当禁之，不特节也。且嗜欲四时皆损人，但冬夏二至，阴阳争之时，大损人耳。仆曰："不独《月令》如此。唐柳公度[13]年八十有强力，人问其术，对曰：'吾平生未尝以脾胃熟生物暖冷物，以元气佐喜怒'。此亦可为座右铭也。"耕道曰："然。"

温公[14]熙宁、元丰间，尝往来于陕[15]、洛之间。从者才三两人，跨驴道上，人不知其温公也。每过州县，不使人知。一日自洛趋陕，时陕守刘仲通讳航，元城先生之父也，知公之来，使人逆之，公已从城外过天阳津矣。刘遽使以酒四樽遗之，公不受。来使酷云："若不受，必重得罪。"公不得已受两壶。行三十里至张店镇，乃古傅岩故地，于镇官处借人复还之。后因于陕之使宅建四公堂，谓召公、傅公、姚公、温公。此四公者，皆陕中故事也。唐姚中令，陕之硖石人。今陕县道中路旁有姚氏墓碑，徐峤之书并撰。

仆少时在高邮[16]学，读《送穷文》[17]，至"五鬼[18]相与张眼吐舌，跳踉偃仆，抵掌顿脚，失笑相顾"，仆不觉大笑。时同舍王抃、彦法问曰："何矧[19]？"仆曰："岂退之真见鬼乎？"彦法曰："此乃髑髅之深颇蹙颜，盖想当然耳。且古人作文，必有所拟，此拟扬子云《逐贫赋》也。"仆后以此言问于舅氏张奉仪（从圣），舅氏曰："不然。规矩，方圆之至也，若与规矩合，则方圆自然同也。若学问至古人，自然与古人同，不必拟也。譬如善射，后矢续前矢；善马，后足及前足，同一理也。"昨日读韩文，忽忆此话，今三十年矣，抚卷惊叹者久之。

襄、邓[20]之间，多隐君子。仆尝记陕州夏县[21]士人乐举明远，尝云："二十四气，其名皆可解，独小满、芒种，说者不一。"仆因问之，明远曰："皆谓麦也。小满四月中，谓麦之气至此方小满而未熟也。芒种五月节，种读如种类之种，谓种之有芒者麦也，至是当熟矣。"仆因记《周礼》"稻人泽草所生，种之芒种"，注云："泽草之所生，其地可芒种，种稻麦也。"

仆近为老农，始知过五月节则稻不可种，所谓"芒种五月节"者，谓麦至是而始可收，稻过是而不可种矣。古人名节之意，所以告农候之早晚，深矣！

《庄子》之言，有与人意合者，今辄记之。《庄子》之言曰："地非不广且大也，今之所用容足耳。然侧足而垫之致黄泉。"解之者曰："垫者，掘也。地亦大矣，人之所用，不过容足。若使侧足之外，掘至黄泉，则人战栗不能行矣。"仆因从而解之曰："所以然者，以足外无余地也。今有人廉也，而人以为贪；正也，而人以为淫。何也？以廉正之外无余地也。若云伯夷之廉也，柳下惠之正也，则人无不信者，以有余地也。故曰：君子能为可信，不能使人之必信。人若未信，当求之己，不可求之人。"

曹成王碑云："王姓李氏，讳皋，字子兰，谥曰成。其先王明以太宗子国曹。"又云："太支十三，曹于弟季，或亡或微，曹始就事。"今按，曹王明之母杨氏，乃齐王元吉之妃也。后太宗以明出继元吉后。此人伦之大恶也，故退之为国讳。既言其"先王明以太宗子国曹"，又云"太支十三，曹于弟季"，其言弟季尤有深意。盖元吉之变在于蚤年，及其暮年，乃有曹王，故曰弟季。盖非东昏奴^㉒之比也。前辈用意，皆出忠厚，诚可法哉！

老杜《赠李潮八分歌》云："秦有李斯^㉓汉蔡邕^㉔，中间作者寂不闻。峄山之碑野火烧，枣木传刻肥失真。苦县光和尚骨立，书贵瘦硬方通神。""峄山之碑"至于"苦县光和"，人多未详，王内翰亦不解。谨按，老子苦人也，今为亳州卫真县^㉕，县有明道宫，宫中有汉光和年中所立碑，蔡邕所书。仆大观中为永城^㉖主簿日，缘檄到县得见之。字画劲拔，真奇笔也。且杜工部时已非峄山真笔，况于今乎？然今所得传摹本，亦自奇绝，想见真刻奇伟哉。

曹成王碑句法严古，不可猝解，今取其尤者笺之。"大选江州，群能著职。王亲教之，抟力勾卒。嬴越之法，曹诛五畀。"今释于此：著职者，各安守其职也；抟力者，结集其力也；勾卒者，伍相勾连也；赢越之法，赢当为赢，谓秦商君、越勾践教兵之法；曹诛五畀者，曹，朋曹也，若有罪，则凡与之为朋曹者咸诛之；伍，什伍也，凡有所获则分而畀其什伍之兵也。盖利害相及，则战不敢溃而居不敢盗，此乃勾卒赢越之法。或曰：赢谓衰赢也，越谓超越也，凡战罚其衰赢，赏其超越也。然无勾卒之义，当从前说。

温公私第在县宇之西北数十里，质朴而严洁，去市不远，如在山林中。厅事前有棣华斋，乃诸弟子肄业之所也。转斋而东有柳坞，水四环之。待月亭及竹阁，西东水亭也。巫咸榭乃附县城为之，正对巫咸山。后有赐书阁，贮三朝所赐之书籍。诸处榜额，皆公染指书。其法以第二指尖抵第一指头，指头上节微屈，染墨书之。字亦尺许大，如世所见公生明字，惟巫咸榭字差大尔。园圃在宅之东，温公尝宿于阁下东畔小阁，侍吏唯一老仆。一更二点，即令老仆先睡，看书至夜分，乃自罨㉗火灭烛而睡。至五更初，公即自起，发烛点灯著述，夜夜如此。天明即入宅起居其兄，且或坐于床前问劳，话毕即回阁下。

【注释】

①元城：即刘安世，字器之，宋人。从学于司马光，不好声色货利，而忠孝正直尤像司马光，卒谥忠定。有《尽言集》。

②杨王孙：汉城固人。治黄老术，曾言厚葬无益，及死，遂裸葬。

③胡建：汉河东人，字子孟。为军正丞时，有监军御史为奸，穿北军垒垣以为贾区，建诛之，由是显名。后为渭城令，治甚有声。

④朱云：汉鲁人，成帝时为槐里令，上书愿借上方剑斩佞臣张禹，帝怒，欲斩之。御史将云去，云攀折殿槛，以辛庆忌救得免。帝悟，命勿治槛，以旌直臣。

⑤梅福：汉寿春人，为郡文学，补南昌尉，数上书言事，及王莽专政，弃妻子而去。

⑥云敞：汉平陵人，字幼孺，师事吴章。时王莽秉政，章夜以血涂莽第门，若鬼神之戒，冀以惧莽。事觉，章坐腰斩，弟子千余人皆禁锢不得仕。敞时为大司徒掾，自劾吴章弟子，收章尸葬之。

⑦老杜：即杜甫，字子美，唐襄阳人，以诗名世。

⑧《东山》：《诗》篇名，周公东征将归，作此诗以慰军士之久役者。

⑨伊威：虫名。

⑩蟏蛸：即喜蛛。

⑪黄州：位于今湖北黄冈市。

⑫传舍：驿站所设之屋舍以便行人休息者称传舍。

⑬柳公度：唐华原人。善养生，年八十余，有强力。

⑭温公：姓司马，名光，字君实，宋陕州夏县涑水乡人，赠太师、温国公，谥文正。著有《资治通鉴》。

⑮陕：即陕州，治所位于今河县陕县。

⑯高邮：位于今江苏高邮市。

⑰《送穷文》：为唐韩愈所作。

⑱五鬼：谓五穷鬼，即智穷、学穷、文穷、命穷、交穷。

⑲何矧：矧，与哂通，笑之至为矧。

⑳襄、邓：州名，襄州治所位于今湖北襄樊市，邓州治所位于今河南邓州市。

㉑陕州夏县：即今山西夏县。

㉒东昏奴：南齐高宗第二子，名宝卷，继高宗而帝，荒淫无度，为梁武帝所弑，追贬东昏侯。

㉓李斯：秦始皇之相，变仓颉籀文为小篆。

㉔蔡邕：东汉陈留人，字伯喈。奏定六经文字，立碑太学门外，所著诗赋、碑铭、书记等凡百四十篇。

㉕亳州卫真县：治所位于今河南鹿邑县东。

㉖永城：即今河南永城市。

㉗罨：掩覆。

《郁离子》精华

子部

【著录】

　　《郁离子》是明人刘基所撰。刘基（1311～1375），字伯温，自号郁离子，浙江青田人，元末进士，曾官江西高安县丞，因为政严峻，触犯豪强而郁郁受压。后就江西行省职官掾吏，虽多所建议，皆受抑而不行。于是愤然弃官，归隐青田山中，静心精思，著成《郁离子》。刘基看透了元朝腐败无救，毅然于元至正二十年（1360）赴应天（今南京）投靠朱元璋，得到重用，参与机要。这期间，《郁离子》一书成了他辅佐朱元璋、建功立业的理论依据。明初，刘基任御史中丞兼太史令，封诚意伯。洪武四年（1371），他在功成名就之后辞官归乡，不久病逝。刘基留世之著，还有《覆瓿集》《犁眉公集》和《写情集》等，而以《郁离子》最为著名。

　　《郁离子》全书分上下两卷，共一百八十二条。关于"郁离子"的含义，当时人解释："离为火，文明之象，用之其文郁郁然，为盛世文明之治"（徐一夔《郁离子序》）"夫郁郁，文也；明两，离也；郁离者，文明之谓也。非所以自号，其意谓天下后世若用斯言，必可底文明之治耳"（吴从善《郁离子序》）。郁即文采，离乃八卦之火。"郁离"强调世用斯言则兴盛文明之意。本书是一部以寓言故事为主的散文集，内容涉及甚广，从个人家庭到社会国家，从政治经济到军事外交，从圣贤伦常到鬼怪神仙，真是无所不包。当然其中既有精华，亦有糟粕。然而，它那寓言生动、思想深刻、文笔犀利、故事简洁的艺术手法，迄今让人读而有趣，思而有益。

　　《郁离子》刊本甚多。最早本当推明成化六年（1470）的《诚意伯刘先生文集》，而后来比较好的本子，应该是清嘉庆年间的《学津讨原》本了。若从版本学角度比较上述明清两种版本，一般以成化本为更善。

郁离子 　录三则

郁离子^①曰：一指之寒弗燠，则及于其手足；一手足之寒弗燠，则周于其四体。气脉之相贯也，忽于微而至大。故疾病之中人也，始于一腠理^②之不知，或知而忽之也，遂至于不可救以死，不亦悲夫！天下之大，亡一邑不足以为损，是人之常言也。一邑之病不救，以及一州，由一州以及一郡，及其甚也，然后倾天下之力以救之，无及于病，而天下之筋骨疏矣。是故天下一身也，一身之肌肉腠理，血脉之所至，举不可遗也。必不得已而去，则爪甲而已矣。穷荒绝徼，圣人以爪甲视之，虽无所不爱，而损之可也，非若手、足、指之不可遗，而视其受病以及于身也。故治天下者，惟能知其孰为身，孰为爪甲，孰为手、足、指，而不逆施之，则庶几乎弗悖矣！

郁离子曰：民犹沙也，有天下者惟能抟而聚之耳。尧、舜之民，犹以漆抟沙，无时而解。故尧崩，百姓如丧考妣，三载四海遏密八音，非威驱而令肃之也。三代之民，犹以胶抟沙，虽有时而融，不释然离也。故以子孙传数百年，必有无道之君而后衰，又继而得贤焉则复兴。必有大无道如桀与纣，而又有贤圣诸侯如商汤、周武王者，间之而后亡。其无道未如桀、纣者，不亡，无道如桀、纣，而无贤圣诸侯适丁其时而间之者，亦不亡。霸世之民，犹以水抟沙，其合也若不可间，犹水之冰然，一旦消释，则涣然离矣。其下者，以力聚之，犹以手抟沙，拳则合，放则散。不求其聚之之道，而以责于民曰"是顽而好叛"。呜呼，何其不思之甚也！

楚南公问于萧寥子云曰："天有极乎？极之外又何物也？天无极乎？凡有形必有极，理也，势也？"萧寥子云曰："六合之外，圣人不言。"楚南公笑曰："是圣人所不能知耳，而奚以不言也？故天之行，圣人以历纪之；天之象，圣人以器验之；天之数，圣人以算穷之；天之理，圣人以

《易》究之。凡耳之所可听，目之所可视，心思之所可及者，圣人搜之，不使有毫忽之藏，而天之所闷，人无术以知之者惟此。今子不曰不知而曰不言，是何好胜之甚也！"

【注释】

①郁离子：即刘基，明青田人，字伯温，自号郁离子。精通天文兵法，著文章，明太祖定天下，取吴，收中原，他多为谋划。封诚意伯。

②腠理：是指皮肤之间的空隙纹理。《史记·扁鹊传》："君有疾在腠理。"

子

部

《空同子》精华

【著录】

　　《空同子》一书，一卷，系明朝人李梦阳所作。梦阳，字献吉，庆阳人，弘治六年（1493）举陕西乡试，名列第一。次年考中进士，授户部主事。其后，官至江西提学副使。在任时因孤傲抗上，与总督陈金、御史江万宝不和。后因部下与淮王府的人发生斗殴，得罪淮王，被告下狱，遂解职回家。在家闲居，负气独傲，修治园池，招徕宾客，每日任侠客少年射猎，与其同乐。自号"空同子"，名播海内。

　　全书分为化理篇、物理篇、治道篇、论学篇、事势篇、异道篇，共六目八篇，已被收入《空同集》。此《空同子》是后人摘拣出来单刊流行之书。作者才思雄鸷，以复古自命，倡言文必秦汉，诗必盛唐。所撰文词多艰深诘屈，为后人所批评。但作者仿照扬雄《法言》的体裁，发明义理，颇有独到见解。

化理下篇　录二则

　　济①之性劲，源于晋，伏流地中，乍见乍伏。一支穿太行②，为百泉，为卫水③；一支为济源，出山东为七十二泉。大抵天地劲气在山西，人之性劲天下。其铁亦如之，所谓并州④剪刀者也。汉之性曲，其流十里九弯。郢沔之间，潴为泽薮，皆汉之漾也。语曰："劲莫如济，曲莫如汉。"

　　秋之云阔而薄，故其雨微；夏之云独而涌，故其雨注。化气亦专而后壮者，势然也。轰雷遍四海，罢澍⑤尽八埏⑥，天地能之乎？故言：仁智者必曰勇，勇者专壮之义也。

【注释】

①济：即济水，东南流入黄河，其故道本东流至山东，与黄河并行入海。今下潾已为黄河、大清河、小清河所占。

②太行：山名，连亘河南、河北、山西。

③卫水：即永济渠，以导源河南辉县，为春秋时卫地，故名。

④并州：位于今山西太原县治，产剪刀。

⑤罢澍：暴雨。

⑥八埏：谓地之八际。司马相如文："上畅九垓，下溯八埏。"

物理篇 录三则

空同子①之庐有蝠焉，多而秽。令扑焉，扑者无始而有终。问焉，曰："始扑之，逐焉。逐逐扰扰②，其获也少。终，立庐之中俟焉，至则扑之，故其获多。"甚哉一之应万也！

天道亏盈而益谦，绘事其证乎？凡绘不及则是，过之则非。如绘人，分寸亦人，若六七尺则非人，以人长五尺也。物皆然。又如绘朴野幽寂之形则雅，如草村、茅庐、疏松、片石、疲驴、破帽则雅，若绘楼阁金碧，凡富贵事则俗矣。吁！天之盈亏，不显哉！不显哉！

生性难移，如草木之蔓之直。故人刚柔之偏，变之为刚善柔善有之矣。若欲刚为柔，柔为刚，能之乎？

【注释】

①空同子：即李梦阳，明应阳人，字献吉，自号空同子。工诗古文，才思雄鸷，与何景明、徐祯卿等号前七子。

②逐逐扰扰：逐逐，必欲得之之状；扰扰，纠纷。

论学下篇　录三则

古诗妙在形容之耳，所谓水月镜花，所谓人外之人，言外之言。宋以后则直陈之矣，于是求工于字句，所谓心劳日拙者也。形容之妙，心了了而口不能解，卓如跃如，有而无，无而有。

赵宋之儒，周子①、大程子②别是一气象，胸中一尘不染，所谓光风霁月也。前此陶渊明亦此气象。陶虽不言道，而道不离之，何也？以日用即道也。它人非无讲明述作之功，然涉有意矣。

《书》之言多西土之音，如呼我为台，本奴来切，至今西人③音犹然，而训者为怡。又如西人谓都是为纯，而"纯其艺黍稷"，谓都是黍稷也，今训者为全。又西人著力干此事则呼为所，而所其无逸，"王敬作所"，今训者以为居处。

【注释】

①周子：即周敦颐，宋道州人，字叔。胸怀洒落，如光风霁月。著《太极图说》及《通书》，为宋理学之开祖，世称濂溪先生。

②大程子：即程颢，宋洛阳人，字伯淳。与弟颐皆学于周敦颐，著《定性书》，与《太极图说》相表里，世称明道先生。

③西人：谓西京之人。

《玉泉子》精华

【著录】

　　《玉泉子》一书，一卷，撰者姓氏不祥。《新唐书·艺文志》作《玉泉子闻见真录》，五卷；陈振孙《直斋书录解题》作《玉泉笔端》三卷，《玉泉子》一卷；《宋史·艺文志》作《玉泉子》一卷，《玉泉笔论》五卷。由此可见，《玉泉子》虽与《玉泉子闻见真录》《玉泉笔端》《玉泉笔论》诸书都有"玉泉"字样，但因卷数不同，尚不能肯定它们之间关系。

　　《玉泉子》在历史上有一定影响，《太平广记》征引其文达三十三条。传世版本以明刊本为最早，后为《稗海》《唐人说荟》《子书百种》等书收录。今本《玉泉子》并非原著，所记全是唐代杂事，也采用了其他小说中的部分内容，但志怪故事很少。《玉泉子》叙事以人物为纲，记载了中晚唐时期四十余位著名人物的奇闻逸事，内容涉及唐代的政治、经济、婚姻、军事等各种社会问题，对于研究唐代的历史有一定的参考价值。特别是一些篇章，暴露了当时统治集团的昏庸腐朽，以及相互之间错综复杂的矛盾，史料价值很高。

玉泉子　录八则

　　赵悰妻父为钟凌大将。悰以久随计不第，穷悴愈甚，妻族益相薄，虽妻父母不能不然也。一日，军中高会，州郡谓之春设者，大将家相率列棚以观之。其妻虽贫，不能无往。然所服故弊，众以帷隔绝之。设方酣，廉使忽驰吏呼将，将且惧。既至，廉使临轩手持一书，笑曰："赵惊得非君之婿乎？"曰："然。"乃告之："适报至，已及第矣。"即授所持书，乃榜也。将遽以榜奔归，呼曰："赵郎已及第矣。"妻之族即撤去帷幄，相与同席，竟以簪服而庆遗焉。

郑路昆仲有为江外官者，维舟江渚，群盗奄至。即以所有金币罗列岸上，而任盗贼自运取。贼一不犯，曰："但得侍御小娘子来足矣。"其女有姿色，贼潜知之矣。骨肉相顾，不知所以答。女欣然请行，其贼即取小舟载之而去。女谓贼曰："君虽为偷，得无所居与亲属乎？然吾家衣冠族也，既为汝妻，岂以无礼见逼？若达汝所止，一会亲族，以托好逑①，足矣。"贼曰："诺。"又指所偕来二婢曰："公既以偷为名，此婢不当，为公计，不若归吾家。"贼以貌美词且顺，顾已无不可者，即自鼓棹，载二婢而去。女于是赴江而死。

牛庶锡性静退寡合，累举不第。贞元元年，因问日者，"君明年状头及第"。庶锡但望偶中一第，殊不信也。时已八月，未命主司，偶经少保萧昕宅前，值昕策杖独游南园。庶锡遇之，遽投刺并贽所业。昕独居，方思宾客，甚喜，延之语，及省文卷，再三称赏。因问："外议以何人当知举②？"庶锡对曰："尚书至公为心，必更屈领一岁。"昕曰："必不见命，若尔，君即状头也。"庶锡起拜谢。坐未安，忽闻驰马传呼曰："尚书知举。"昕遽起，庶锡复再拜曰："尚书适已赐许，皇天后土，实闻斯言。"昕曰："前言已定矣。"明年，果状头及第。

吕元膺③为东都④留守，常与处士对棋之次。有文簿堆拥，元膺方秉笔阅览，棋侣谓吕必不顾局矣，因私易一子以自胜。吕辄已窥之，而棋侣不悟。翌日，吕请棋处士他适，内外人莫测，棋者亦不会，仍以束帛赆之，如是十年许。吕疾亟，命儿侄列前曰："游处交友，尔宜精择。吾为东都留守，有一棋者云云，吾以他事俾去，当日一棋子，亦未足介意，但心迹可畏。亟言之，虑其忧畏，终不言，又恐汝辈灭裂⑤于知闻。"言毕，惘然长逝。

李回⑥之为御史中丞也，时会昌中，王师讨昭义⑦，久未成功。贼之游兵，往往散出，下剽掠荆、洛、怀、孟⑧，又发轻卒数千，伪为群臣，散漫山谷，以嘈官军。官军自远见之，乃分头掩捕，因不成列，且无备焉。于是短兵接斗，蹂践相乘，凡十数里，王师大败。

是月，东都总统王宰、石雄皆坚壁自守。武宗坐朝不怡，召宰相李德裕⑨等，谓之曰："王宰、石雄，不与朕杀贼，频遣中使促之，尚闻逗桡⑩依违，岂可使贼党坐至东都耶？卿今日与朕晚归，别与制置军前事宜奏来。"时宰相陈夷行⑪、郑肃⑫拱默听命。德裕至中书，召御史中丞李回，具言上意，曰："中丞必一行，责戎帅蚤见成功，慎无违也。"回刻时受命。于是具名以闻，曰："今欲以御史中丞李回为催军使，不能尽知，敢以为请。"帝曰："可。"

即日李回自右银台⑬戒路，有邸吏五十导从。至于河中⑭，授辔以进。俟王宰等至河中界，迎候召行。二帅至翼城⑮东道左，执兵如外府列校迎候仪，回立马受起居寒温之礼。二帅复前进数步，磬折⑯致词，回击鞭，亦不甚顾之。礼成，二帅旁行，俯首俟命。回于马上厉声曰："今日当直令吏安在？"郡吏跃马听命。回曰："责破贼限状来。"二帅鞠躬流汗而退，请以六十日破贼，过约请行军中令。于是二帅大惧，亲率军鼓之，士卒齐进，凡五十八日拔潞城⑰，枭刘稹首以献。功成，回复命。后六十日，由御史中丞拜中书侍郎、平章事。

昔有人授舒州⑱牧，李德裕谓之曰："到彼郡日，天柱峰茶可惠三角⑲。"其人献之数十斤，李不受，退还。明年罢郡，用意精求，获数角投之，德裕阅而受曰："此茶可以消酒食毒。"乃命烹一瓯，沃于肉食内，以银合闭之。诘旦，因视其肉，已化为水。众服其广识。

郑文公畋，字台文。父亚，曾作容管⑳观察使。畋生于桂州㉑，小字桂儿。时西门思恭为监军，有诏征赴阙下㉒，饯于北郊。自以衰年，因以畋托曰："他日愿以桂儿为念，九泉之下，不敢忘之。"言讫，泫然流涕，思恭志之。及神策军中，亚已卒，思恭使人召畋，馆之于第，年末及冠，甚爱之，如甥侄，因选师友教导之。畋后官至将相。黄巢㉓之入长安，思恭逃难于终南山㉔。畋以家财厚，募有勇者，访而获之，以归岐下，温清侍膳，有如父焉。思恭终于畋所，畋葬近西门，坟陌皆造二垄焉。吊者无不堕泪，咸服其义也。

郑余庆㉕清俭有重德。一日，忽召诸朋朝官数人会食。众皆朝僚，以故相重望，皆凌晨诣之。至日高，余庆方出，闲话移时，诸人皆枵然㉖。余庆呼左右曰："处分厨家，烂蒸去毛，勿拗折项。"诸人相顾，以为必蒸鹅鸭之类。逡巡，异抬盘出，酱醋亦极香新。良久就食，人前下粟米饭一碗，蒸葫芦一枚。相国食美，诸人强进而罢。

【注释】

①好逑：良匹。《诗》："窈窕淑女，君子好逑。"

②知举：旧制会试时特简之官，董理贡举之事。

③吕元膺：唐东平人，字景夫。为御史中丞，不久拜东都留守。

④东都：位于今河南洛阳。

⑤灭裂：做事粗率。

⑥李回：唐宗室后裔，字昭度。武宗时，官至宰相。

⑦昭义：方镇名，治所位于今山西长治市。

⑧荆、洛、怀、孟：均为州名。荆州，治所在今湖北江陵；洛州，治所在今河南洛阳；怀州，治所位于今河南沁阳；孟州，治所位于今河南孟州市南。

⑨李德裕：唐赞皇人。武宗时，由淮南节度使入相，封卫国公。宣宗立，为忌者所构，贬崖州司户，著有《会昌一品集》。

⑩逗桡：逗，避敌。桡，顾望。《汉书》："廷尉，当恢；逗桡，当斩。"

⑪陈夷行：唐颍川人，字周道。文宗时，官至宰相，后召为御史大夫，以足病罢免。

⑫郑肃：唐荥阳人，字义敬，卒谥文简。

⑬右银台：唐时，翰林院、学士院均在右银台门内。

⑭河中：即河中府，治所位于今山西永济市西南蒲州镇。

⑮翼城：唐县名，位于今山西翼城南。

⑯磬折：谓身偻折如磬之背，《礼》："立则磬折垂佩。"

⑰潞城：唐县名，位于今属山西长治。

⑱舒州：治所位于今安徽潜山县，辖今安徽桐城、岳西、潜山、太湖、宿松、望江、怀宁、安庆、枞阳等地。

⑲角：度量单位，一角为四升。

⑳容管：指容州管内。容州，治所位于今广西北流市。

㉑桂州：治所位于今广西桂林。

㉒阙下：天子宫阙之下。盖上书于天子，而不敢直斥，但言阙下。

㉓黄巢：唐曹州人，僖宗时，王仙芝起义，巢起兵响应。仙芝败死，巢率其众攻掠各地，直陷长安，帝奔蜀，巢称齐帝。后为其部下所杀。

㉔终南山：在陕西境内。

㉕郑余庆：唐荥阳人，字居业。

㉖砳然：愚昧之状。

子部

《山海经》精华

【著录】

　　《山海经》一书，十八卷，旧时称伯益所作，晋人郭璞为之作注。《汉书·艺文志》《数术略》的"形法六家"中首列《山海经》十三篇。有人认为此十三篇《山海经》与十八卷《山海经》是不同的两部书。认为列入"形法六家"的十三篇《山海经》属于相法书，"海"是"水"之误，因此作《山水经》更符合堪舆书相山水地形之意。但一般认为是同一种书。推论是：郭璞对此书校注时，在原十三篇的基础上，根据古代同类资料编纂增至十八卷。还有人认为：现存的十八卷《山海经》是刘歆表上的《山海经》，包括《五藏山经》五篇，《海内外经》八篇，《大荒经》五篇。是刘歆与秘书言、太常属臣望，依据民间所藏三十二篇地理书纂合而成的，不是一人一时之作。自郭璞校注此书后，文字遂成固定，流传至今。据清人郝懿行统计，《山海经》全书共三万余字。

　　对《山海经》一书的看法历代不一。《隋书·经籍志》《旧唐书·经籍志》都将此书列入地理类。《宋史·艺文志》则列入五行类。明代学者胡应麟在《四部正讹》中称其为专讲神怪的书，谓"《山海经》，古之语怪之祖。"清人纪昀在《四库全书总目提要》中称其为最古的小说。他说："究其本旨，实非黄老之言……诸家并以地理冠之，亦为未允。核实定名，实则小说之最古者耳。"张之洞在《书目答问》中又将此书列入古史类，认为它属于历史著作。鲁迅在《中国小说史略》中称之为巫书。近人袁珂则认为《山海经》非特史地之权舆，亦乃神话之渊府。吕子方则认为此书"涉及面广泛，如天文、地理、动物、矿物、医药、疾病、气象、占验、神灵、祀神的仪式和祭品，帝王的世系及葬地、器物的发明制作，以至绝域遐方、南山北地、异闻奇见，都兼收并录，无所不包，可说是一部名物方志之书，也可以说是我国最早的类书。"有人统计，书中所举药物有135种之多，动植物有435种之多，矿物12类92种之多，堪称是中国古代一部综合性的百科辞典。

西山经　录一篇

西次山经之首，曰崇吾之山。在河之南，北望冢遂，南望䍃[①]之泽，西望帝之搏兽之山；东望蝡渊。有木焉，员叶而白柎[②]，赤花而黑理，其实如枳，食之宜子孙。有兽焉，其状如禺[③]而文，臂豹虎而善投，名曰举父。有鸟焉，其状如凫，而一翼一目，相得乃飞，名曰蛮蛮[④]，见则天下大水。

西北三百里，曰长沙之山。泚榶水出焉，北流注于泑水。无草木，多青雄黄。

又西北三百七十里，曰不周之山[⑤]。北望诸毗之山，临彼岳崇之山，东望泑泽[⑥]。河水所潜也，其源浑浑泡泡[⑦]。爰有嘉果，其实如桃，其叶如枣，黄华而赤柎，食之不劳。

又西北四百二十里，曰峚[⑧]山；其上多丹木，员叶而赤茎，黄花而赤实，其味如饴[⑨]，食之不饥。丹水出焉，西流注于稷泽[⑩]。其中多白玉，是有玉膏[⑪]，其源沸沸汤汤，黄帝是食是飨，是生玄玉[⑫]。玉膏所出，以灌丹木。丹木五岁，五色乃清，五味乃馨[⑬]。黄帝乃取峚山之玉荣[⑭]，而投之钟山之阳，瑾瑜[⑮]之玉为良，坚粟精密[⑯]，浊泽[⑰]而有光，五色[⑱]发作，以和柔刚。天地鬼神，是食是飨，君子服之，以御不祥。自峚山至于钟山，四百六十里，其间尽泽也，是多奇鸟怪兽奇鱼，皆异物焉。

又西北四百二十里，曰钟山。其子曰鼓[⑲]，其状如人面而龙身，是与钦䲹[⑳]杀葆江于昆仑之阳，帝乃戮之。钟山之东曰崿崖，钦䲹化为大鹗，其状如雕而黑文，白首赤喙而虎爪，其音如晨鹄[㉑]，见则有大兵。鼓亦化为鵕鸟，其状如鸱，赤足而直喙，黄文而白首，其音如鹄，见则其邑大旱。

又西百八十里，曰泰器之山。观水出焉，西流注于流沙。是多文鳐鱼，状如鲤鱼，鱼身而鸟翼，苍文而白首赤喙，常行西海，游于东海，以夜飞，其音如鸾鸡[22]，其味酸甘，食之已狂，见则天下大穰[23]。

又西三百二十里，曰槐江之山。丘时之水出焉，而北流注于泑水。其中多蠃母[24]。其上多青雄黄，多藏琅玕黄金玉。其阳多丹粟，其阴多采黄金银，实惟帝之平圃[25]，神英招司之。其状马身而人面，虎文而鸟翼，徇于四海，其音如榴。南望昆仑，其光熊熊，其气魂魂[26]。西望大泽，后稷所潜[27]也，其中多玉。其阴多榣木[28]之有若。北望诸毗，槐鬼离仑居之，鹰鹯之所宅也。东望恒山四成[29]，有穷鬼居之，各在一搏。爰有淫水，其清洛洛，有天神焉，其状如牛而八足，二首马尾，其音如勃皇，见则其邑有兵。

西南四百里，曰昆仑之丘。是实惟帝之下都[30]，神陆吾[31]司之。其神状虎身而九尾，人面而虎爪，是神也，司天之九部，及帝之囿时。有兽焉，其状如羊而四角，名曰土蝼，是食人。有鸟焉，其状如蜂，大如鸳鸯，名曰钦原，蠚鸟兽则死，蠚木则枯。有鸟焉，其名曰鹑鸟，是司帝之百服。有木焉，其状如棠，黄华赤实，其味如李而无核，名曰沙棠[32]，可以御水，食之使人不溺。有草焉，名曰䔖[33]草，其状如葵，其味如葱，食之已劳。河水出焉，而南流东注于无达；赤水出焉，而东南流注于汜天之水；洋水出焉，而西南流注于丑涂之水；黑水出焉，而西流于大杅，是多怪鸟兽。

【注释】

①峚：地名。

②柎：花下萼。或作跗，音符。

③禺：兽，一名果然。即长尾猴，面白颊黑，毛有黑文。

④蛮蛮：比翼鸟，色青赤，不比不能飞。《尔雅》作鹣鹣鸟。

⑤不周之山：山形有缺，因名不周。

⑥泑泽：即蒲泽，一名蒲昌海。广三四百里，距玉门关三百余里，即河之重源。

⑦浑浑泡泡：水喷涌之声。

⑧岷：山名。

⑨饴：即饧，如今之糖浆。

⑩稷泽：为后稷神所凭，因以名泽。

⑪玉膏：谓水之涌出如玉膏。《河图玉版》言少室山"其上有白玉膏，一服即仙"，亦此类。

⑫玄玉：言玉膏中生出之黑玉。

⑬馨：滋香。

⑭玉荣：谓玉华。《离骚》"登昆仑兮食玉英"即此。

⑮瑾瑜：美玉。《左传》："瑾瑜匿瑕。"

⑯坚粟精密：言玉理。

⑰浊泽：谓润厚而有光泽。

⑱五色：言五色互映。

⑲鼓：神名，名之为钟山之子。

⑳钦䲹：神鸟名。

㉑晨鹄：鹄属，即晨凫。《说苑》"绁吠犬，比奉晨凫"。

㉒鸾鸡：鸟名，未详。

㉓大穰：谓丰收。《史记》："五谷蕃熟，穰穰满家。"

㉔蠃母，类螺。

㉕平圃：即玄圃。《穆天子传》："乃为铭迹于玄圃之上。"

㉖魂魂：光气炎炎之貌。

㉗后稷所潜：谓后稷生而灵智，及其终，化形遁大泽而为之神。

㉘榣木：大木。《国语》："榣木不生花。"

㉙四成：即四重。

㉚惟帝之下都：谓天帝都邑之在下者。

㉛陆吾：即肩吾。《庄子》："肩吾得之，以处大山。"

㉜沙棠：即梨。《吕氏春秋》："果之美者，沙棠之实。"

㉝蓂：即蓂菜。《吕氏春秋》："菜之美者，昆仑之蓂。"

《海内十洲记》精华

【著录】

　　《海内十洲记》，一卷，旧本题汉代东方朔撰。所谓十洲，即祖洲、瀛洲、悬洲、炎洲、长洲、元洲、流洲、生洲、凤麟洲、聚窟洲。书后尚附有沧海岛、方丈洲、扶桑、逢邱、昆仑五条。从此书所用语气看，有时称臣朔，好像对君主所言；有时称武帝，又好像是追记之文；而有的地方称武帝不能用东方朔所推荐的法术，所以不能长生，又有点像道家夸大之语。因此，此书之来历和宗旨大抵恍惚支离，不可究诘。汉代刘向所收录的东方朔所撰之书，并无此书，因此估计为六朝文人伪托而成。自《隋书·经籍志》将此书著于书录起，后代文人墨客多为引用。此书词条丰蔚，记载十洲的风土人情、名胜古迹、形势地理等项，虽多有夸大荒诞之处，但对于后人了解这些地区的情况也颇有益处。又由于此书有助文章，唐代文人的词赋，引用的很多，以后的录异者亦多引用和著录。诸家的著录，有的收入地理类，但循名责实，并非完全如此。清代《四库全书》将此书与《山海经》一起收入子部小说家类。此书文辞清丽，多记奇异之事，可供一读。

十洲记　录二则

　　聚窟洲，在西海中申未之地，地方三千里，北接昆仑[①]二十六万里，去东岸二十四万里。

　　上多真仙灵官[②]宫第，比门不可胜数，及有狮子、辟邪[③]、凿齿[④]、天鹿[5]，长牙铜头铁额之兽，洲上有大山，形似人鸟之象，因名之为人鸟山。山多大树，与枫木相类，而花叶香闻数百里，名为反魂树。扣其树亦能自作声，声如群牛吼，闻之者皆心震神骇。伐其木根心，于玉釜中煮取汁，更微火煎如黑饧[6]状，令可丸之，名曰惊精香，或名之为震灵丸，或名之为反生香，或名之为震檀香，或名之为人鸟精，或名之为却死香。一种六名，斯灵物也！香气闻数百里，死者在地，闻香气乃却活，不复亡也，以香薰死人，更加神验。

征和三年，武帝幸安定[7]。西胡月支国王遣使献香四两，大如雀卵，黑如桑椹。帝以香非中国所有，以付外库。又献猛兽一头，形如五六十日犬子，大似狸而色黄。命国使将入呈帝见之。使者抱之，似犬羸细秃悴，尤怪其言非也，问使者："此小物可弄，何为猛兽？"使者对曰："夫威加百禽者，不必系之以大小，是以神麟故为巨象之王，鸾凤必为大鹏之宗，百足之虫制于螣蛇[8]，亦不在于巨细也。臣国去此三十万里，国有常占，东风入律，百旬不休，青云干吕，连月不散者，当知中国时有好道之君。我王固将贱百家而贵道儒，薄金玉而厚灵物也，故搜奇蕴而贡神香，步天林而请猛兽，乘毳车[9]而济弱渊，策骥足以渡飞沙，契阔途遥，辛苦蹊路，于今已十三年矣。神香起天残之死疾，猛兽却百邪之魅鬼。夫此二物，实济众生之至要，助政化之升平，岂图陛下反不知真乎？是臣国占风之谬矣。今日仰鉴天姿，亦乃非有道之君也。眼多视则贪色，口多言则犯难，身多动则淫贼，心多饰则奢侈，未有用此四者而成天下之治也。"

武帝恧然不平，又问使者："猛兽何方而伏百禽？食啖何物？膂力何比？其所生何乡耶？"使者曰："猛兽所出，或生昆仑，或生玄圃，或生聚窟，或生天路。其寿不究，食气饮露，解人言语，仁慧忠恕。当其仁也，爱护蠢动，不犯虎豹；当其威也，一声叫发，千人伏息，牛马百物，惊断褪系，武士奄忽，失其势力；当其神也，立兴风云，吐嗽雨露，百邪迸走，蛟龙腾鹜，处于太上之厩，役御狮子。名曰猛兽，盖神光无常，能为大禽之宗主，乃秵[10]天之元王，辟邪之长帅者也。灵香虽少，斯更生之神丸也，疫病灾死者，将能起之，及闻气者即活也，芳又特甚，故难歇也。"

于是帝使使者令猛兽发声，试听之。使者乃指兽命唤一声，兽裧唇[11]良久，忽叫，如天大雷霹雳。又两目如磇磹[12]之交光，光郎冲天，良久乃止。

帝登时颠蹶掩耳，震动不能自止，侍者及武士虎贲，皆失仗伏地，诸内外牛马豕犬之属，皆绝绊离系，惊骇放荡，久许咸定。

帝忌之，因以此兽付上林苑，令虎食之。于是虎闻兽来，乃相聚屈积，如死虎伏。兽入苑，径上虎头，溺虎口，去十步已来顾视虎，虎辄闭目。帝恨使者言不逊，欲收之。明日失使者及猛兽所在，遣四出寻讨，不知所止。

到后元元年，长安城内病者数百，亡者大半。帝试取月支神香烧之于城内，其死未三月者皆复活，芳气经三月不歇。于是信知其神物也，乃更秘录余香，后一旦又失之，检函封印如故，无复香也。帝愈懊恨，恨不礼待于使者，益贵方朔之遗语，自愧求李君之不勤，惭卫叔卿于楷庭矣。

明年，帝崩于五柞宫，已亡月支国人鸟山震檀却死等香也。向使厚待使者，帝崩之时，何缘不得灵香之用也！自合命殒矣。

昆仑号曰"崐崚"，在西海之戌地，北海之亥地，去岸十三万里，又有弱水周回绕匝。山东南接积石圃，西北接北户之室，东北临大活之井，西南至承渊之谷。此四角大山，实昆仑之支辅也。

积石圃南头，是王母^⑬居。周穆王云：咸阳去此四十六万里，山高平地三万六千里。上有三角，方广万里，形似偃盆，下狭上广，故名曰昆仑山三角。其一角正北，千辰之辉，名曰阆风巅；其一角正西，名曰玄^⑭圃堂；其一角正东，名曰昆仑宫。其一角有积金为天墉城，面方千里，城上安金台五所，玉楼十二所。其北户山、承渊山，又有墉城，金台玉楼，相鲜如流，精光之阙，碧玉之堂，琼华之室，紫翠丹房，锦云烛日，朱霞九光。西王母之所治也，真官仙灵之所宗。上通璇玑，元气流布，五常玉衡，理九天而调阴阳，品物群生，希奇特出，皆在于此，天人济济，不可具记。此乃天地之根纽，万度之纲柄矣。是以太上名山鼎于五方，镇地理也，号天柱于珉城，象纲辅也。

诸百川极深，水灵居之，其阴难到，故治无常处，非如丘陵而可得论尔。

乃天地设位物象之宜，上圣观方缘形而著尔。乃处玄风于西极，坐王母于坤乡。昆吾镇于流泽，扶桑植于碧津，离合火生，而光兽生于炎野。坎总众阴，是以仙都宅于海岛。艮位名山，蓬山镇于寅丑。巽体元女，养巨木于长洲。高风鼓于群龙之位，畅灵符于瑕丘。至妙玄深，幽神难尽，真人隐宅，灵陵所在。六合之内，岂唯数处而已哉！此盖举其标末尔。

臣朔所见不博，未能宣通王母及上元夫人圣旨。昔曾闻之于得道者，说此十洲大丘灵阜，皆是真仙祕墟，神官所治，其余山川万端，并无觌者矣。

其北海外又有钟山，在北海之子地，隔弱水之北一万九千里，高一万三千里，上方七千里，周旋三万里，自生玉芝及神草四十余种。上有金台玉阙，亦元气之所舍，天帝居治处也。

钟山之南有平邪山，北有蛟龙山，西有劲草山，东有束木山，四山并钟山之枝干也。四山高钟山三万里，官城五所如一，登四面山下望，乃见钟山尔。四面山乃天帝君之城域也，仙真之人，出入道经自一路，从平邪山东南入穴中，乃到钟山北阿门外也。天帝君总九天之维，贵无比焉。山源周回，具有四城之高，但当心有观于昆仑也。

昔禹治洪水既毕，乃乘跻车渡弱水而到此山，祠上帝于北阿，归大功于九天。又禹经诸五岳，使工刻石，识其里数高下，其字科斗书[15]，非汉人所书。今丈尺里数，皆禹时书也。不但刻剧五岳，诸名山亦然，刻山之独高处尔，今书是臣朔所具见。其王母所道诸灵薮，禹所不履，唯书中夏之名山尔。

臣先师谷希子者，太上真官也，昔授臣昆仑、钟山、蓬莱山及神洲真形图。昔来入汉，留以寄知故人，此书又尤重于岳形图矣，昔也传授年限正同尔。陛下好道思微，甄心内向，天尊下降，并传授宝秘。臣朔区区亦何嫌惜，而不上所有哉！然术家幽其事，道法秘其师，术泄则事多疑，师显则妙理散，愿且勿宣臣之意也。

【注释】

①昆仑：山名，亚洲大山脉之一。

②灵官：即仙官。道家有王灵官。

③辟邪：兽名，汉人以为雕刻之饰，如印钮带钩之属，刻此者甚多。

④凿齿：兽名。

⑤天鹿：兽名。符拔一角为天鹿，两角为辟邪。状似虎，正黄色，有髯须，尾有茸毛，大如斗。

⑥黑饧：饧，饴，如今麦芽糖之类。黑饧，言饧之黑者。

⑦安定：都名，治所在今宁夏固原。

⑧乇蛇：神蛇，亦作腾蛇。《淮南子》谓之奔蛇。《荀子》"乇蛇无足而飞"即此。

⑨蠹车：蠹，鸟腹毛，亦作橇，以蠹为车，《汉书》"泥行乘蠹"即此。

⑩玃：大猴。《吕氏春秋》："狗似玃，玃似母猴，母猴似人。"

⑪楕唇：楕，亦作舐，以舌取物。楕唇，即以舌自楕其唇。

⑫礔礰：电光。

⑬王母：即西王母。《穆天子传》："周穆王好神仙，临西王母于瑶池之上。"

⑭玄：言微细。

⑮科斗书：即蝌蚪文。其字粗头细尾。似蝌蚪，故名。王隐谓太康元年，汲郡民盗发魏安釐王冢，得竹书漆字之蝌蚪文即此。此中国最古之文字。

《穆天子传》精华

【著录】

　　《穆天子传》一书六卷，共千五百余字，作者不详。前五卷记述西周第五代天子穆王姬满驾八骏之车，向西巡游、田猎的故事，末卷记穆王美人盛姬之死及其丧仪等情景，文辞颇为古朴。

　　关于该书的来历，《晋书·束皙传》记载颇详：晋武帝太康二年（281），汲郡（治今河南汲县）人不准盗发战国时魏襄王之墓，得竹简数十车，皆以古文书写。经当时学者束皙、荀顗、和峤、卫恒等加以整理，并改写为汉晋所通行的隶字，共得七十五篇，名之为《汲冢书》，而《穆天子传》就是其中的一部分内容。后由大学者郭璞为之注释，而定其书名为《周王游行记》。到后世人们才称之为《穆天子传》。关于该书的性质与价值，旧日学者多以该书编年系月叙事，故归入史部起居注类。清乾隆时官修《四库全书》，又以其记事多恍惚无征，体裁杂乱，颇有小说意味，故又归之于子部小说家类。近世学者多认为该书虽然记事多有荒诞之处，但所叙周穆王西巡到达西王母、河宗氏诸国的情景，必有所本，因而弥足珍贵，保存了古代中西交通的不少可信史料，其价值不可埋没。

　　由于该书问世年代久远，其中所记不少古地名，已很难准确考查，与今地对照。又因长期辗转流传，脱文脱字之处颇多，以致有的文句已难判断其原意。

穆天子传 录卷五

珤处曰：天子四日休于濩泽①，于是射鸟猎兽。丁丑，天子□雨乃至，祭父自圃郑②来谒：留昆归玉百枚，陵翟③致赂良马百驷，归毕④之宝，以诘其成。

秴子策胡⑤，□东牡，见许男于洧上⑥，祭父以天子命辞，曰："去兹羔，用玉帛见。"许男不敢辞，还取束帛加璧，□毛公举币玉。

是日也，天子饮许男于洧上，天子曰："朕非许邦而恤百姓□也，咎氏⑦晏饮毋有礼。"许男不敢辞，升坐于出尊，乃用宴乐。天子赐许男骏马十六，许男降，再拜空首⑧，乃升，平坐。及暮，天子遣许男归。

癸亥，天子乘鸟舟⑨龙卒，浮于大沼。夏庚午，天子饮于洧上，乃遣祭父如圃郑，用□诸侯。辛未，天子北还，钓于渐泽，食鱼于桑野。

丁丑，天子里圃田之路，东至于房，西至于□丘，南至于桑野，北尽经林煮□之薮，南北五十□十虞。东虞曰兔台，西虞曰栎丘，南虞曰□富丘，北虞曰相。其御虞曰："□来十虞所。"

□辰，天子次于军丘，以畋于薮□。

甲寅，天子作居范宫⑩，以观桑者。乃饮于桑中，天子命桑虞⑪，出□桑者，用禁暴人。

仲夏甲申，天子□所。

庚寅，天子西游，乃宿于祭。壬辰，祭公饮天子酒，乃歌《阚天》⑫之诗，天子命歌《南山有牗⑬》，乃绍宴乐。丁酉，天子作台，以为西居。

壬寅，天子东至于雀梁。甲辰，浮于荥水，乃奏广乐。季夏庚□，休于范宫。

仲秋丁巳，天子射鹿于林中，乃饮于孟氏，爰舞白鹤二八，还宿于雀梁。季秋辛巳，天子司戎于□来，虞人次御⑭。

孟冬鸟至，王臣□弋。

仲冬丁酉，天子射兽，休于深雈⑮，得麋符豕鹿四百有二十，得二虎九狼，乃祭于先王，命庖人熟之。

戊戌，天子西游，射于中□，方落草木鲜，命虞人掠林除薮，以为百姓材。是日也，天子北入于邴，与井公⑯博，三日而决。

辛丑，塞至于台，乃大暑除。天子居于台，以听天下之远，方□之数，而众从之，是以选扠[17]，乃载之。神人□之能数也，乃左右望之。天子乐之，命为□而时□焉。□其名曰□公去乘。

人□犹□，有虎在乎葭中。天子将至，七萃之士高奔戎请生捕虎，必全之，乃生捕虎而献之。天子命之为柙，而畜之东虞，是为虎牢[18]。天子赐奔戎畋马十驷，归之太牢，奔戎再拜稽首[19]。

丙辰，天子北游于林中，乃大受命而归。

仲秋甲戌，天子东游，次于雀梁[20]，□蠹书于羽林。

季秋，□乃宿于磏，毕人告戎曰：“矺翟来侵。”天子使孟筮如毕讨戎。霍侯旧告薨。天子临于军丘，狩于薮。

季冬甲戌，天子东游，饮于留祈，射于丽虎，读书于黎丘。□献酒于天子，乃奏广乐，天子遗其灵鼓，乃化为黄蛇。是日天子鼓道其下而鸣，乃树之桐，以为鼓则神，且鸣则利于戎，以为琴则利，□于黄泽。东游于黄泽，宿于曲洛，废□使宫乐谣，曰：“黄之池，其马歕[21]沙，皇人威仪；黄之泽，其马歕玉，皇人受谷。”

丙辰，天子南游于黄□室之丘，以观夏后启之所居，乃□于启室。天子筮猎苹泽，其卦遇讼，☲，逢公占之曰：“讼之繇[22]，薮泽苍苍，其中□宜其正公，戎事则从，祭祀则筮，畋猎则获。”□饮逢公酒，赐之骏马十六，绤纻三十箧，逢公再拜稽首。赐筮史狐□有阴雨，梦神有事，是谓重阴，天子乃休。

日中大寒，北风雨雪，有冻人。天子作诗三章以哀民，曰：“我祖黄竹，□员簜寒，帝收九行，嗟我公侯，百辟冢卿，皇我万民，旦夕勿忘。我祖黄竹，□员簜寒，嗟我公侯，百辟冢卿，皇我万民，旦夕勿穷。有蛟者骆[23]，翩翩其飞，嗟我公侯，□勿则迁，居乐甚寡，不如迁上，礼乐其民。”天子曰：“余一人则淫，不皇万民。”□登乃宿于黄竹。

天子梦羿射于涂山，祭公占之，疏□之□，乃宿于曲山。壬申，天子西升于曲山，□天子西征升九阿，南宿于丹黄。戊寅，天子西升于阳□，过于灵□井公博，乃驾鹿以游于山上。为之石主而实轮坂[24]，乃次于渒水之阳[25]。

吉日丁亥，天子入于南郑。

【注释】

①泽：地名，位于今山西省平阳境内。

②圃郑：郑有圃田，所以说圃郑。圃田，也作甫田，古泽薮名，在今河南省中牟县西。

③留昆、陵翟：皆国名，其地不详。

④毕：古代国名，其地不详。

⑤秸子筴胡：筴，同畴，筴胡，乃秸子之名字。古代凡少数民族首领有德者，即封为子爵。

⑥洧上：即洧水之上。洧水，古河名，在河南长葛境，即今双洎河。

⑦咎氏：咎，即舅。按照周礼，天子称异姓诸侯为伯舅。

⑧空首：古代礼节，顿首触地为空首礼。

⑨鸟舟：舟作鸟形。后世吴、越皆有青雀舫，乃其遗制。

⑩范宫：离宫名，今地不详。

⑪桑虞：主管蚕桑之官。

⑫《阖天》：古诗篇名，疑即《诗经·昊天》篇。

⑬南山有毚：毚，疑即《诗经·小雅·南山有台》中之台字。

⑭次御：以顺序轮流侍御于周天子。

⑮深萑：萑，即苇。深萑，指苇草生长茂密成丛。

⑯井公：当时一位贤士，所以穆王到他那里与他博戏。

⑰选扴：即选择。

⑱虎牢：圈围拘禁老虎之处，演为地名，即今河南虎牢关。

⑲稽首：古代一种叩头礼。犹言稽首。

⑳次于雀梁：凡行军一宿为舍，再宿为信，过信而宿为次。雀梁，地名。

㉑歂：疑即喷。

㉒讼之繇：繇，卜筮之爻辞。即讼卦之爻辞。

㉓鹤：一种白鸟。

㉔轹坂：即矿坂，汉代大阳县境内，位于今山西省平陆县。

㉕涅水之阳：即硃津，在今河南灵宝市，硃水入黄河处。

《拾遗记》精华

【著录】

　　《拾遗记》一书，十卷，系晋王嘉所撰，梁萧绮录。王嘉，字子年，生卒年不详，陇西安阳（位于今甘肃渭源）人。通占卜炼丹之术，被前秦苻坚迎入长安，后为后秦姚苌方士。著有《拾遗记》《牵三歌谶》等书。萧绮，史书无传，不详其来历，有人推测他为梁朝的宗室贵族。其书本十九卷，二百二十篇，后经战乱佚阙，萧绮掇拾残文，编为十卷，并附著所论，命之为《录》。该书在隋、唐、宋各朝，又称《王子年拾遗记》。今传世的十卷本，以明世德堂翻刻宋本为最早，错讹也较少。《稗海》本与世德堂本文字出入较大，而与《太平广记》引文多同。其余各种版本，或与世德堂本相似，或与《稗海》本雷同，或是二者的结合。

　　《拾遗记》是一部志怪小说集，前九卷记自上古三皇以迄东晋各代奇闻异事，末一卷则记昆仑、蓬莱等名山事物。其内容多是荒唐怪诞的神话故事和道听途说的传闻，不见于正史，当然不能视之为史实。但也不乏揭露当时统治阶级贪婪、荒淫、无耻行为的佳作。如卷六记汉灵帝造裸游馆千间，常与宫女共相裸浴，让宦官学驴鸣、鸡鸣，过着醉生梦死的生活。卷七记魏文帝强选民间美女薛灵芸入宫，极尽奢侈、铺张之能事。卷九记晋荆州刺史石崇骄侈当世，将珍宝奇异"视如瓦砾，积如粪土"，尽情地享乐、挥霍。另有一些篇章则反映了劳动人民的心声。如卷五记秦始皇修骊山之墓、活埋工匠时，工匠于墓内作碑文辞赞，称为"怨碑"，表达了他们对统治者的满腔怨恨和抗议。卷七记民女薛灵芸入宫途中，以玉唾壶盛装眼泪，壶则红色，及至京师，壶中泪凝如血，这分明是对统治者的血泪控诉。以上为《拾遗记》的精华部分。其糟粕也很多，宣扬了封建迷信、因果报应、神道不诬等消极思想，对此则应持批判分析态度。

前汉上　录一则

汉武帝思怀往者李夫人[①]，不可复得。时始穿昆灵之池，泛翔禽之舟。帝自造歌曲，使女伶歌之。时日已西倾，凉风激水，女伶歌声甚道，因赋《落叶哀蝉》之曲，曰："罗袂兮无声，玉墀兮尘生。虚房冷而寂寞，落叶依于重扃。望彼美之女兮安得，感余心之未宁！"帝闻唱动心，闷闷不自支持，命龙膏之灯以照舟内，悲不自止。亲侍者觉帝容色愁怨，乃进洪梁之酒，酌以文螺之卮。卮出波祇之国，酒出洪梁之县，此属右扶风[②]，至哀帝废此邑。南人受此酿法。今言云阳[③]出美酒，两声相乱矣。帝饮三爵，色悦心欢，乃诏女伶出侍。帝息于延凉室，卧梦李夫人授帝蘅芜[④]之香。帝惊起，而香气犹著衣枕，历月不歇。帝弥思求，终不复见，涕泣洽席，遂改延凉室为遗芳梦室。

初，帝深嬖李夫人，死后常思梦之，或欲见夫人。帝貌憔悴，嫔御不宁。诏李少君与之语曰："朕思李夫人，其可得乎？"少君曰："可遥见，不可同于帷幄。暗海有潜英之石，其色青，轻如毛羽，寒盛则石温，暑盛则石冷。刻之为人像，神悟不异真人。使此石像往，则夫人至矣。此石人能传译人言语，有声无气，故知神异也。"帝曰："此石像可得否？"少君曰："愿得楼船，巨力千人，能浮水登木，皆使明于道术，赍不死之药。"乃至暗海，经十年而还。昔之去人，或升云不归，或托形假死，获返者四五人。得此石，即命工人依先图刻作夫人形。刻成，置于轻纱幕里，宛若生时。帝大悦，问少君曰："可得近乎？"少君曰："譬如中宵忽梦，而画可得近观乎？且此石毒，宜远望，不可逼也。勿轻万乘之尊，惑此精魅之物。"帝乃从其谏。见夫人毕，少君乃使舂此石人为丸服之，不复思梦。乃筑灵梦台，岁时祀之。

【注释】

①李夫人：李延年胞妹，美丽善舞，因平阳公主进言，遂得宠幸，未几早卒。

帝将其图形挂于甘泉宫，思念不已。

②右扶风：治所位于今陕西西安西北。

③云阳：治所位于今陕西淳化西北。

④蘅芜：一种香料名称。

前汉下 录二则

昭帝始元元年，穿淋池，广千步。中植分枝荷，一茎四叶，状如骈盖①，日照则叶低荫根茎，若葵之卫足，名曰低光荷。实如玄珠，可以饰佩。花叶葳蕤②，芬馥之气，彻十余里。食之令人口气常香，益脉理病。宫人贵之，每游宴出入，必皆含嚼。或剪以为衣，或折以蔽日，以为戏弄。《楚辞》所谓"折芰荷以为衣"，意在斯也。亦有倒生菱，茎如乱丝，一花千叶，根浮水上，实沉泥中，名紫菱，食之不老。

帝时命水嬉，游宴永日。土人进一巨槽，帝曰："桂楫松舟，其犹重朴，况乎此槽，可得而乘也？"乃命以文梓为船，木兰为柂，刻飞鸾翔鹢，饰于船首，随风轻漾，毕景忘归，乃至通夜。使宫人歌曰："秋素景兮泛洪波，挥纤手兮折芰荷，凉风凄凄扬棹歌，云光开曙月低河，万岁为乐岂云多。"帝乃大悦。起商台于池上。及乎末岁，进谏者多，遂省薄游幸，埋毁池台，鸾舟荷芰，随时废灭。今台无遗址，沟池已平。

汉成帝好微行，于太液池③旁起宵游宫，以漆为柱，铺黑绨之幕，器服乘舆，皆尚黑色。即悦于暗行，憎灯烛之照。宫中美御，皆服皂衣④，自班婕妤⑤已下，咸带玄绶，簪佩虽如锦绣，更以木兰纱绡罩之。至宵游宫，乃秉烛。宴幸既罢，静鼓自舞，而步不扬尘。好夕出游。造飞行殿，方一丈，如今之辇，选羽林之士，负之以趋。帝于辇上觉其行快疾，闻其中若风雷之声，言其行疾也，名曰云雷宫。所幸之宫，咸以毡绨藉地，恶车辙马迹之喧。虽惑于微行昵宴，在民无劳无怨，每乘舆返驾，以爱幸之姬宝衣珍食，舍于道旁，国人之穷老者皆歌"万岁"。是以鸿嘉、永始之间，国富家丰，兵戈长戢。故刘向、谷永⑥指言切谏。于是焚宵游宫及飞行殿，罢宴逸之乐。所谓从绳则正，如转圜焉。

【注释】

①骈盖：骈，并列，骈盖，犹言双盖。

②葳蕤：垂垂貌，花叶繁茂而下垂之意。

③太液池：位于今陕西西安长安区西北部，汉武帝筑建章宫时开凿，中有蓬莱、方丈、瀛洲，以像海中神山，因而命之为太液池。

④皂衣：黑衣。

⑤班婕妤：婕妤，女官名。班婕妤，名不详，西汉文学家。汉成帝爱之，为赵飞燕所谮，退处东宫，作赋自伤，辞极哀惨。

⑥刘向、谷永：刘向，字子政，西汉经学家、目录学家、文学家，曾任谏议大夫。谷永，字子云，西汉元帝时任太常丞。二人都屡次上疏谈论时政得失。

魏　录一则

文帝所爱美人，姓薛名灵芸，常山①人也。父名邺，为酂乡亭长。母陈氏，随邺舍于亭傍。居生穷贱，至夜，每聚邻妇夜绩，以麻蒿自照②。灵芸年至十五，容貌绝世，邻中少年夜来窃窥，终不得见。

咸熙元年③，谷习出守常山郡，闻亭长有美女而家甚贫。时文帝选良家子女以入六宫，习以千金宝赂聘之。既得，乃以献文帝。灵芸闻别父母，歔欷累日，泪下沾衣。至升车就路之时，以玉唾壶承泪，壶则红色。既发常山，及至京师，壶中泪凝如血。

帝以文车十乘迎之。车皆镂金为轮辋，丹画其毂，轭前有杂宝为龙凤，衔百子铃，锵锵和鸣，响于林野。驾青色之牛，日行三百里。此牛尸涂国所献，足如马蹄也。道侧烧石叶之香，此石重叠，状如云母，其光气辟恶厉之疾。此香腹题国所进也。

灵芸未至京师数十里，膏烛之光，相续不灭，车徒咽路，尘起蔽于星月，时人谓为"尘宵"。又筑土为台，基高三十丈，列烛于台下，名曰"烛台"，远望如列星之坠地。又于大道之傍，一里一铜表，高五尺，以志里数。故行者歌曰："青槐夹道多尘埃，龙楼凤阙望崔嵬。清风细雨杂香来，土上出金火照台。"此七字是妖辞④也。为铜表志里数于道侧，是土上出金之义。以烛置台下，则火在土下之义。汉火德王，魏土德王，火伏而土兴，土上出金，是魏灭而晋兴也。

灵芸未至京师十里，帝乘雕玉之辇，以望车徒之盛，嗟曰："昔者言'朝为行云，暮为行雨'，今非云非雨，非朝非暮。"改灵芸之名曰夜来。

入宫后居宠爱。外国献火珠龙鸾之钗，帝曰："明珠翡翠尚不能胜，况乎龙鸾之重！"乃止不进。夜来妙于针工，虽处于深帷之内，不用灯烛之光，裁制立成。非夜来缝制，帝则不服。宫中号为针神⑤也。

【注释】

①常山：治所在今河北正定。

②麻蒿自照：言以麻蒿自掩其貌，惧为人见。

③咸熙元年：咸熙是魏元帝曹奂年号，上距文帝曹丕死近四十年。此处有误。

④妖辞：与妖言意同，指不经之辞。

⑤针神：言其针工如神，今人称善针工者为针神，就始于此。

吴 录一则

吴主赵夫人，丞相达之妹。善画，巧妙无双，能于指间以彩丝织云霞龙蛇之锦，大则盈尺，小则方寸，宫中谓之"机绝"。

孙权常叹魏、蜀未夷①，军旅之隙，思得善画者，使图山川地势军阵之像。达乃进其妹。权使写九州江湖、方岳之势，夫人曰："丹青之色，甚易歇灭，不可久宝。妾能刺绣，作列国方帛之上，写以五岳、河海、城邑、行阵之形。"既成，乃进于吴主，时人谓之"针绝"。虽棘刺木猴，云梯飞鹬，无过此丽也。

权居昭阳宫，倦暑，乃褰紫绡之帷，夫人曰："此不足贵也。"权使夫人指其意思焉。答曰："妾欲穷虑尽思，能使下绡帷而清风自入，视外无有蔽碍，列侍者飘然自凉，若驭风而行也。"权称善。夫人乃拆发②，以神胶续之。神胶出郁夷国，接弓弩之断弦，百断百续也。乃织为罗縠，累月而成，裁为幔，内外视之，飘飘如烟气轻动，而房内自凉。时权常在军旅，每以此幔自随，以为征幕，舒之则广纵一丈，卷之则可内于枕中，时人谓之"丝绝"。故吴有三绝，四海无俦其妙。

后有贪宠求媚者，言夫人幻耀于人主，因而致退黜。虽见疑坠，犹存录其巧工。吴亡，不知所在。

【注释】

①未夷：言未平。

②稬发：稬，意为分析。稬发，犹言分析其头发。

晋时事

武帝为抚军时，府内后堂砌下忽生草三株，茎黄叶绿，若总金抽翠，花条苒弱，状似金橙①。时人未知是何祥草，故隐蔽不听外人窥视。

有一羌人，姓姚名馥，字世芬，充厩养马，妙解阴阳之术，云："此草以应金德之瑞。"馥年九十八，姚襄是其祖也。馥好读书，嗜酒，每醉时好言帝王兴亡之事。善戏笑，滑稽无穷，常叹云："九河②之水不足以渍曲蘖，八薮③之木不足以作薪蒸，七泽④之麋不足以充庖俎。凡人禀天地之精灵，不知饮酒者，动肉含气耳。何必木偶于心识乎？"好啜浊糟，常言渴于醇酒。群辈尝弄狎之，呼为"渴羌"。

及晋武践位，忽见馥立于阶下。帝奇其倜傥，擢为朝歌⑤邑宰。馥醉曰："老羌异域之人，远隔山川，得游中华，已为殊幸。请辞朝歌之县，长充养马之役，时赐美酒，以乐余年。"帝曰："朝歌纣之故都，地有美酒，故使老羌不复呼渴。"馥于阶下高声而对曰："马围老羌，渐染皇化，溥天夷貊，皆为王臣。今若欢酒池之乐，更为殷纣之民乎？"帝抚玉几大悦，即迁酒泉太守。地有清泉，其味若酒。馥乘醉而拜受之，遂为善政，民为立生祠。

后以府地赐张华，犹有草在。故茂先《金镫赋》云："擢九茎于汉庭，美三株于兹馆，贵表祥乎金德，比名类乎相乱。"

至惠帝元熙元年⑥，三株草化为三树，枝叶似杨，树高五尺，以应"三杨"擅权之事。时有杨骏、杨瑶、杨济三弟兄，号曰"三杨"。马围醉羌所说之验。

石季伦⑦爱婢名翔风，魏末于胡中得之。年始十岁，使房内养之。至十五，无有比其容貌，特以姿态见美。妙别玉声，巧观金色。石氏之富，方比王家，骄侈当世，珍宝奇异，视如瓦砾，积如粪土，皆殊方异国所得，莫有辨识其出处者。乃使翔风别其声色，悉知其处。言西方北方，玉声沉重而性温润，佩服者益人性灵；东方南方，玉声轻洁而性清凉，佩服者令人精神。石氏侍人，美艳者数千人，翔风最以文辞擅爱。石崇尝语之曰："吾百年之后，当指白日，以汝为殉。"答曰："生爱死离，不如无爱。妾得为殉，身其何朽！"于是弥见宠爱。

崇常择美容姿相类者十人，妆饰衣服大小一等，使忽视不相分别，常侍于侧。使翔风调玉以付工人，为倒龙之佩，萦金为凤冠之钗，言刻玉为倒龙之势，铸金钗象凤皇之冠。结袖绕楹而舞，昼夜相接，谓之"恒舞"。欲有所召，不呼姓名，悉听佩声，视钗色，玉声轻者居前，金色艳者居后，以为行次而进也。使数十人各含异香，行而语笑，则口气从风而扬。又屑沉水之香，如尘末，布象床上，使所爱者践之，无形者赐其珍珠百祑[8]，有迹者节其饮食，令身轻弱。故闺中相戏曰："尔非细骨轻躯，那得百祑真珠？"

及翔风年三十，妙年者争嫉之，或者云："胡女不可为群。"竞相排毁。石崇受谮润之言，即退翔风为房老，使主群少。乃怀怨而作五言诗曰："春华谁不美，卒伤秋落时。突烟还自低，鄙退岂所期！桂芳徒自蠹，失爱在蛾眉。坐见芳时歇，憔悴空自嗤。"石氏房中并歌此为乐曲，至晋末乃止。

【注释】

①金橙：草名。

②九河：古时黄河入海，分为九道，故称九河。

③八薮：古时大薮有八。《汉书》"九州为家，八薮为圃"即是。

④七泽：在今湖南。司马相如赋"臣闻楚有七泽，尝见其一"即是。

⑤朝歌：位于今河南淇县。

⑥元熙元年：晋惠帝无"元熙"年号，只有"永熙""元康"等年号，此处有误。永熙元年为290年，元康元年为291年。

⑦石季伦：名崇，晋南皮人。累官荆州刺史，使客航海致富，置金谷别墅，曾与王恺、羊秀等人互斗侈富。

⑧百祑：珠百枚为祑。

《搜神记》精华

【著录】

    《搜神记》一书，二十卷，旧题晋干宝撰。干宝，字令升，生卒年不详，河南新蔡人。家贫好学，在东晋初曾做过史官，著有《晋纪》等。《晋书》本传说他有感于父婢再生事，就撰集古今神怪、灵异、人物变化为此书，凡三十卷。《隋志》、新旧《唐志》俱著录三十卷。《宋志》作《搜神总记》十卷，亦云干宝撰。《崇文总目》则称："《搜神总记》十卷，不著撰人名氏。"其实，干宝原书传至宋代，就已经亡佚了。今传世的二十卷本，可能是明朝人胡应麟从《法苑珠林》及诸类书中辑录而成的。它最早刊行于胡震亨编辑的《秘册汇函》中，后被毛晋编入《津逮秘书》。到清朝嘉庆年间，又被张海鹏辑入《学津讨原》。据考证，该书多数条目出自干宝原书，但也有部分阙漏，并收录有其他书籍的内容。所以，《搜神记》是魏晋南北朝时期志怪小说的代表性作品，在我国文学史上占有重要地位。虽然作者相信神道不诬、人鬼皆实，宣扬了鬼神迷信、因果报应等消极思想，但也保存了不少内容健康的神话故事和民间传说。如《董永》篇，讴歌了勤劳善良、纯真相爱的崇高精神；《李寄》篇，描写了贫苦女孩李寄勇于自我牺牲，为民斩蛇除害的故事；《韩凭妻》篇，歌颂了韩凭夫妇生死不渝的爱情和坚贞不屈的品格，鞭挞了统治者的荒淫无耻；《东海孝妇》篇，以善良女子周青被诬告杀害婆婆而蒙冤致死的故事，控诉了当时社会的黑暗和统治者的昏庸。类似的故事很多，不仅在当时广为流传，而且为后来的文学创作提供了蓝本和借鉴。

搜神记 录十一则

蓟子训，不知所从来。东汉时到洛阳，见公卿数十处，皆持斗酒片脯①候之，曰："远来无所有，示致微意。"坐上数百人，饮啖终日不尽。去后皆见白云起，从旦至暮。时有百岁公说："小儿时，见训卖药会稽②市，颜色如此。"训不乐住洛，遂遁去。正始中，有人于长安东霸城，见与一老公共摩娑铜人，相谓曰："适见铸此，已近五百岁矣。"见者呼之曰："蓟先生小住。"并行应之，视若迟徐，而走马不及。

汉阴生者，长安渭桥下乞小儿也。常于市中丐，市中厌苦，以粪洒之。旋复在市中乞，衣不见污如故。长吏知之，械收系，著桎梏，而续在市乞。又械欲杀之，乃去。洒之者家，屋室自坏，杀十数人。长安中谣言曰："见乞儿，与美酒，以免破屋之咎。"

左慈，字元放，庐江③人也。少有神通，尝在曹公座。公笑顾众宾曰："今日高会，珍羞略备。所少者，吴松江鲈鱼④为脍。"放云："此易得耳。"因求铜盘，贮水，以竹竿饵钓于盘中。须臾，引一鲈鱼出。公大拊掌，会者皆惊。公曰："一鱼不周坐客，得两为佳。"放乃复饵钓之。须臾，引出，皆三尺余，生鲜可爱。公便自前脍之，周赐座席。公曰："今既得鲈，恨无蜀中生姜耳。"放曰："亦可得也。"公恐其近道买，因曰："吾昔使人至蜀买锦，可敕人告吾使，使增市二端。"人去，须臾还，得生姜。又云："于锦肆下见公使，已敕增市二端。"后经岁余，公使还，果增二端。问之，云："昔某月某日，见人于肆下，以公敕敕之。"

后公出近郊，士人从者百数。放乃赍酒一罂，脯一片，手自倾罂，行酒百官，百官莫不醉饱。公怪，使寻其故。行视沽酒家，昨悉亡其酒脯矣。公怒，阴欲杀放。放在公座，将收之，却入壁中，霍然不见。乃募取之。或见于市，欲捕之，而市人皆放同形，莫知谁是。

后人遇放于阳城山⑤头，因复逐之，遂走入羊群。公知不可得，乃令就羊中告之曰："曹公不复相杀，本试君术耳。今既验，但欲与相见。"忽见一老羝，屈前两膝，人立而言曰："遽如许。"人即云："此羊是。"

竞往赴之，而群羊数百，皆变为羝，并屈前膝人立云："遽如许。"于是遂莫知所取焉。

老子曰："吾之所以为大患者，以吾有身也。及吾无身，吾有何患哉？"若老子之俦，可谓能无身矣，岂不远也哉！

魏济北郡[⑥]从事掾弦超，字义起。以嘉平中夜独宿，梦有神女来从之。自称天上玉女，东郡[⑦]人，姓成公，字知琼，早失父母，天地哀其孤苦，遣令下嫁从夫。超当其梦也，精爽感悟，嘉其美异，非常人之容。觉寤钦想，若存若亡，如此三四夕。

一旦，显然来游，驾辎軿车[⑧]，从八婢，服绫罗绮绣之衣，姿颜容体，状若飞仙。自言年七十，视之如十五六女。车上有壶、榼、青白琉璃五具。饮啖奇异，馔具醴酒，与超共饮食。谓超曰："我，天上玉女，见遣下嫁，故来从君。不谓君德，宿时感运，宜为夫妇。不能有益，亦不能为损。然往来常可得驾轻车，乘肥马；饮食常可得远味异膳；缯素常可得，充用不乏。然我神人，不为君生子，亦无妒忌之性，不害君婚姻之义。"遂为夫妇。赠诗一篇，其文曰："飘浮勃逢，敖曹云石滋。芝英不须润，至德与时期。神仙岂虚感？应运来相之。纳我荣五族，逆我致祸灾。"此其诗之大较。其文二百余言，不能悉录。兼注《易》七卷，有卦有象，以象为属。故其文言，既有义理，又可以占吉凶，犹扬子之《太玄》[⑨]，薛氏之《中经》[⑩]也。超皆能通其旨意，用之占候。

作夫妇经七八年，父母为超娶妇之后，分日而燕，分夕而寝，夜来晨去，倏忽若飞，唯超见之，他人不见。虽居暗室，辄闻人声，常见踪迹，但不睹其形。后人怪问，漏泄其事。玉女遂求去，云："我，神人也。虽与君交，不愿人知。而君性疏漏，我今本末已露，不复与君通接。积年交结，恩义不轻，一旦分别，岂不怆恨？势不得不尔，各自努力！"又呼侍御，下酒饮啖。发箧，取织成裙衫两副遗超，又赠诗一首。把臂告辞，涕泣流离，肃然升车，去若飞迅。超忧感积日，殆至委顿。

去后五年，超奉郡使至洛，到济北鱼山[⑪]下，陌上西行，遥望曲道头有一车马，似知琼。驱驰前至，果是也。遂披帷相见，悲喜交切。控左援绥，同乘至洛，遂为室家，克复旧好。至太康中犹在，但不日日往来，每于三月三日、五月五日、七月七日、九月九日、旦、十五日，辄下往来，经宿而去。张茂先[12]为之作《神女赋》。

戚夫人[13]侍儿贾佩兰，后出为扶风[14]人段儒妻。说在宫内时，尝以弦管歌舞相欢娱，竞为妖服，以趋良时。十月十五日，共入灵女庙，以豚黍乐神，吹笛击筑，歌《上灵之曲》。既而相与连臂，踏地为节，歌《赤凤皇来》。乃巫俗也。至七月七日，临百子池，作于阗乐。乐毕，以五色缕相羁，谓之相连绶。八月四日，出雕房北户竹下围棋，胜者终年有福，负者终年疾病，取丝缕，就北辰星求长命，乃免。九月，佩茱萸，食蓬饵，饮菊花酒，令人长命。菊花舒时，并采茎叶，杂黍米酿之，至来年九月九日始熟，就饮焉，故谓之菊花酒。正月上辰，出池边盥濯，食蓬饵，以祓妖邪。在三月上巳，张乐于流水。如此终岁焉。

西川[15]费孝先善轨革[16]，世皆知名。有大若人王旻，因货殖至成都，求为卦。孝先曰："教住莫住，教洗莫洗。一石谷捣得三斗米。遇明即活，遇暗即死。"再三戒之，令诵此言足矣。旻志之。

及行，途中遇大雨，憩一屋下，路人盈塞。乃思曰："教住莫住，得非此耶？"遂冒雨行。未几，屋遂颠覆，独得免焉。旻之妻已私邻比，欲媾终身之好，俟旋归，将致毒谋。旻既至，妻约其私人曰："今夕新沐者，乃夫也。"将晡，呼旻洗沐，重易巾栉。旻悟曰："教洗莫洗，得非此也？"坚不从。妻怒，不省自沐，夜半反被害。

既觉，惊呼，邻里共视，皆莫测其由，遂被囚系拷讯。狱就，不能自辨。郡守录状，旻泣言："死即死矣，但孝先所言终无验耳。"左右以是语上达。郡守命未得行法，呼旻问曰："汝邻比何人也？"曰："康七。"遂遣人捕之："杀汝妻者，必此人也。"已而果然。因谓僚佐曰："一石谷捣得三斗米，非康七乎？"由是辨雪。诚遇明即活之效。

隗炤，汝阴[17]鸿寿亭民也，善《易》。临终书板，授其妻曰："吾亡后，当大荒。虽尔，而慎莫卖宅也。到后五年春，当有诏使来顿此亭，姓龚。此人负吾金，即以此板往责之，勿负言也。"亡后，果大困，欲卖宅者数矣，忆夫言，辄止。

至期，有龚使者果止亭中，妻遂赍板责之。使者执板，不知何言，曰："我平生不负钱，此何缘尔邪？"妻曰："夫临亡，手书板，见命如此，不敢妄也。"使者沉吟良久而悟，乃命取蓍筮之。卦成，抵掌叹曰："妙哉隗生！含明隐迹而莫之闻，可谓镜穷达而洞吉凶者也。"于是告其妻曰："吾不负金，贤夫自有金。乃知亡后当暂穷，故藏金以待太平。所以不告儿妇者，恐金尽而困无已也。知吾善《易》，故书板以寄意耳。金五百斤，盛以青罂，覆以铜柈[18]，埋在堂屋东头，去地一丈，入地九尺。"妻还掘之，果得金，皆如所卜。

宋康王舍人韩凭，娶妻何氏，美，康王夺之。凭怨，王囚之，论为城旦[19]。妻密遗凭书，缪其辞曰："其雨淫淫，河大水深，日出当心。"既而王得其书，以示左右，左右莫解其意。臣苏贺对曰："其雨淫淫，言愁且思也。河大水深，不得往来也。日出当心，心有死志也。"

俄而凭乃自杀，其妻乃阴腐其衣[20]。王与之登台，妻遂自投台，左右揽之，衣不中手而死。遗书于带曰："王利其生，妾利其死。愿以尸骨，赐凭合葬。"王怒，弗听，使里人埋之，冢相望也。王曰："尔夫妇相爱不已，若能使冢合，则吾弗阻也。"

宿昔[21]之间，便有大梓木生于二家之端，旬日而大盈抱，屈体相就，根交于下，枝错于上。又有鸳鸯，雌雄各一，恒栖树上，晨夕不去，交颈悲鸣，音声感人。宋人哀之，遂号其木曰相思树。相思之名，起于此也。

南人谓此禽即韩凭夫妇之精魂。今睢阳[22]有韩凭城，其歌谣至今犹存。

汉范式[23]，字巨卿，山阳[24]金乡人也，一名汜，与汝南[25]张劭为友。劭，字元伯。二人并游太学，后告归乡里。式谓元伯曰："后二年当还，将过拜尊亲，见孺子焉。"乃共克期日。

后期方至，元伯具以白母，请设馔以候之。母曰："二年之别，千里结言，尔何相信之审耶？"曰："巨卿信士，必不乖违。"母曰："若然，当为尔酝酒。"至期果到，升堂拜饮，尽欢而别。

后元伯寝疾甚笃，同郡郅君章、殷子征晨夜省视之。元伯临终，叹曰：

"恨不见我死友。"子征曰:"吾与君章尽心于子,是非死友,复欲谁求?"元伯曰:"若二子者,吾生友耳。山阳范巨卿,所谓死友也。"寻而卒。式忽梦见元伯玄冕垂缨,屣履而呼曰:"巨卿,吾以某日死,当以尔时葬,永归黄泉。子未忘我,岂能相及?"式恍然觉悟,悲叹泣下,便服朋友之服,投其葬日,驰往赴之。未及到而丧已发引。既至圹,将窆,而柩不肯进。其母抚之曰:"元伯,岂有望耶?"遂停柩。移时,乃见素车白马,号哭而来。其母望之曰:"是必范巨卿也。"既至,叩丧言曰:"行矣元伯,死生异路,永从此辞。"会葬者千人,咸为挥泪。式因执绋㉖而引,柩于是乃前。式遂留止冢次,为修坟树,然后乃去。

秦始皇时有王道平,长安㉗人也。少时,与同村人唐叔偕女——小名父喻,容色俱美——誓为夫妇。寻王道平被差征伐,落堕南国㉘,九年不归。父母见女长成,即聘与刘祥为妻。女与道平言誓甚重,不肯改事。父母逼迫不免,出嫁刘祥。经三年,忽忽不乐,常思道平,忿怨之深,悒悒而死。

死经三年,平还家,乃诘邻人:"此女安在?"邻人云:"此女意在于君,被父母凌逼,嫁与刘祥,今已死矣。"平问:"墓在何处?"邻人引往墓所。平悲号哽咽,三呼女名,绕墓悲苦,不能自止。平乃祝曰:"我与汝立誓天地,保其终身。岂料官有牵缠,致令乖隔,使汝父母与刘祥。既不契于初心,生死永诀。然汝有灵圣,使我见汝生平之面。若无神灵,从兹而别。"言讫,又复哀泣。

逡巡,其女魂自墓出,问平:"何处而来?良久契阔。与君誓为夫妇,以结终身。父母强逼,乃出聘刘祥,已经三年。日夕忆君,结恨自死,乖隔幽途。然念君宿念不忘,再求相慰,妾身未损,可以再生,还为夫妇。且速开冢破棺,出我即活。"平审言,乃启墓门,扪看其女,果活,乃结束随平还家。

其夫刘祥闻之惊怪,申诉于州县。检律断之,无条,乃录状奏王,王断归道平为妻。寿一百三十岁。实为精诚贯于天地,而获感应如此。

南阳宋定伯,年少时,夜行逢鬼。问之,鬼言:"我是鬼。"鬼问:"汝复谁?"定伯诳之,言:"我亦鬼。"鬼问:"欲至何所?"答曰:

"欲至宛市。"鬼言："我亦欲至宛市。"遂行数里。

鬼言："步行太迟，可共递相担，何如？"定伯曰："大善。"鬼便先担定伯数里。鬼言："卿太重，将非鬼也？"定伯言："我新鬼，故身重耳。"定伯因复担鬼，鬼略无重。如是再三。定伯复言："我新鬼，不知有何所畏忌？"鬼答言："惟不喜人唾。"于是共行。

道遇水，定伯令鬼先渡，听之，了然无声音。定伯自渡，漕漼㉙作声。鬼复言："何以有声？"定伯曰："新死，不习渡水故耳，勿怪吾也。"

行欲至宛市，定伯便担鬼着肩上，急执之。鬼大呼，声咋咋然，索下。不复听之，径至宛市中，下着地，化为一羊，便卖之。恐其变化，唾之，得钱千五百乃去。当时石崇有言："定伯卖鬼，得钱千五。"

【注释】

①片脯：脯，干肉。

②会稽：治所位于今浙江绍兴市。

③庐江：治所位于今安徽庐江西南。

④松江鲈鱼：松江，即今江南吴淞江。产四鳃鲈鱼，状与土附鱼相似，大仅五六寸，最肥美，自魏、晋以来，即称名产。

⑤阳城山：位于今河南登封市东北，俗名车岭。

⑥济北郡：治所位于今山东济南市长清区南。

⑦东郡：治所在今河南濮阳西南。

⑧辎𫘤车：辎，指有衣之车。辎𫘤车，言妇人之车四面有屏蔽者。《北史》："魏武帝田三泽，见辎𫘤自天而下。"

⑨《太玄》：书凡十卷，汉扬雄撰。雄，字子云，成都人。以文章名世，尝作《法言》拟《论语》，作《太玄经》拟《周易》。

⑩《中经》：按薛氏《中经》无考。或谓魏秘书郎郑默始制《中经》。或又谓晋得汲郡冢中古文竹书，诏荀颉撰次之，以为《中经》，未知是否。

⑪济北鱼山：济北，指济水北岸；鱼山，位于今山东东阿县南。

⑫张茂先：名华，晋朝人。学业优博，辞藻温丽，著有《博物志》，凡十卷。

⑬戚夫人：汉高祖宠姬，生赵王如意，后为吕后所杀，去其左右手，名曰人彘。

⑭扶风：治所位于今陕西兴平东南。

⑮西川：指今四川西部。

⑯轨革：占候之术，以图画显示吉凶。

⑰汝阴：位于今安徽阜阳县。

⑱铜柈：铜制之盘。

⑲城旦：秦汉时徒刑。罚作苦工，昼伺寇，夜筑城，故谓之城旦。见《史记》注。

⑳阴腐其衣：腐，朽烂。谓阴自朽烂其衣。

㉑宿昔：犹言旦暮。

㉒睢阳：故城位于今河南商丘市南。

㉓范式：后举州茂才，任荆州刺史，迁庐江太守，有威名。

㉔山阳：治所位于今山东金乡西北。

㉕汝南：治所位于今河南上蔡西南。

㉖执绋：绋，绳索。执绋指用手拿着绳索。《礼》："助葬必执绋。"

㉗长安：即今陕西西安市。

㉘南国：周、秦时，江汉一带建立的封国皆为南国。《诗》"滔滔江汉，南国之纪"即是。

㉙漕潅：水流声。

《搜神后记》精华

【著录】

《搜神后记》一书，十卷，旧题晋陶潜（365～427）撰。潜，一名渊明，字元亮，浔阳柴桑（今江西九江）人。曾任江州祭酒、镇军参军、彭泽县令等职，后去职归隐。他长于诗文辞赋，著有《陶渊明集》。《搜神后记》在唐宋类书中，又被称作《续搜神记》或《搜神续记》。对于其作者，古人颇有异议。《四库全书总目》引明朝人沈士龙的观点，认为"其为伪托，固不待辨"，但又肯定其不是唐以后的作品。而《隋书·经籍志》著录此书，已称陶潜撰。所以，尚无充分理由否定该书的作者为陶潜。今传世的十卷本，前人多以为是唐以前的古本，但由于其中有些条目与宋人的著作字句相合，故可以肯定后人增补了一些内容，并非该书原貌。该书最早刊行于明万历年间胡震亨辑刻的《秘册汇函》，后又被毛晋辑入《津逮秘书》。至清朝嘉庆中，张海鹏又收入《学津讨原》。

《搜神后记》是继干宝《搜神记》而作的一部续书，也是我国志怪小说的代表性作品。虽然该书所记全是鬼物仙道、灵异变化之事，宣扬了封建迷信、因果报应等消极思想，但也有不少篇章反映了人民群众对美好生活的向往和追求。

搜神后记　录九则

会稽剡县①民袁相、根硕二人猎，经深山重岭甚多。见一群山羊六七头，逐之，经一石桥，甚狭而峻，羊去，根等亦随渡向绝崖。崖正赤壁立，名曰赤城。上有水流下，广狭如匹布，剡人谓之瀑布。羊径有山穴如门，豁然而过，既入，内甚平敞，草木皆香。有一小屋，二女子住其中，年皆十五六，容色甚美，著青衣，一名莹珠，一名洁玉。见二人至，忻然云："早望汝来！"遂成室家。

忽二女出行，云复有得婿者，往庆之。曳履于绝岩上，行琅琅然。二人思归，潜去归路。二女追还，已知，乃谓曰："自可去。"乃以一腕囊与根等，语曰："慎勿开也！"于是乃归。

后出行，家人开视其囊。囊如莲花，一重去，一重复，至五盖，中有青鸟飞去。根还知此，怅然而已。后根于田中耕，家依常饷之，见在田中不动，就视，但有壳如蝉脱也。

晋太元中，武陵②人捕鱼为业。缘溪行，忘路远近。忽逢桃花林，夹岸数百步，中无杂树，芳华鲜美，落英缤纷。渔人③甚异之。复前行，欲穷其林。林尽水源，便得一山。山有小口，仿佛若有光。便舍舟，从口入。

初极狭，才通人。复行数十步，豁然开朗。土地空旷，屋舍俨然，有良田美池桑竹之属，阡陌交通，鸡犬相闻。男女衣着，悉如外人。黄发垂髫，并怡然自乐。见渔人，大惊，问所从来，具答之。便邀还家，为设酒杀鸡作食。村中人闻有此人，咸来问讯。自云先世避秦难，率妻子邑人至此绝境，不复出焉，遂与外隔。问今是何世，乃不知有汉，无论魏、晋，此人一一具言所闻，皆为叹惋。余人各复延至其家，皆出酒食。停数日，辞去。此中人语云："不足为外人道也。"

既出，得其船，便扶向路，处处志之。及郡，乃诣太守，说如此。太守刘歆即遣人随之往，寻向所志，不复得焉。

晋大司马桓温④，字元子。末年忽有一比丘尼⑤失其名，来自远方，投温为檀越⑥。尼才行不恒，温甚敬待，居之门内。尼每浴必至移时，温疑而窥之。见尼裸身挥刀，破腹出脏，断截身首，支分脔切。温怪骇而还。及至尼出浴室，身形如常。温以实问，尼答曰："若逐凌君上，形当如之。"时温方谋问鼎，闻之怅然，故以戒惧，终守臣节。尼后辞去，不知所在。

沛国⑦有一士人，姓周，同生三子。年将弱冠，皆有声无言。忽有一客从门过，因乞饮，闻其儿声，问之曰："此是何声？"答曰："是仆之子，皆不能言。"客曰："君可还内省过，何以致此？"主人异其言，知非常人，良久出，云："都不忆有罪过。"客曰："试更思幼时事。"入内食顷出，语客曰："记小儿时，当梁上有燕巢，中有三子。其母从外得食哺三子，皆出口受之，积日如此。试以指内巢中，燕雏亦出口承受。因取三蒺茨⑧，各与食之，既而皆死。母还不见子，悲鸣而去。昔有此事，今实悔之。"客闻言，遂变为道人之容，曰："君既自知悔罪，今除矣。"言讫，便闻其子言语周正，忽不见此道人。

临淮公荀序，字休元。母华夫人，怜爱过常。年十岁从南临归，经青草湖⑨，时正帆风驶，序出塞郭，忽落水。比得下帆，已行数十里，洪波淼漫。母抚膺远望，少顷，见一掘头船⑩。渔父以楫棹船如飞，载序还之，云："送府君还！"荀后位至常伯长沙相，故云府君也。

晋安帝时，侯官⑪人谢端少丧父母，无有亲属，为邻人所养。至年十七八，恭谨自守，不履非法。始出居，未有妻。邻人共愍念之，规为娶妇，未得。端夜卧早起，躬耕力作，不舍昼夜。后于邑下得一大螺，如三升壶，以为异物，取以归，贮瓮中。畜之十数日。端每早至野，还见其户中有饭饮汤火⑫，如有人为者，端谓邻人为之惠也。数日如此，便往谢邻人。邻人曰："吾初不为是，何见谢也？"端又以邻人不喻其意，然数尔如此。后更实问，邻人笑曰："卿已自娶妇，密著室中炊爨，而言吾为之炊耶？"端默然，心疑，不知其故。

后以鸡鸣出去，平早潜归，于篱外窃窥其家中。见一少女从瓮中出，自灶下燃火。端便入门，径至瓮所视螺，但见女。乃到灶下，问之曰"新妇从何所来，而为相炊？"女大惶惑，欲还瓮中，不能得去，答曰："我，天汉⑬中白水素女也。天帝哀卿少孤，恭慎自守，故使我权为守舍炊烹。十年之中，使卿居富得妇，自当还去。而卿无故窃相窥掩，吾形已见，不宜复留，当相委去。虽然，尔后自当少差，勤于田作，渔采治生。留此壳去，以贮米谷，常可不乏。"端请留，终不肯。时天忽风雨，翕然而去。端为立神座，时节祭祀。居常饶足，不致大富耳。于是乡人以女妻之。

后仕至令长云。今道中素女祠是也。

宋元嘉初，富阳[14]人姓王，于穷渎中作蟹簖[15]。旦往观之，见一材，长二尺许，在簖中，而簖裂开，蟹出都尽。乃修治簖，出材岸上。明往视之，材复在簖中，簖败如前，王又治簖出材。明晨视所见如初。王疑此材妖异，乃取内蟹笼中，挈头担归，云："至家当斧斫燃之。"

未至家二三里，闻笼中倅倅动。转头顾视，向见材头变成一物，人面猴身，一身一足，语王曰："我性嗜蟹，比日实入水破君蟹簖，入簖食蟹，相负已尔，望君见恕，开笼出我。我是山神，当相佑助，并令簖得大蟹。"王曰："汝此暴人，前后非一，罪自应死。"此物恳告，苦请乞放，王回顾不应。物曰："君何姓名？我欲知之。"频问不已，王遂不答。去家转近，物曰："既不放我，又不告我姓名，当复何计？但应就死耳。"王至家，炽火焚之，后寂然无复声。土俗谓之山魈[16]，云知人姓名，则能中伤人。所以勤勤问王，欲害人自免。

宋襄城李颐，其父为人不信妖邪。有一宅，由来凶不可居，居者辄死。父便买居之。多年安吉，子孙昌炽，为二千石，当徙家之官。临去，请会内外亲戚。酒食既行，父乃言曰："天下竟有吉凶否？此宅由来言凶，自吾居之，多年安吉，乃得迁官，鬼为何在？自今已后，便为吉宅。居者住止，心无所嫌也。"

语讫，如厕。须臾，见壁中有一物，如卷席大，高五尺许，正白。便还取刀，中之。中断，化为两人。复横斫之，又成四人。便夺取刀，反斫杀李。持至坐上，斫杀其子弟，凡姓李者必死，惟异姓无他。颐尚幼在抱，家内知变，乳母抱出后门，藏他家，止其一身获免。颐，字景真，位至湘东[17]太守。

吴末，临海[18]人入山射猎，为舍住。夜中，有一人长一丈，著黄衣白带，径来谓射人[19]曰："我有仇，克明日当战，君可见助，当厚相报。"射人曰："自可助君耳，何用谢为！"答曰："明日食时，君可出溪边。敌从北来，我南往应。白带者我，黄带者彼。"射人许之。

明出，果闻岸北有声，状如风雨，草木四靡，视南亦尔。唯见二大蛇，长十余丈，于溪中相遇，便相盘绕，白蛇势弱。射人因引弩射之，黄蛇即死。日将暮，复见昨人来辞谢，云："住此一年猎，明年以去，慎勿复来，来必为祸。"射人曰："善。"遂仍一年猎，所获甚多，家至巨富。

数年后，忽忆先所获多，乃忘前言，复更往猎。见先白带人告曰："我语君勿复更来，不能见用。仇子已大，今必报君，非我所知。"射人闻之甚怖，便欲走，乃见三乌衣人，皆长八九尺，俱张口向之，射人即死。

【注释】

①会稽剡县：会稽：郡名，治所位于今浙江绍兴；剡县，时属会稽郡，其南一百五十步，有剡溪，是曹娥江的上游。

②武陵：郡名，治所位于今湖南常德市。

③渔人：姓费，名道真，是晋代高隐士。

④桓温：龙亢（位于今安徽怀远西）人。初为都尉，定蜀，攻前秦，破姚襄，威权日甚。曾告他人说："男子不能留芳百世，亦当遗臭万年。"后谋篡，未果。

⑤比丘尼：《魏书》："释氏谓行乞为比丘。"比丘尼，谓募化之尼僧。

⑥檀越：梵语，谓布施。亦称檀那，即俗所称施主之意。

⑦沛国：郡名，治所在今江苏沛县。

⑧蔷茨：蒺藜，布地蔓生，细叶，子有三角，能刺人。

⑨青草湖：在湖南湘阴县北一百里，南接湘水，北通洞庭，湖多青草，故名。

⑩掘头船：掘，与崛通，言船首崛起之小船。

⑪侯官：县名，治所位于今福建福州市。

⑫飱饮汤火：飱，俗饭字。飱饮汤火，言饭饮如汤火之热。

⑬天汉：即天河。俗称银河，亦名云汉。

⑭富阳：位于今浙江富阳市。

⑮蟹簖：取蟹之罾。

⑯山魈：《神异经》："西方深山中有人焉，身长尺许，袒身，捕虾蟹，性不畏人。见人止宿，暮依其火，以炙虾蟹，名曰山臊。"

⑰湘东：郡名，治所位于今湖南衡阳市。

⑱临海：治所位于今浙江临海县。

⑲射人：即猎人。

《博物志》精华

子部

【著录】

《博物志》一书，系西晋张华所著。张华（232～300）字茂先，范阳方城（河北固安）人。他出身贫微，但天资聪颖，好学敏思，入仕后官由黄门侍郎一直做到太子少傅、大司空，最后死于"八王之乱"中。他从小阅读广泛，看书驳杂。"图纬方技之书，莫不详览"。尽管武帝司马炎有"禁星气谶纬之学"的命令，但动荡多变的时代本身就是"浮妄之学"生发流衍的绝好条件。张华凭着自己的才名和官威聚集了一批名士，纵论古今，漫谈怪异。《博物志》就是在这样的环境条件下产生的。

《博物志》虽仅十卷，但涉及内容很广泛，有山川地理的知识，有历史人物的传说，有奇异的草木虫鱼等飞禽走兽的描述，也有怪诞不经的神仙方技故事的记录。其中有些神话故事，诸如八月有人浮槎至天河见织女和蜀南山上猕猴盗妇的故事，此前在别的书中是不曾有记载的。所以，《博物志》对研究中国古代文学，尤其是古代神话传说很有参考价值。但是，本书因流传年代久远和长期不被重视，字句脱落、误传甚多，有的地方简直不堪卒读。因此，《博物志》刊本甚多，需要校证、勘误。

关于《博物志》的成书年代，今唯王嘉《拾遗记》中存有"华好观秘异图纬之部，捃采天下遗逸，自书契之始，考验神怪及世间闾里所说，造《博物志》四百卷，奏于武帝。帝诏诘问：'卿才综万代，博识无伦，然纪事采言，亦多浮妄，可更芟截浮疑，分为十卷'云云。"以此说，乃书成以汉武帝时。考武帝初年就有"禁星气谶纬之学"的命令，故张华"造《博物志》""奏于武帝"之说难以成立。再则本书卷四中有"泰始"（武帝年号）中武库火的记载，由此推知，该书当在武帝以后成册。既无确定记录，所以《博物志》成书年代便成了一个多考难定的问题。该书在我国古代志怪小说史上有着特殊的地位。

地理略自魏氏日已前夏禹治四方而制之

《河图括地象》曰：地南北三亿三万五千五百里。地部之位，起形高大者，有昆仑山，广万里，高万一千里，神物之所生，圣人仙人之所集也。出五色云气，五色流水，其泉南流入中国，名曰河也。其山中应于天最居中，八十城布绕之。中国东南隅，居其一分，是偏城也。

中国之域，左滨海，右通流沙，方而言之，万五千里。东至蓬莱①，西至陇右②，右跨京北③，前及衡岳④。尧、舜土万里，三代时七千里，亦无常，随德劣优也。

尧别九州，舜为十二。

秦前有蓝田⑤之镇。后有胡苑之塞，左崤函⑥，右陇蜀⑦，西通流沙⑧，险阻之国也。

蜀汉之土，与秦同域，南跨邛笮⑨，北阻褒斜，西即隈碍，隔以剑阁⑩。穷险极峻，独守之国也。

周在中枢，西阻崤谷，东望荆川，南面少室⑪，北有泰岳。山河之分，雷风所起，四险之国也。

魏前枕黄河，背漳水，瞻王屋，望梁山，有蓝田之宝，浮池之渊。

赵东临九门，西瞻恒岳，有沃瀑之流，飞狐、井陉之险，至于颍阳、涿鹿之野。

燕却北沙漠，进临易水，西至军都，东至于辽，长蛇带塞，险陆相乘也。

齐南有长城、巨防、阳关之险，北有河济，足以为固，越海而东，通于九夷，西界岱岳、配林⑫之险，坂固之国也。

鲁前有淮水，后有岱岳，蒙羽⑬之向，洙泗之流，大野广土，曲阜尼丘⑭。

宋北有泗水，南迄睢涡，有孟诸⑮之泽，砀山⑯之塞也。

楚后背方城^⑰，前及衡岳，左则彭蠡^⑱，右则九嶷^⑲，有江汉之流，实险阻之国也。

南越之国，与楚为邻。五岭已前，至于南海。负海之邦，交趾之土，谓之南裔。

吴左洞庭，右彭蠡，后滨长江，南至豫章，水戎险阻之国也。

东越通海，处南北尾闾之间，三江流入南海，通东冶。山高海深，险绝之国也。

卫南跨于河，北得淇水，南过濮上，左通阿泽，右指黎山。

赞曰：地理广大，四海八方。遐远别域，略以难详。侯王设险，守固保疆。远遮川塞，近备城隍。司察奸非，禁御不良。勿恃危耗，恣其淫荒。无德则败，有德则昌。安屋犹惧，乃可不亡。进用忠直，社稷永康。教民以孝，舜化以彰。

【注释】

①蓬莱：县名，位于今山东省胶东半岛。

②陇右：位于今甘肃省六盘山以西，新疆乌鲁木齐以东地区。

③京北：指西晋都城洛阳之北。

④衡岳：即衡山，位于湖南省衡山县西北。

⑤蓝田：县名，位于今陕西省关中地区。

⑥崤函：崤，即崤山，位于今河南省洛宁县北，与渑池相连接；函，即函谷关，位于今河南省灵宝市南部。

⑦陇蜀：位于今甘肃与四川交接地区。

⑧流沙：古代沙漠之称。这里指甘肃西北部的沙漠。

⑨筰：即筰关，在今四川省汉源县。

⑩剑阁：地名，位于今四川省剑阁县北。

⑪少室：即少室山，位于今河南省登封市北部，太室山西侧。

⑫配林：古地名。位于今山东省泰山附近。

⑬蒙羽：即蒙山和羽山。蒙山，位于今山东费县西北；羽山，位于今山东郯城县东北。

⑭尼丘：山名，又叫尼山，位于今山东省曲阜市东南。

⑮孟诸：即孟诸泽，又叫望诸泽，位于今河南商丘市东北。

⑯砀山：山名，位于今安徽省砀山县与河南省永城市交界处。

⑰方城：古地名，位于今河南省叶县与方城县交界区。

⑱彭蠡：湖名，就是现在的鄱阳湖。

⑲九嶷：山名，位于今湖南省宁远县南六十里处。

子部

《阴符经》精华

【著录】

　　《阴符经》一书，全称《黄帝阴符经》，经文总计只有三百八十四字，分为上、中、下三篇，合为一卷。旧题为轩辕黄帝撰，而唐代李筌自称得之于骊山老母之手，故后人怀疑该书可能就是李筌的伪作。内容多谈道家虚无之道一类的政治哲学思想，也涉及纵横家之言和兵家之言，以及修身养性和炼丹之术等，而又提出"阴阳相胜"和"心生于物，死于物""圣人知自然之道不可违，因而制之"等命题，可谓极其庞杂。历代史志多将该书列入道家，而明代唐顺之又把它归为兵家，编入《兵垣四篇》。该书原即附有太公、范蠡、鬼谷子、张良、诸葛亮、李筌等六家注，而宋金以来，考索研究该书者颇多，最著名的有朱熹所撰《阴符经考异》一卷及杜光庭、夏元鼎、陆长庚、吕坤、李光地等四十余家注疏本，足资参考。

下　篇

　　瞽者善听，聋者善视。绝利一源①，用师十倍，三反昼夜，用师万倍。
　　尹曰："思之精，所以精其微。"良曰："后代伏思之，耳目之利，绝其一源。"筌曰："人之耳目，皆分于心而竟于神。心分则机不精，神竟则机不微。是以师旷熏目而聪耳，离朱漆耳而明目。任一源之利，而反用师于心，举事发机，十全成也。退思三反，经昼历夜，思而后行，举事发机，万全成也。"太公曰："目动而心应之，见可则行，见否则止。"

心生于物，死于物，机在于目。

筌曰："为天下机者，莫近乎心目。心能发目，目能见机。秦始皇东游会稽②，项羽目见其机，心生于物，谓项梁曰：'彼可取而代也。'晋师毕至于淮淝③，符坚目见其机，心死于物，谓符融曰：'彼劲敌也，胡为少耶？'则知生死之心在乎物，成败之机见于目焉。"

天之无恩而大恩生。迅雷烈风，莫不蠢然④。

良曰："熙熙哉！"太公曰："诚惧致福。"筌曰："天心无恩，万物有心，归恩于天。老子曰：'天地不仁，以万物为刍狗；圣人不仁，以百姓为刍狗。'是以施而不求其报，生而不有其功。及至迅雷烈风，威远而惧迩，万物蠢然而怀惧，天无威而惧万物，万物有惧而归威于天。圣人行赏也，无恩于有功；行罚也，无威于有罪。故赏罚自立于上，威恩自行于下也。"

至乐性余，至静性廉。

良曰："夫机在于是也。"筌曰："乐则奢余，静则贞廉。性余则神浊，性廉则神清。神者智之泉，神清则智明。智者心之府，智公则心平。人莫鉴于流水，而鉴于澄水，以其清且平。神清意平，乃能形物之情。夫圣人者，不淫于至乐，不安于至静，能栖神静乐之间，谓之守中。如此，施利不能诱，声色不能荡，辩士不能说，智者不能动，勇者不能惧；见祸于重开之外，虑患于杳冥之内。天且不违，而况于兵之诡道者哉？"

天之至私，用之至公。

尹曰："治极微。"良曰："其机善，虽不令天下而行之，天下所不能知，天下所不能违。"筌曰："天道曲成万物而不遗。椿菌鹏鸴，巨细修短，各得其所，至私也；云行雨施，雷电霜霓，生杀之均，至公也。圣人则天法地，养万民，察劳苦，至私也；行正令，施法象，至公也。"孙武曰："视卒如爱子，可以俱死；视卒如婴儿，可与之赴深溪。爱而不能令，譬若骄子。是故令之以文，齐之以武。"

禽之制在机⑤。

太公曰："岂以小大而相制哉？"尹曰："筌者，天之机。"筌曰："玄龟食蟒，役隼击鹄，黄腰啖虎，飞鼠断猿，蜍蛭哜鱼，狼犴啮鹤；余甘柔金，河车服它，无穷化玉，雄黄变铁；有不灰之木，浮水之石。夫禽善木石得其筹，尚能以小制大，况英雄得其筹，而不能净寰海而御宇宙也？"

生者，死之根；死者，生之根。恩生于害，害生于恩。

太公曰："损己者，物爱之；厚己者，物薄之。"筌曰："谋生者，必先死而后生；习死者，必先生而后死。"鹖冠子曰："不死不生，不断不成。"孙武曰："投之死地而后生，致之亡地而后存。"吴起曰："兵战之场，立尸之地，必死则生，幸生则死。恩者，害之源。害者，恩之源。吴树恩于越而害生，周立害于殷而恩生。死之与生，恩之与害，相反纠缠也。"

愚人以天地文理圣，我以时物文理哲。

太公曰："观鸟兽之时，察万物之变。"筌曰："景星见，黄龙下，翔凤至，醴泉出，嘉谷生，河不满溢，海不扬波，日月薄蚀，五星失行，四时相错，昼冥宵光，山崩川涸，冬雷夏霜。愚人以此天地文理，为理乱之机。文思安安，光被四表，克明俊德，以亲九族。六府三事，无相夺伦，百谷用成，兆民用康。昏主邪臣，法令不一，重赋苛政，上下相蒙。懿戚贵臣，骄奢淫纵，酣酒嗜音，峻宇雕墙。百姓流亡，思乱怨上。我以此时物文理，为理乱之机也。"

人以愚虞圣[6]，我以不愚虞圣；人以奇期圣，我以不奇期圣。

筌曰："贤哲之心，深妙难测。由巢之迹，人或窥之。至于应变无方，自机转而不穷之智，人岂虞之？以迹度心，乃为愚者也。"

故曰：沉水入火，自取灭亡。

良曰："理人自死，理军亡兵。无死则无不死，无生则无不生。故知乎死生，国家安宁。"

自然之道静，故天地万物生。

尹曰："静之至，不知所以生。"

天地之道浸[7]，故阴阳胜。

良曰："天地之道，浸微而推胜之。"

阴阳相推，而变化顺矣。

良曰："阴阳相推激，至于变化在于目。"

是故圣人知自然之道不可违，因而制之。

良曰："大人见之为自然，英哲见之为制，愚者见之为化。"尹曰：

"知自然之道，万物不能违，故利而行之。"

至静之道，律历所不能契。

良曰："观鸟兽之时，察万物之变。鸟兽至净，律历所不能契，从而机之。"

爰有奇器，是生万象。八卦甲子，神机鬼藏。

良曰："六癸为天藏，可以代藏也。"

阴阳相胜之术，昭昭乎进乎象矣。

亮曰："奇器者，圣智也。天垂象，圣人则之。推甲子，画八卦，考蓍龟，稽律历，则鬼神之情，阴阳之理，昭著乎象，无不尽矣。"亮曰"八卦之象，申而用之。六十甲子，转而用之。神出鬼入，万明一矣。"良曰："万生万象者，心也。合藏阴阳之术，日月之数，昭昭乎在人心矣。"广成子曰："甲子合阳九之数也，卦象出师众之法，出师以律，动合鬼神，顺天应时，而用鬼神之道也。"

【注释】

①绝利一源：一源，指耳与目。全句意谓如将耳或目失其一种，则所余一种必更灵敏。李筌举例说师旷熏目而耳聪，离朱耳聋而目明，就是这个意思。

②会稽：位于今浙江绍兴市。

③淮沤：指淮水和沤水。

④莫不蠢然：蠢然，震动的样子。意谓遇到迅雷烈风，万物皆震动而惊惧。

⑤禽之制在机：全句意谓禽鸟得到"机"，尚可以小制大，人类更可这样。

⑥虞圣：虞，担忧。虞圣，意谓担心圣人之愚。

⑦天地之道浸：浸，微妙。全句意谓：自然之道微妙难测。

《关尹子》精华

【著录】

　　《关尹子》，一卷，旧本题周代尹喜所撰。李道谦《终南祖庭仙真内传》称终南楼观为尹喜故居，所以可认为尹喜为秦国人。唐陆德明《经典释文》载尹喜字公度。《汉书·艺文志》录有《关尹子》九篇，刘向《列仙传》作关令子，而《隋书》《唐书》中的志书均未著录，可见此书已散失很久。南宋时，在永嘉孙定家中发现此书，书前有刘向校定序，后有葛洪序。明宋濂在《诸子辨》中认为，其序与刘向文风差距很大，故推测为孙定所伪造。但孙定确为南宋时期人，而《墨庄漫录》载有黄庭坚诗文，也自称引用关尹子语。由此看来，此书未必是孙定所伪造，或许是唐、五代的方士文人之所为。虽然这部《关尹子》出自伪托，并非原本，但其文精雕细刻，潇洒峻洁，所论多有精当之处，其哲理亦多发人深省，其文辞风彩，远远高出于天隐、无能诸子之上，确是一部不可多得的奇书，为研究中国哲学史的重要史料，所以长期以来为后人所重视。此书分一宇、二柱、三极、四符、五鉴、六匕、七釜、八筹、九药等九篇。

一　宇① 　录八则

　　非有道不可言，不可言即道；非有道不可思，不可思即道。天物怒流，人事错错然。若若乎回也，戛戛乎斗也，勿勿乎似而非也。而争之，而介之，而呎②之，而喷③之，而去之，而要之。言之如吹影，思之如镂尘。圣智造迷，鬼神不识。唯不可为，不可致，不可测，不可分。故曰天，曰命，曰神，曰玄，合曰道。

无一物非天，无一物非命，无一物非神，无一物非玄。物既如此，人岂不然？人皆可曰天，人皆可曰神，人皆可致命造玄。不可彼天此非天，彼神此非神，彼命此非命，彼玄此非玄。是以善吾道者，即一物中，知天尽神，致命造玄。学之，徇异名，析同实；得之，契同实，忘异名。

观道者如观水。以观沼为未足，则之河、之江、之海。曰水至也，殊不知我之津液、涎、泪皆水。

一陶④能作万器，终无有一器，能作陶者，能害陶者；一道能作万物，终无有一物，能作道者，能害道者。道茫茫而无知乎？心倘倘而无羁乎？物迭迭而无非乎？电之逸乎？沙之飞乎？圣人以知心一物一道一、三者又合为一，不以一格不一，不以不一害一。

以盆为沼，以石为岛，鱼环游之，不知几千万里而不穷乎！夫何故？水无源无归。圣人之道，本无首，末无尾，所以应物不穷。

方术之在天下多矣，或尚晦，或尚明，或尚强，或尚弱，执之皆事，不执之皆道。

道终不可得，彼可得者，名德不名道；道终不可行，彼可行者，名行不名道。圣人以可得可行者，所以善吾生；以不可得不可行者，所以善吾死。

一灼之火，能烧万物，物亡而火何存？一息之道，能冥万物，物亡而道何在？

【注释】

①宇：即道。

②呃：不呕而吐。

③啧：大呼，或鸟鸣声。

④陶：制作瓦器者为陶。《孟子》："万室之国一人陶。"又《尸子》"夏桀臣昆吾作陶"即此。

二　柱①　录一则

有时者气，彼非气者，未尝有昼夜；有方者形，彼非形者，未尝有南北。何谓非气？气之所自生者，如摇箑得风②，彼未摇时，非风之气，彼已摇时，即名为气。何为非形？形之所自生者，如钻木得火③，彼未钻时，非火之形，彼已钻时，即名为形。寒暑温凉之变，如瓦石之类，置之火即热，置之水即寒，呵之即温，吸之即凉。特因外物有去有来，而彼瓦石无去无来。譬如水中之影，有去有来，所谓水者，实无去来。

【注释】

①柱：柱者，支撑天地。

②摇箑得风：箑，即扇。《世本》："武王始作箑，摇之以得风也。"

③钻木得火：燧人氏钻木取火，人民始得熟食。

五　鉴①　录四则

心蔽吉凶者，灵鬼摄之；心蔽男女者，淫鬼摄之；心蔽幽忧者，沉鬼摄之；心蔽逐放者，狂鬼摄之；心蔽盟诅②者，奇鬼摄之。如是之鬼，或以阴为身，或以幽为身，或以风为身，或以气为身，或以土偶为身，或以彩画为身，或以老畜为身，或以败器为身。彼以其精，此以其精，两精相搏，则神应之。为鬼所摄者，或解奇事，或解瑞事。其人傲然，不曰鬼于躬，惟曰道于躬。久之，或死木，或死金，或死绳，或死井。唯圣人能神神而不神于神，役万神而执其机，可以会之，可以散之，可以御之，日应万物，其心寂然。

无一心，五识并驰，心不可一；无虚心，五行皆具，心不可虚；无静心，万化密移，心不可静。借能一则二偶之，借能虚则实满之，借能静则动摇之。唯圣人能敛万有于一息，无有一物可役吾之明彻；散一息于万有，无有一物可间吾之云为。

流者舟也，所以流之者，是水非舟；运者车也，所以运之者，是牛非车；思者心也，所以思之者，是意非心。不知所以然而然，故其来无从，其往无在。其来无从，其往无在，故能与天地本原，不古不今。

善弓者，师弓不师羿③；善舟者，师舟不师奡④；善心者，师心不师圣。是非好丑，成败盈虚，造物者运矣，皆因私识执之而有。于是以无遣之，犹存；以非有非无遣之，犹存。无曰莫莫尔，无曰浑浑尔。犹存，譬犹昔游再到，记忆宛然，此不可忘，不可遣。善吾识者，变识为智，变识为智之说，汝知之乎？曰想，如思鬼心栗，思盗心怖；曰识，如认黍为稷，认玉为石。皆浮游罔象⑤，无所底止，譬睹奇物，生奇物想，生奇物识。此想此识，根不在我。譬如今日，今日而已，至于来日，想识殊未可卜。及至来日，纷纷想识，皆缘有生。曰想曰识，譬犀望月。月影入角，特因识生，始有月形，而彼真月，初不在角。胸中之天地万物亦然。知此说者，外不见物，内不见情。

【注释】

①鉴：指心。

②盟诅：盟，誓约。《礼》："莅牲曰盟。"谓杀牲歃血而告誓于神明。诅，祝诅以言告神曰祝，请神加殃曰诅。《尚书》"否则厥口诅祝"即此。心蔽盟诅，言迷信鬼神之人。

③羿：即后羿，夏太康时有穷之君。恃其善射，夺夏后相之位，后为其臣寒浞所杀。

④奡，寒浞之子，善荡舟。

⑤浮游罔象：浮游，一作蜉蝣，小虫。《淮南子》："浮游不过三日。"罔象，恍惚之状。

老子《道德经》精华

【著录】

老子《道德经》，又名《老子》，是道家主要经典。作者老子，楚国苦县（今河南鹿邑）人，姓李，名耳，字伯阳。世称为老子，谥号聃。曾做过东周守藏史，是掌管国家图书的官吏。他是一个见闻广博、知识丰富、思想深沉的学者，相传孔子曾向他请教过周礼，晚年隐居著述，成《道德经》五千言，成为先秦道家学派的鼻祖。

老子的哲学思想基本上是客观唯心主义的。他用虚无的本体"道"代替商周以来的天命观，同时否定客观世界的物质本源。《老子》一书用"道"来说明宇宙万物的演变，提出了"道生一，一生二，二生三，三生万物"以及"人法地，地法天，天法道，道法自然"的观点。"道"可以解释为客观自然规律，同时又有着"独立不改，周行而不殆"的永恒绝对本体的意义。老子的哲学思想也含有朴素的辩证法的因素，提出"有无相生，难易相成，长短相形，高下相倾"等命题，并且讲到"福兮祸之所倚，祸兮福之所伏"等事物依一定条件互相转化的道理。

《老子》凡八十一章，约五千字，基本上是韵文。其较重要的注本是魏王弼的《老子注》和后人假托题作"汉·河上公撰"的《老子章句》。今人对《老子》作了不少整理研究工作，如马叙伦的《老子校诂》、高亨的《老子正诂》，都可参考。

《老子》在先秦诸子的众多著作中，堪称是一部奇书。这部用韵文写的哲学诗，蕴含着深邃丰富的思想，洋溢着玄远浪漫的情致，是中国古文化中的一枝硕果累累的哲学之花。《老子》不仅是先秦道家学派的开山之作，而且为以后中华民族的文化创造提供了一个可以不断加以阐释、开拓的"文本"，对两千年中国文化的发展产生了巨大而深远的影响。

二 章

天下皆知美之为美，斯恶已；天下皆知善之为善，斯不善已。故有无相生[①]，难易相成[②]，长短相形[③]，高下相倾[④]，音声相和[⑤]，前后相随[⑥]。是以圣人处无为之事，行不言之教，万物作焉而不始，生而不有，为而不恃，功成而弗居。夫唯弗居，是以不去。

【注释】

①有无相生：按生物四时代谢，自无至有，自有而无，故曰相生。

②难易相成：凡事有难有易，或先难后易，或先易后难，终皆归于成，故曰相成。

③长短相形：按长短兼人与物而言之，天地生人生物，受气成形，各有长短，两者相形自见。

④高下相倾：倾，抱注。天地既分，高下乃定，高下以情相注。故《易》曰："天地交泰。"

⑤音声相和：音，五音；声，歌声。歌有清、浊，与宫、商、角、徵、羽五音相应，故曰相和。

⑥前后相随：有引于前者，必有随之于后，如道成于前，人自踵行于后。

十三章

宠辱若惊，贵大患若身。何谓宠辱若惊？宠为上，辱为下，得之若惊，失之若惊，是谓宠辱若惊。何谓贵大患若身？吾所以有大患者，为吾有身。及吾无身，吾有何患？故贵以[①]身为天下，若可寄天下；爱以身为天下，若可托天下。

【注释】

①"贵以身为天下"四句：言能贵爱其身，不以身徇天下，而后始可以天下寄托于其身。犹《论语》所谓"仁者，己欲立而立人，己欲达而达人"。盖必先有身，而后能及天下。

十六章

致虚①极，守静笃。万物并作，吾以观其复。夫物芸芸②，各复归其根。归根曰静，静曰复命③。复命曰常，知常曰明。不知常，妄作凶。知常容④。容乃公，公乃王，王乃天，天乃道，道乃久，没身不殆。

【注释】

①"致虚极"四句：致，推致。言推致虚无之理，必造其极；默守清静之旨，务求其笃。然后万物并作，乃有以得其盈虚消长之理。

②芸芸：众多貌。

③复命：谓返其太初。

④知常容：言能知常，则万物一体，将无所不包容。

十八章

大道①废，有仁义。智慧出，有大伪。六亲②不和，有孝慈。国家昏乱，有忠臣③。

【注释】

①"大道废"四句：言大道既废，而后仁义之名立；慧智即出，而后大伪生。此乱臣贼子所以多，而《春秋》所以作的缘故。

②六亲：谓父子、兄弟、夫妇。

③忠臣：如桀之龙逢，纣之比干，汉灵之陈蕃、窦武，唐之清流，宋之元祐，明之东林皆是。

二十二章

曲则全[①]，枉则直，洼则盈，敝则新，少则得，多则惑。是以圣人抱一，为天下式[②]。不自见，故明；不自是，故彰；不自伐，故有功；不自矜，故长。夫唯不争，故天下莫能与之争。古之所谓曲则全者，岂虚言哉？诚，全而归之。

【注释】

①曲则全：曲，古文作屈，屈埏其中，亦不全。曲则全，盖古谚，言曲本不全，其所以全者，因天下之理，满则招损，唯常自以为不全，乃能保其全。

②为天下式：式，法式。言圣人抱一，用为天下法式。

二十七章

善行，无辙迹；善言，无瑕谪；善数，不用筹策[①]；善闭，无关楗[②]而不可开；善结，无绳约而不可解。是以圣人常善救人，故无弃人；常善救物，故无弃物。是谓袭明[③]。故善人者，善人之师；不善人者，善人之资。不贵其师，不爱其资，虽智大迷。是谓要妙。

【注释】

①筹策：算器。

②关楗：即门闩。

③袭明：谓重明。言圣人在上，无物欲之蔽；而人民安受其教，亦无欲物之蔽，是上下皆明，故曰袭明。

三十一章

夫佳兵[①]者，不祥之器，物或恶之，故有道者不处[②]。君子居则贵左，用兵则贵右。故兵者不祥之器，非君子之器，不得已而用之，恬淡为上，胜而不美。而美之者，是乐杀人。夫乐杀人者，则不可以得志于天下矣。

吉事尚左，凶事尚右；偏将军居左，上将军居右。言以丧礼处之。杀人之众，以哀悲泣之；战胜，以丧礼处之。

【注释】

①佳兵：按"佳"为"惟"字之本字。

②有道者不处：不处，言不以兵强加于天下。

四十三章

天下①之至柔，驰骋天下之至坚；无有入无间②，吾是以知无为之有益。不言之教，无为之益，天下希及之。

【注释】

①"天下之至柔"二句：如空气之无微不至，流水之无孔不入。

②无有入无间：无有，如空气，如流水，本不自有，故无往不入，而靡有间隔。

四十四章

名与身，孰亲？身与货，孰多？得与亡，孰病①？是故，甚爱必大费，多藏必厚亡。知足不辱，知止不殆，可以长久。

【注释】

①得与亡，孰病：得，得名与货；亡，亡身。烈士殉名，名存而身亡；贪夫殉财，货多而身亡。得名与货，而亡其身，此荀子所谓"鬻寿也，病孰甚焉"。

《管子》精华

【著录】

　　《管子》一书，托名管仲所作。大部分为战国时齐国稷下学者采拾管仲言行，推其旨义而纂成，共二十四卷。刘向校定八十六篇，今存七十六篇。分为八类：《经言》九篇，《外言》八篇，《内言》七篇，《短语》十七篇，《区言》五篇，《杂篇》十篇，《管子解》四篇，《管子轻重》十六篇。内容庞杂，包含有法、道、名等家思想，以及天文、历数、舆地、农业和经济等知识。其中《牧民》《形势》《权修》《乘马》等篇存有管仲遗说，《大匡》《中匡》《小匡》等篇记述管仲遗事。《心术》《白心》《内业》等篇阐述关于"气"的学说。《水地》篇提出"水"为万物之源的思想。《度地》篇专论水害与水利。《地员》篇专论土壤。《轻重》等篇论述生产、分配、交换、消费以及物价等经济问题。注释有尹知章注，戴望《管子校正》，以及郭沫若等人《管子集校》等。

法　　禁

　　法制不议，则民不相私；刑杀毋赦，则民不偷于为善；爵禄毋假，则不下乱其上。三者藏于官则为法，施于国则成俗，其余不强而治矣。

　　君壹置其仪，则百官守其法；上明陈其制，则下皆会其度矣。君之置其仪也不一，则下之倍法而立私理者必多矣。是以人用其私，废上之制，而道其所闻。故下与官列法，而上与君分威[①]，国家之危，必自此始矣。

昔者圣王之治其民也，不然。废上之法制者，必负以耻；财厚博惠以私亲于民者，正经而自正矣。圣王既殁，受之者衰[2]。君人而不能知立君之道以为国本，则大臣之赘下而射人心者必多矣[3]；君不能审立其法以为下制，则百姓之立私理而径于利者必众矣。

昔者圣王之治人也，不贵其人博学也，欲其人之和同以听令也。《泰誓》曰："纣有臣亿万人，亦有亿万之心。武王有臣三千而一心。"故纣以亿万之心亡，武王以一心存。故有国之君，苟不能同人心，一国威，齐士义，通上之治以为下法，则虽有广地众民，犹不能以为安也。君失其道，则大臣比权重以相举于国，小臣必循利以相就也。故举国之士以为亡党，行公道以为私惠，进则相推于君，退则相誉于民；各便其身而忘社稷，以广其居；聚徒威君，上以蔽君，下以索民。此皆弱君乱国之道也，故国之危也。

乱国之道，易国之常，赐赏恣于己者，圣王之禁也。

擅国权以深索于民者，圣王之禁也。

其身无任于上者，圣王之禁也。

进则受禄于君，退则藏禄于室，毋事治职，但力事属私，王官私，君事去，非其人，而人私行者，圣王之禁也。

修行则不以亲为本，治事则不以官为主，举无能，进无功者，圣王之禁也。

交人则以为己赐，举人则以为己劳，仕人则与分其禄者，圣王之禁也。

交于利通，而获于贫穷，轻取于其民，而重致于其君，削上以附下，枉法以求于民者，圣王之禁也。

用不称其人，家富于其列，其禄甚寡，而资财甚多者，圣王之禁也。

拂世以为行，非上以为名，常反上之法制，以成群于国者，圣王之禁也。

饰于贫穷，而废于勤劳，权于贫贱，身无职事，家无常姓[4]，列上下之间，议言为民者，圣王之禁也。

壶士以为亡资，修田以为亡本，则生之养私不死，然后失矫以深，与上为市者，圣王之禁也。

审饰小节以示民，时言大事以动上，远交以逾群，假爵以临朝者，圣王之禁也。

卑身杂处，隐行辟倚，侧入迎远，遁上而遁民者，圣王之禁也。

诡俗异礼，大言法行，难其所为，而高自措者，圣王之禁也。

守委闲居，博分以致众，勤身遂行，说人以货财，济人以买誉，其身甚静，而使人求者，圣王之禁也。

行辟而坚，而诡而辩，术非而博，顺恶而泽者，圣王之禁也。

以朋党为友，以蔽恶为仁，以数变为智，以重敛为忠，以遂忿为勇者，圣王之禁也。

固国之本，其身务往于上，深附于诸侯者，圣王之禁也。

圣王之身，治世之时，德行必有所是，道义必有所明。故士莫敢诡俗异礼，以自见于国，莫敢布惠缓行，修上下之交，以和亲于民。故莫敢超等逾官，渔利苏功，以取顺其君。圣王之治民也，进则使无由得其所利，退则使无由避其所害，必使反乎安其位，乐其群，务其职，荣其名，而后止矣。故逾其官而离其群者，必使有害；不能其事而失其职者，必使有耻。是故圣王之教民也，以仁措之，以耻使之，修其能，致其所成而止。故曰：绝⑤而定，静而治，安而尊，举措而不变者，圣王之道也。

【注释】

①故下与官列法，而上与君分威：下，指庶人；上，指权臣；列，即分。

②受之者衰：继承君位者无德，使社稷渐衰。

③则大臣之赘下而射人心者必多矣：越职行恩叫赘。君既失德，则人臣必然作福作威，以收买人心，使人心归己。

④家无常姓：姓，即生。

⑤绝：弃绝邪僻。

霸　言

霸王之形：象天则地，化人易代，创制天下，等列诸侯，宾属四海①，时匡天下；大国小之，曲国正之，强国弱之，重国轻之，乱国并之，暴王残之。戮其罪，卑其列，维其民，然后王之。夫丰国之谓霸，兼正其国之谓王。夫王者有所独明。德共者不取也，道同者不王也。夫争天下者，以威易危，暴王之常也。君人者有道，霸王者有时。国修而邻国无道，霸王之资也。夫国之存也，邻国有焉；国之亡也，邻国有焉。邻国有事，邻国得焉；邻国有事，邻国亡焉。天下有事，则圣王利也；国危，则圣人知矣。夫先王所以王者，资邻国之举不当也。举而不当，此邻敌之所以得意也。

　　夫欲用天下之权者，必先布德诸侯。是故先王有所取，有所与，有所诎，有所信，然后能用天下之权。夫兵幸于权，权幸于地。故诸侯之得地利者，权从之；失地利者，权去之。夫急天下者，必先争人。明大数者得人，审小计者失人。得天下之众者王，得其半者霸。是故圣王卑礼以下天下之贤而王之，均分以钧天下之众而臣之。故贵为天子，富有天下，而伐不恋爱贪者，其大计存也。以天下之财，利天下之人；以明威之振，合天下之权；以遂德之行，结诸侯之亲，以奸佞之罪，刑天下之心；因天下之威，以广明王之伐；攻逆乱之国，赏有功之劳；封贤圣之德，明一人之行，而百姓定矣。夫先王取天下也术，术乎大德哉，物利之谓也[2]。夫使国常无患，而名利并至者，神圣也；国在危亡，而能寿者，明圣也。是故先王之所师者，神圣也；其所赏者，明圣也。夫一言而寿国，不听而国亡，若此者，大圣之言也。夫明王之所轻者，马与玉；其所重者，政与军。若失主不然，轻与人政，而重予人马；轻与人军，而重与人玉；重宫门之营，而轻四境之守，所以削也。

　　夫权者，神圣之所资也；独明者，天下之利器也；独断者，微密之营垒也。此三者，圣人之所则也。圣人畏微，而愚人畏明；圣人之憎恶也内，愚人之憎恶也外；圣人将动必知，愚人至危易辞。圣人能辅时，不能违时。智者善谋，不如当时。精时者，日少而功多。夫谋无主则困，事无备则废。是以圣王务具其备，而慎守其时，以备待时，以时兴事，时至而举兵。绝坚而攻国[3]，破大而制地，大本而小标[4]，全近而攻远[5]。以大牵小，以强使弱，以众致寡，德利百姓，威振天下；令行诸侯而不拂，近无不服，远无不听。夫明王为天下正理也。按强助弱，围暴止贪，存亡定危，继绝世，此天下之所载也，诸侯之所与也，百姓之所利也。是故天下王之。知盖天下，继最一世[6]，材振四海，王之佐也。

　　千乘之国得其守，诸侯可得而臣，天下可得而有也。万乘之国失其守，国非其国也。天下皆理已独乱，国非其国也；侯皆令己独孤，国非其国也；

邻国皆险己独易，国非其国也。此三者，亡国之征也。夫国大而政小者，国从其政；国小而政大者，国益大。大而不为者复小，强而不理者复弱，众而不理者复寡，贵而无礼者复贱，重而凌节者复轻，富有骄肆者复贫。故观国者观君，观军者观将，观备者观野。其君如明而非明也，其将如贤而非贤也，其人如耕者而非耕也，三守既失，国非其国也。地大而不为，命曰土满；人众而不理，命曰人满；兵威而不止，命曰武满。三满而不止，国非其国也。地大而不耕，非其地也；卿贵而不臣，非其卿也；人众而不亲，非其人也。

夫无土而欲富者忧，无德而欲王者危，施薄而求厚者孤。夫上夹而下苴⑦，国小而都大者弑。主尊臣卑，上威不敬，令行人服，理之至也。使天下两天子，天下不可理也；一国而两君，一国不可理也；一家而两父，家不可理也。夫令不高不行，不抟不听。尧、舜之人，非生而理也；桀、纣之人，非生而乱也。故理乱在上也。夫霸王之所始也，以人为本。本理则国固，本乱则国危。故上明则下敬，政平则人安，士教和则兵胜敌，使能则百事理，亲仁则上不危，任贤则诸侯服。

霸王之形，德义胜之，智谋胜之，兵战胜之，地形胜之，动作胜之，故王也。夫善用国者，因大国之重，以其势小之；因强国之权，以其势弱之；因重国之形，以其势轻之。强国众，合强以攻弱，以图霸；强国少。合小以攻大，以图王。强国众，而言王势者，愚人之智也；强国少，而施霸道者，败事之谋也。夫神圣视天下之形，知动静之时；视先后之称，知福祸之门。强国众，先举者危，后举者利；强国少，先举者王，后举者亡。战国众，后举可以霸；战国少，先举可以王。

夫王者之心，方而不最，列不让贤，贤不齿弟择众，是贪大物也⑧。是以王之形，大也。夫先王之争天下也以方心，其立之也以整齐，其理之也以平易。立政出令用人道⑨，施爵禄用地道⑩，举大事用天道⑪。是故先王之伐也，伐逆不伐顺，伐险不伐易，伐过不伐及。四封之内，以正使之；诸侯之会，以权致之。近而不服者，以地患之⑫；远而不听者，以刑危之。一而伐之⑬，武也；服而舍之，文也；文武具满，德也。

夫轻重强弱之形，诸侯合则强，孤则弱。骥之材，而百马伐之，骥必罢矣。强最一代，而天下共之，国必弱矣。强国得之也以收小，其失之也以恃强；小国得之也以制节，其失之也以离强。夫国小大有谋，强弱有形。服近而强远，王国之形也；合小以攻大，敌国之形也；以负海攻负海⑭，中国之形也；折节事强以避罪，小国之形也。自古以至今，未尝有先能作难，违时易形，以立功名者；无有常先作难，违时易形，无不败者也。夫欲臣伐君，正四海者，不可以兵独攻而取也。必先定谋虑，便地形，利权称，亲与国，视时而动，王者之术也。夫先王之伐也，举之必义，用之必暴，相形⑮而知可，量力而知攻，攻得而知时。是故先王之伐也，必先战而后攻，先攻而后取地。故善攻者，料众以攻众，料食以攻食，料备以攻备。以众攻众，众存不攻；以食攻食，食存不攻；以备攻备，备存不攻。释实而攻虚，释坚而攻脆⑯，释难而攻易。

夫抟国不在敦古，理世不在善攻，霸王不在成曲。夫举失而国危，形过而权倒，谋易而祸反，计得而强信⑰，功得而名从，权重而令行，固其数也。

夫争强之国，必先争谋，争刑，争权。令人主一喜一怒者，谋也；令国一轻一重者，刑也；令兵一进一退者，权也。故精于谋，则人主之愿可得，而令可行也；精于刑，则大国之地可夺，强国之兵可围也；精于权，则天下之兵可齐，诸侯之君可朝也。夫神圣视天下之刑，知世之谋，知兵之所攻，知地之所归，知令之所加矣。夫兵攻所憎而利之，此领国之所不亲也。权动所恶，而实寡归者强⑱；擅破一国，强在后世者王；擅破一国，强在邻国者亡。

【注释】

①宾属四海：宾礼四夷，以恩属之。

②术乎大德哉，物利之谓也：术可以取天下，故曰大德。然术之所归，在于令物得利。

③绝坚而攻国：其兵超绝而又坚利，故能攻国。

④大本而小标：标，末。本大而末小，则难崩。

⑤全近而攻远：所全之地近，故能攻，远而有归，若高光之有关中、河内也。

⑥继最一世：其继败续亡，能成天下之功。

⑦夫上夹而下苴：苴，包裹。上既狭，故为下所包。

⑧方而不最，列不让贤，贤不齿弟择众，是贪大物也：心虽方直，未为其最。虽列爵位，不让贤俊。虽称为贤，无优劣齿弟，又非选众而举。弟，同"第"；

大物，谓大宝之位。

⑨用人道：须合人心。

⑩用地道：地道平而无私。

⑪用天道：心应天时。

⑫以地患之：侵削其地则自服。

⑬一而伐之：守一不移，兴师伐之。

⑭以负海攻负海：谓以蛮夷攻蛮夷。

⑮相形：谓相其乱亡之形。

⑯膬：同"脆"，脆弱。

⑰信：通"伸"，伸张。

⑱权动所恶，而实寡归者强：其威权既动移所恶，而德义之实，少为人所归。如此但强而已，不能至霸王。

任 法

圣君任法而不任智，任数而不任说，任公而不任私，任大道而不任小物，然后身佚而天下治。失君则不然，舍法而任智，故民舍事而好誉；舍数而任说，故民舍实而好言；舍公而好私，故民离法而妄行；舍大道而任小物，故上劳烦，百姓迷惑，而国家不治。圣君则不然，守道要，处佚乐，驰骋弋猎，钟鼓竽瑟，宫中之乐，无禁圉也。不思不虑，不忧不图，利身体，便形躯，养寿命，垂拱而天下治。是故人主有能用其道者，不事心，不劳意，不动力，而土地自辟，囷仓自实，蓄积自多，甲兵自强，群臣无诈伪，百官无奸邪，奇术技艺之人，莫敢高言孟行，以过其情，以遇其主矣。

昔者尧之治天下也，犹埴之在埏①也，唯陶之所以为；犹金之在炉，恣冶之所以铸。其民引之而来，推之而往，使之而成，禁之而止。故尧之治也，善明法禁之令而已矣。黄帝之治天下也，其民不引而来，不推而往，不使而成，不禁而止。故黄帝之治也，置法而不变，使民安其法者也。

所谓仁义礼乐者，皆出于法。此先圣之所以一民者也。《周书》曰："国法法不一，则有国者不祥；民不道法，则不祥；国更立法以典民，则不祥；群臣不用礼义教训，则不祥；百官服事者离法而治，则不祥。"

故曰：法者不可恒也，存亡治乱之所从出，圣君所以为天下大仪也。君臣上下贵贱皆发焉，故曰法。

古之法也，世无请谒任举之人，无间识博学辩说之士，无伟服，无奇行，皆囊于法以事其主。故明王之所恒者二：一曰明法而固守之，二曰禁民私而收使之。此二者，主之所恒也。夫法者，上之所以一民使下也；私者，下之所以侵法乱主也。故圣君置仪设法而固守之，然故谋杵习士闻识博学之人，不可乱也；众强富贵私勇者，不能侵也；信近亲爱者，不能离也；珍怪奇物，不能惑也；万物百事非在法之中者，不能动也。故法者，天下之至道也，圣君之实用也。

今天下则不然，皆有善法而不能守也。然故谋杵习士闻识博学之士，能以其智乱法惑上；众强富贵私勇者，能以其威犯法侵陵；邻国诸侯，能以其权置子立相；大臣能以其私附百姓，翦公财以禄私士。凡如是而求法之行，国之治，不可得也。

圣君则不然，卿相不得翦其私，群臣不得辟其所亲爱，圣君亦明其法而固守之，群臣修通辐辏以事其主，百姓辑睦听令道法以从其事。故曰：有生法，有守法，有法于法。夫生法者，君也；守法者，臣也；法于法者，民也。君臣上下贵贱皆从法，此谓为大治。

故主有三术。夫爱人不私赏也，恶人不私罚也，置仪设法以度量断者，上主也；爱人而私赏之，恶人而私罚之，倍大臣，离左右，专以其心断者，中主也；臣有所爱而为私赏之，有所恶而为私罚之，倍其公法，损其正心，专听其大臣者，危主也。故为人主者，不重爱人，不重恶人。重爱曰失德，重恶曰失威。威德皆失，则主危也。

故明王之所操者六：生之、杀之、富之、贫之、贵之、贱之。此六柄者，主之所操也。主之所处者四：一曰文，二曰武，三曰威，四曰德。此四位者，主之所处也。藉人以其所操，命曰夺柄；藉人以其所处，命曰失位。夺柄失位，而求令之行，不可得也。法不平，令不全，是亦夺柄失位之道也。故有为枉法，有为毁令，此圣君之所以自禁也。故贵不能威，富不能禄，贱不能事，近不能亲，美不能淫也。植固而不动，奇邪乃恐，奇革而邪化，令往而民移。故圣君失度量，置仪法②，如天地之坚，如列星之固，如日月之明，如四时之信，然故令往而民从之。而失君则不然，法立而还废之，令出而后反之，枉法而从私，毁令而不全。是贵能威之，富能禄之，贱能事之，近能亲之，美能淫之也。此五者不禁于身，是以群臣百姓，人挟其私而幸其主。彼幸而得之，则主日侵；彼幸而不得，则怨日产。夫日侵而产怨，此失君之所慎也。

凡为主而不得用其法，不适其意，顾臣而行，离法而听贵臣，此所谓贵而威之也。富人用金玉事主而求焉，主离法而听之，此所谓富而禄之也。贱人以服约③卑敬悲色告诉其主，主因离法而听之，所谓贱而事之也。近者以逼近亲爱有求其主，主因离法而听之，此所谓近而亲之也。美者以巧言令色请其主，主因离法而听之，此所谓美而淫之也。

治世则不然，不知亲疏、远近、贵贱、美恶，以度量断之。其杀戮人者不怨也，其赏赐人者不德也，以法制行之，如天地之无私也。是以官无私论，士无私义，民无私说，皆虚其匈④以听于上。上以公正论，以法制断，故任天下而不重也。今乱君则不然，有私视也，故有不见也；有私听也，故有不闻也；有私虑也，故有不知也。夫私者，壅蔽失位之道也。上舍公法而听私说，故群臣百姓，皆设私立方以教于国，群党比周以立其私，请谒任举以乱公法，人用其心以幸于上。上无度量以禁之，是以私说日益，而公法日损，国之不治从此产矣。

夫君臣者，天地之位也；民者，众物之象也。各立其所职以待君令，群臣百姓安得各用其心而立私乎？故遵主仅而行之，虽有伤败，无罚；非主令而行之，虽有功利，罪死。然故下之事上也，如响之应声也；臣之事主也，如影之从形也。故上令而下应，主行而臣从，此治之道也。夫非主令而行，有功利，因赏之，是教妄举也；遵主令而行之，有伤败，而罚之，是使民虑利害而离法也。群臣百姓人虑利害，而以其私心举措，则法制毁而令不行矣。

【注释】

①埏：和黏土，引申为制陶器的模型。

②故圣君失度量，置仪法：失字当作以。谓圣君以度量置仪法。

③服约：谓屈服隐约。

④匈：匈，通"胸"，胸臆。

禁　藏

禁藏于胸协之内，而祸避于万里之外。能以此制彼者，唯能以己知人者也。夫冬日之不滥，非爱冰也；夏日之不炀，非爱火也，为不适于身、便于体也。夫明王不美宫室，非喜小也；不听钟鼓，非恶乐也，为其伤于本事而妨于教也。故先慎于己而后彼，官亦慎内而后外，民亦务本而去末。

居民于其所乐，事之于其所利，赏之于其所善，罚之于其所恶，信之于其所余财，功之于其所无诛。于下无诛者，必诛者也；有诛者，不必诛者也。以有刑至无刑者，其法易而民全；以无刑至有刑者，其刑繁而奸多。夫先易者后难，先难而后易，万物尽然。明王知其然，故必诛而不赦，必赏而不迁者，非喜予而乐其杀也，所以为人致利除害也。于以养老长弱，完活万民，莫明焉。

夫不法法则治。法者天下之仪也，所以决疑而明是非也，百姓所县命也。故明王慎之，不为亲戚故贵易其法，吏不敢以长官威严危其命，民不以珠玉重宝犯其禁。故主上视法严于亲戚，吏之举令敬于师长，民之承教重于神宝。故法立而不用，刑设而不行也。夫施功而不钧，位虽高，为用者少；赦罪而不一，德虽厚，不誉者多；举事而不时，力虽尽，其功不成；刑赏不当，断斩虽多，其暴不禁。夫公之所加，罪虽重，下无怨乞；私之所加，赏虽多，士不为欢。行法不道，众民不能顺；举错不当，众民不能成；不攻不备，当今为愚人。

故圣人之制事也，能节宫室、适车舆以实藏，则国必富，位必尊；能适衣服、去玩好以奉本，而用必赡，身必安矣；能移无益之事、无补之费，通弊行礼，而党必多，交必亲矣。夫众人者多营于物，而苦其力、劳其心，故困而不赡，大者以失其国，小者以危其身。凡人之情，得所欲则乐，逢所恶则忧，此贵贱之所同有也。近之不能勿欲，远之不能勿忘，人情皆然。而好恶不同，各得所欲，而安危异焉，然后贤不肖之形见也。夫物有多寡，而情不能等；事有成败，而意不能同；行有进退，而力不能两也。故立身于中，养有节。宫室足以避燥湿，饮食足以和血气，衣服足以适寒温，礼仪足以别贵贱，游虞足以发欢欣，棺椁足以朽骨，衣衾足以朽肉，坟墓足以道记。不作无补之功，不为无益之事，故意定而不营气情。气情不营，则耳目谷，衣食足；耳目谷，衣食足，则侵争不生，怨怒无有，上下相亲，兵刃不用矣。故适身行义，俭约恭敬，其唯无福，祸亦不来矣；骄傲侈泰，离度绝理，其唯无祸，福亦不至矣。是故君子上观绝理者以自恐也，下观不及者以自隐也。故曰：誉不虚出，而患不独生；福不择家，祸不索人，此之谓也。能以所闻瞻察，则事必明矣。

故凡治乱之情，皆道①上始。故善者围之以害，牵之以利。能以利害者，财多而过寡矣。夫凡人之情，见利莫能勿就，见害莫能勿避。其商人通贾，倍道兼行，夜以续日，千里而不远者，利在前也。渔人之入海，海深万仞，就彼逆流，乘危百里，宿夜不出者，利在水也。故利之所在，虽千仞之山无所不上，深源之下，无所不入焉。故善者势利之在，而民自美安；不推而往，不引而来，不烦不扰，而民自富。如乌之覆卵，无形无声，而唯见其成。

夫为国之本，得天之时而为经，得人之心而为纪，法令为维纲，吏为网罟，什伍以为行列，赏诛为文武；缮农具当器械，耕农当攻战，推引铫耨以当剑戟，被蓑以当铠镶，苴笠以当盾橹。故耕器具则战器备，农事习则攻战巧矣。当春三月，萩室熯造②，钻燧易火，杼井易水，所以去兹毒也。举春祭，塞久祷，以鱼为牲，以蘖为酒相召③，所以属亲戚也。毋杀畜生，毋拊卵，毋伐木，毋夭英，毋拊竿④，所以息百长也⑤。赐鳏寡，振孤独，贷无种，与无赋，所以劝弱民也。发五正⑥，赦薄罪，出拘民，解仇雠，所以建时功施生谷也。夏赏五德⑦，满爵禄，迁官位，礼孝弟，复贤力，所以劝功也。秋行五刑⑧，诛大罪，所以禁淫邪、止盗贼也。冬收五藏⑨，最⑩万物，所以内作民也。四时事备，而民功百倍矣。故春仁夏忠，秋急冬闭，顺天之时，约地之宜，忠人之和。故风雨时，五谷实，草木美多，六畜蕃息，国富兵强，民材而令行，内无烦扰之政，外无强敌之患也。

夫动静顺然后和也，不失其时然后富，不失其法然后治。故国不虚富，民不虚治。不治而昌，不乱而亡者，自古至今，未尝有也。故国多私勇者，其兵弱；吏多私智者，其法乱；民多私利者，其国贫。故德莫若博厚，使民死之；赏罚莫若必成，使民信之。

夫善牧民者，非以城郭也，辅之以什，司之以伍。伍无非其人，人无非其里，里无非其家。故奔亡者无所匿，迁徙者无所容，不求而约，不召而来。故民无流亡之意，吏无备追之忧。故主政可往于民，民心可系于主。夫法之制民也，犹陶之于埴，冶之于金也。故审利害之所在，民之去就，如火之于燥湿，水之于高下。夫民之所生，衣与食也；食之所生，水与土也。所以富民有要，食民有率，率三十亩而足于卒岁。岁兼美恶，亩取一石，则人有三十石；果瓜素食当十石，糠穅六畜当十石，则人有五十石。布帛麻丝，旁入奇利，未在其中也。故国有余藏，民有余食。夫叙钧者[11]，所以多寡也；权衡者，所以视重轻也；户籍田结者，所以知贫富之不訾也。故善者必先知其田，乃知其人，田备然后民可足也。

凡有天下者，以情伐者帝，以事伐者王，以政伐者霸。而谋有功者五：一曰，视其所爱，以分其威。一人两心，其内必衰也，臣不用，其国可危。二曰，视其阴所憎，厚其货赂。得情可深，身内情外，其国可知。三曰，听其淫乐，以广其心。遗以竽瑟美人，以塞其内；遗以谄臣文马，以蔽其外。外内蔽塞，可以成败。四曰，必深亲之，如典之同生[12]。阴内辩士，使图其计；内勇士，使高其气。内人他国，使倍其约，绝其使，拂其意。是必士斗。两国相敌，必承其弊。五曰，深察其谋，谨其忠臣，揆其所使，令内不信，使有离意。离气不能令，必内自贼。忠臣已死，故政可夺。此五者，谋功之道也。

【注释】

①道：从。

②菽室煤造：房云："三月之时，阳气盛发，易生温疫。以辟毒气，故烧之于新造之室，以禳祓也。"

③相召：谓因此时召亲宾。

④毋拊竿：竿，笋之初生。

⑤所以息百长也：用以生息万物之长。

⑥五正：五官之长。

⑦五德：以五行之德为王者受命之运。

⑧五刑：古以墨、劓、宫、大辟等为五刑。

⑨五藏：藏黍、秫、菽、麦、稻。

⑩最：积聚。

⑪夫叙钧者：叙钧，谓叙比其钧平。

⑫如典之同生：典：常。

《列子》精华

【著录】

　　《列子》一书，又名《冲虚真经》或《冲虚至德真经》。相传系周列御寇所撰，八篇。列御寇亦作列圄寇、列圉寇。郑人，生活于战国时代，先于庄子。其学本于黄帝、老子，主张清虚无为，顺其自然，事迹多见于《庄子》。原书早佚，今本八篇，晋张湛作序，自称永嘉乱后，搜集各家藏书，进行参校，始得全备。

　　全书贯串"贵虚"思想，宣扬生异死同，性交逸；反对身交苦，守名累实。既宣扬天道自会，天道自运，又宣扬死生自命，贫穷自时，全生去物。多附会先秦诸子之名，而并不忠实于先秦诸子思想之原貌，既有汉代人之言论，又夹杂两晋佛教思想、民间故事、寓言和神话传说，可能系晋人托名伪作。

　　《列子》最早的注本为东晋张湛《列子注》。张注之后，又有唐人殷敬顺撰《列子释文》。今人杨伯峻先生有《列子集释》，是目前最为完备的本子。另外，严北溟、严捷有《列子译注》，该书注释简明精当，译文严谨准确，是研究《列子》的一部重要的参考书。

周穆王

　　周穆王时，西极之国有化人来。入水火，贯金石；反山川，移城邑；乘虚不坠，触实不碍；千变万化，不可穷极；既已变物之形，又且易人之虑。穆王敬之若神，事之若君；推路寝以居之，引三牲以进之，选女乐以娱之。化人以为王之宫室卑陋而不可处，王之厨馔腥蝼而不可飨，王之嫔御膻恶而不可亲。穆王乃为之改筑，土木之功，赭垩之色，无遗巧焉。五府为虚，而台始成。其高千仞，临终南之上，号曰中天之台。简郑卫之处子娥媌靡曼者，施芳泽，正蛾眉，设笄珥，衣阿锡，曳齐纨，粉白黛黑，佩玉环，杂芷若①以满之，奏《承云》《六莹》《九韶》《晨露》②以乐之。月月献玉衣，旦旦荐玉食。化人犹不舍然，不得已而临之。

居亡几何，谒王同游。王执化人之袪，腾而上者，中天乃止，暨及化人之宫。化人之宫，构以金银，络以珠玉；出云雨之上，而不知下之据，望之若屯云焉。耳目所观听，鼻口所纳尝，皆非人间之有。王实以为清都、紫微③、钧天、广乐④，帝之所居。王俯而视之，其宫榭若累块积苏焉。王自以居数十年不思其国也。化人复谒王同游，所及之处，仰不见日月，俯不见河海。光影所照，王目眩不能得视；音响所来，王耳乱不能得听。百骸六脏，悸而不凝。意迷精丧，请化人求还。化人移之，王若殒虚焉。

既寤，所坐犹向者之处，侍御犹向者之人。视其前，则酒未清，肴未晞。王问所从来，左右曰："王默存耳。"由此穆王自失者三月而复。更问化人，化人曰："吾与王神游也，形奚动哉？且曩之所居，奚异王之宫？曩之所游，奚异王之圃？王闲恒有，疑暂亡。变化之极，疾徐之间，可尽模哉？"

王大悦。不恤国事，不乐臣妾，肆意远游。命驾八骏⑤之乘，右服⑥骅骝而左绿耳，右骖⑦赤骥而左白牺，穆王主车，则造父⑧为御，窝答⑨为右；次车之乘，右服渠黄而左逾轮，左骖盗骊而右山子，柏夭⑩主车，参百⑪为御，奔戎⑫为右。驰驱千里，至于巨搜氏之国。巨搜氏乃献白鹄之血以饮王，具牛马之湩以洗王之足，及二乘之人。已饮而行，遂宿于昆仑之阿、赤水⑬之阳。别日升于昆仑之丘，以观黄帝之宫，而封之以诒后世。遂宾于西王母⑭，觞于瑶池之上，西王母为王谣，王和之，其辞哀焉。西观日之所入，一日行万里。王乃叹曰："於乎！予一人不盈于德而谐于乐，后世其追数吾过乎！"穆王几神人哉！能穷当身之乐，犹百年乃徂，世以为登假焉。

老成子⑮学幻于尹文⑯先生，三年不告，老成子请其过而求退，尹文先生揖而进之于室。屏左右而与之言曰："昔老聃之徂西也，顾而告余曰：有生之气，有形之状，尽幻也。造化之所始，阴阳之所变者，谓之生，谓之死。穷数达变，因形移易者，谓之化，谓之幻。造物者其巧妙，其功深，固难穷难终。因形者其巧显，其功浅，故随起随灭。知幻化之不异生死也，始可与学幻矣。吾与汝亦幻也，奚须学哉？"老成子归，用尹文先生之言，深思三月，遂能存亡自在，幡校四时；冬起雷，夏造冰；飞者走，走者飞。终身不著其术，故世莫传焉。子列子曰："善为化者，其道密用。其功同人。五帝[17]之德，三王[18]之功，未必尽智勇之力，或由化而成，孰测之哉？"

觉有八征，梦有六候。奚谓八征？一曰故，二曰为，三曰得，四曰丧，五曰哀，六曰乐，七曰生，八曰死。此八征者，形所接也。奚为六候？一曰正梦，二曰蘁梦，三曰思梦，四曰寤梦，五曰喜梦，六曰惧梦。此六者，神所交也。不识感变之所起者，事至则惑其所由然；识感变之所起者，事至则知其所由然。知其所由然，则无所怛。一体之盈虚消息，皆通于天地，应于物类。故阴气壮，则梦涉大水而恐惧；阳气壮，则梦涉大火而燔爇；阴阳俱壮，则梦生杀。甚饱则梦与，甚饿则梦取。是以以浮虚为疾者，则梦扬；以沉实为疾者，则梦溺。藉带而寝则梦蛇，飞鸟衔发则梦飞。将阴梦火，将疾梦食。饮酒者忧，歌舞者哭。子列子曰："神遇为梦，形接为事。故昼想夜梦，神形所遇。故神凝者，想梦自消。信觉不语，信梦不达，物化之往来者也。古之真人，其觉自忘，其寝不梦，几虚语哉？

西极之南隅有国焉，不知境界之所接，名古莽之国[19]。阴阳之气所不交，故寒暑亡辨；日月之光所不照，故昼夜亡辨。其民不食不衣而多眠，五旬一觉，以梦中所为者实，觉之所见者妄。四海之脐谓中央之国[20]，跨河南北，越岱东西，万有余里。其阴阳之审度，故一寒一暑；昏明之分察，故一昼一夜。其民有智有愚。万物滋殖，才艺多方。有君臣相临，礼法相持。其所云为不可称计。一觉一寐，以为觉之所为者实，梦之所见者妄。东极之北隅，有国曰阜落之国[21]。其士气常燠，日月余光之照，其土不生嘉苗。其民食草根木实，不知火食，性刚悍，强弱相藉，贵胜而不尚义；多驰步，少休息，常觉而不眠。

周之尹氏大治产，其下趣役者，侵晨昏而不息。有老役夫，筋力竭矣，而使之弥勤。昼则呻呼而即事，夜则昏惫而熟寐。精神荒散，昔昔梦为国君。居人民之上，总一国之事，游燕宫观，恣意所欲，其乐无比，觉则复役。人有慰喻其勤者，役夫曰："人生百年，昼夜各分。吾昼为仆虏，苦则苦矣；夜为人君，其乐无比。何所怨哉？"尹氏心营世事，虑钟家业，心形俱疲，夜亦昏惫而寐。昔昔梦为人仆，趋走作役，无不为也；数骂杖挞，无不至也。

眠中嗜呓呻呼，彻旦息焉。尹氏病之，以访其友。友曰："若位足荣身，资财有余，胜人远矣。夜梦为仆，苦逸之复，数之常也。若欲觉梦兼之，岂可得邪？"尹氏闻其友言，宽其役夫之程，减己思虑之事，疾并少间。

郑人有薪于野者，遇骇鹿，御而击之，毙之。恐人见之也，遽而藏诸隍中，覆之以薪，不胜其喜。俄而遗其所藏之处，遂以为梦焉，顺途而咏其事。旁人有闻者，用其言而取之。既归，告其室人曰："向薪者梦得鹿而不知其处，吾今得之，彼直真梦矣。"室人曰："若将是梦见薪者之得鹿邪？讵有薪者邪？今真得鹿，是若之梦真邪？"夫曰："吾据得鹿，何用知彼梦我梦邪？"薪者之归，不厌失鹿，其夜真梦藏之之处，又梦得之之主。爽旦，案所梦而寻得之。遂讼而争之，归之士师。士师曰："若初真得鹿，妄谓之梦；真梦得鹿，妄谓之实。彼真取若鹿，而若与争鹿。室人又谓梦认人鹿，无人得鹿，今据有此鹿，请二分之。"以闻郑君，郑君曰："嘻！士师将复梦分人鹿乎？"访之国相，国相曰："梦与不梦，臣所不能辨也。欲辨觉梦，唯黄帝、孔丘。今亡黄帝、孔丘，孰辨之哉？且循士师之言可也。"

宋阳里华子[22]中年病忘，朝取而夕忘，夕与而朝忘；在途则忘行，在室则忘坐；今不识先，后不识今。阖室毒之。谒史而卜之，弗占；谒巫而祷之，弗禁；谒医而攻之，弗已。鲁有儒生自媒能治之，华子之妻子以居产之半请其方。儒生曰："此固非卦兆之所占，非祈请之所祷，非药石之所攻，吾试化其心，变其虑，庶几其瘳乎！"于是试露之，而求衣；饥之，而求食；幽之，而求明。儒生欣然告其子曰："疾可已也。然吾之方密，传世不以告人。试屏左右，独与居室七日。"从之。莫知其所施为也，而积年之疾一朝都除，华子既悟，乃大怒，黜妻罚子，操戈逐儒生，宋人执而问其以。华子曰："曩吾忘也，荡荡然不知天地之有无。今顿识既往，数十年来存亡、得失、哀乐、好恶之乱吾心如此也，须臾之忘，可复得乎？"子贡闻而怪之，以告孔子。孔子曰："此非汝所及乎！"顾谓颜回记之。

秦人逢氏有子，少而惠，及壮而有迷罔之疾。闻歌以为哭，视白以为黑，飨香以为朽，尝甘以为苦，行非以为是。意之所之，天地、四方、水火、寒暑，无不倒错者焉。杨氏告其父曰："鲁之君子多术艺，将能已乎？汝奚不访焉？"其父之鲁，过陈，遇老聃，因告其子之证，老聃曰："汝庸知汝子之迷乎？今天下之人皆惑于是非，昏于利害。同疾者多，故莫有觉者。且一身之迷，不足倾一家；一家之迷，不足倾一乡；一乡之迷，不足倾一国；一国之迷，不足倾天下。天下尽迷，孰倾之哉？向使天下之人其心尽如汝子，汝则反迷矣。哀乐、声色、臭味、是非，孰能正之？且吾之言，未必非迷，况鲁之君子迷之尤者，焉能解人之迷哉？嬴汝之粮，不若遄归也。"

燕人生于燕，长于楚，及老而还本国。过晋国，同行者诳之，指城曰："此燕国之城。"其人愀然变容。指社曰："此若里之社。"乃喟然而叹。指舍曰："此若先人之庐。"乃涓然而泣。指垅曰："此若先人之冢。"其人哭不自禁。同行者哑然大笑，曰："予昔绐若，此晋国耳。"其人大惭。及至燕，真见燕国之城社，真见先人之庐冢，悲心更微。

【注释】

①芷若：芷，即白芷，香草名；若，即杜若，香草名。

②《承云》《六莹》《九韶》《晨露》：均为传说中的古代名曲。

③清都、紫微：神话传说中天帝居住的地方。

④均天、广乐：神话传说中天上的音乐。

⑤八骏：传说中周穆王的八匹名马，即"赤骥、盗骊、白牺、逾轮、山子、渠黄、骅骝、绿耳。"

⑥服：古代一车驾四马，居中的两匹叫服。

⑦骖：古时一车驾四马，两旁的两匹叫骖。

⑧造父：古时善于驾驭马车的人。

⑨蒿蓬：周穆王时善于驾驭马车的人。

⑩柏夭，古时善于驾驭马车的人。

⑪参百，古时善于驾驭马车的人。

⑫奔戎，古时善于驾驭马车的人。

⑬赤水：虚构的大河。

⑭西王母：神话人物，民间称之为"王母娘娘"。

⑮老成子：战国时宋国人。

⑯尹文：战国时哲学家。

⑰五帝：传说中上古的五位帝王，一般指黄帝、颛帝、帝喾、唐尧、虞舜。

⑱三王：指夏禹、商汤、周文王。

⑲古莽之国：虚构的国名。

⑳中央之国：即广义的中国。

㉑阜落之国：虚构的国名。

㉒阳里华子：虚构的人物。

说　符

子列子学于壶丘子林。壶丘子林曰："子知持后，则可言持身矣。"列子曰："愿闻持后。"曰："顾若影，则知之。"列子顾而观影：形枉则影曲，形直则影正。然则枉直随形而不在影，屈伸任物而不在我。此之谓持后而处先。

关尹谓子列子曰："言美则响美，言恶则响恶；身长则影长，身短则影短。名也者，响也；身也者，影也。故曰：慎尔言，将有和之；慎尔行，将有随之。是故圣人见出以知入，观往以知来，此其所以先知之理也。度在身，稽在人。人爱我，我必爱之；人恶我，我必恶之。汤、武爱天下，故王；桀、纣恶天下，故亡，此所稽也。稽度皆明而不道也，譬之出不由门，行不从径也。以是求利，不亦难乎？尝观之神农、有炎之德，稽之虞、夏、商、周之书，度诸法士贤人之言，所以存亡废兴而不由此道者，未之有也。"

严恢曰："所为问道者为富。今得珠，亦富矣，安用道？"子列子曰："桀、纣唯重利而轻道，是以亡。幸哉余未汝语也。人而无义，唯食而已，是鸡狗也。强食靡角①，胜者为制，是禽兽也。为鸡狗禽兽矣，而欲人之尊己，不可得也。人不尊己，则危辱及之矣。"

列子学射中矣，请于关尹子。尹子曰："子知子之所以中者乎？"对曰："弗知也。"关尹子曰："未可。"退而习之。三年，又以报关尹子。尹子曰："子知子之所以中乎？"列子曰："知之矣。"关尹子曰："可矣。守而勿失也。非独射也，为国与身亦皆如之。故圣人不察存亡，而察其所以然。"

列子曰："色盛者骄，力盛者奋，未可以语道也。故不班白语道，失，而况行之乎？故自奋，则人莫之告。人莫之告，则孤而无辅矣。贤者任人，故年老而不衰，智尽而不乱。故治国之难在于知贤，而不在自贤。"

宋人有为其君以玉为楮叶者，三年而成。锋杀茎柯，毫芒繁泽，乱之楮叶中而不可别也。此人遂以巧食宋国。子列子闻之，曰："使天地之生物，三年而成一叶，则物之有叶者寡矣。故圣人恃道化而不恃智巧。"

子列子穷，容貌有饥色。客有言之郑子阳者曰："列御寇盖有道之士也，居君之国而穷，君无乃为不好士乎？"郑子阳即令官遗之粟。子列子出见使者，再拜而辞。使者去，子列子入，其妻怨之而拊心曰："妾闻为有道者之妻子，皆得佚乐。今有饥色，君过而遗先生食，先生不受，岂不命也哉？"子列子笑谓之曰："君非自知我也。以人之言而遗我粟，至其罪我也，又且以人之言，此吾所以不受也。"其卒，民果作难而杀子阳。

鲁施氏有二子，其一好学，其一好兵。好学者以术干齐侯，齐侯纳之，以为诸公子之傅。好兵者之楚，以法干楚王。王悦之，以为军正。禄富其家，爵荣其亲。施氏之邻人孟氏，同有二子，所业亦同，而窘于贫。羡施氏之有，因从请进趋之方。二子以实告孟氏。孟氏之一子之秦，以术干秦王。秦王曰："当今诸侯力争，所务兵食而已。若用仁义治吾国，是灭亡之道。"遂宫而放之。其一子之卫，以法干卫侯。卫侯曰："吾弱国也，而摄乎大国之间。大国吾事之，小国吾抚之，是求安之道。若赖兵权，灭亡可待矣。若全而归之，适于他国，为吾之患不轻矣。"遂刖之，而还诸鲁。既反，孟氏之父子叩胸而让施氏。施氏曰："凡得时者昌，失时者亡。子道与吾同，而功与吾异，失时者也，非行之谬也。且天下理无常是，事无常非。先日所用，今或弃之；今之所弃，后或用之。此用与不用，无定是非也。投隙抵时，应事无方，属乎智。智苟不足，使若博如孔丘，术如吕尚，焉往而不穷哉？"孟氏父子舍然无愠容，曰："吾知之矣，子勿重言！"

晋文公出会，欲伐卫，公子锄仰天而笑。公问何笑，曰："臣笑邻之人有送其妻适私家者，道见桑妇，悦而与言，然顾视其妻，亦有招之者矣。臣窃笑此也。"公悟其言，乃止，引师而还，未至，而有伐其北鄙者矣。

晋国苦盗，有郤雍者，能视盗之貌，察其眉睫之间，而得其情。晋侯使视盗，千百无遗一焉。晋侯大喜，告赵文子曰："吾得一人，而一国盗为尽矣，奚用多为？"文子曰："吾君恃伺察而得盗，盗不尽矣，且郤雍必不得其死焉。"俄而群盗谋曰："吾所穷者郤雍也。"遂共盗而残之。

晋侯闻而大骇，立召文子而告之曰："果如子言，郤雍死矣！然取盗何方？"文子曰："周谚有言：察见渊鱼者不祥，智料隐匿者有殃。且君欲无盗，莫若举贤而任之，使教明于上，化行于下。民有耻心，则何盗之为？"于是用随会知政，而群盗奔秦焉。

孔子自卫反鲁，息驾乎河梁而观焉。有悬水三十仞，圜流九十里，鱼鳖弗能游，鼋鼍弗能居。有一丈夫方将厉之，孔子使人并涯止之，曰："此悬水三十仞，圜流九十里，鱼鳖弗能游，鼋鼍弗能居也。意者难可以济乎？"丈夫不以错意，遂度而出。孔子问之曰："巧乎？有道术乎？所以能入而出者，何也？"丈夫对曰："始吾之入也，先以忠信；及吾之出也，又从以忠信。忠信错吾躯于波流，而吾不敢用私，所以能入而复出者，以此也。"孔子谓弟子曰："二三子识之！水且犹可以忠信诚身亲之，而况人乎？"

白公问孔子曰："人可与微言乎？"孔子不应。白公问曰："若以石投水，何如？"孔子曰："吴之善没者能取之。"曰："若以水投水，何如？"孔子曰："淄渑之合，易牙尝而知之。"白公曰："人固不可与微言乎？"孔子曰："何为不可？唯知言之谓者乎！夫知言之谓者，不以言言也。争鱼者濡，逐兽者趋，非乐之也。故至言去言，至为无为。夫浅知之所争者末矣。"白公不得已，遂死于浴室。

赵襄子使新稚穆子攻翟，胜之，取左人、中人，使遽人来谒之。襄子方食而有忧色，左右曰："一朝而两城下，此人之所喜也。今君有忧色，何也？"襄公曰："夫江河之大也，不过三日；飘风暴雨不终朝，日中不须臾。今赵氏之德行，无所施于积，一朝而两城下，亡其及我哉！"孔子闻之曰："赵氏其昌乎！夫忧者所以为昌也，喜者所以为亡也。胜非其难者也；持之，其难者也。贤主以此持胜，故福及后世。齐、楚、吴、越皆常胜矣，然卒取亡焉，不达乎持胜也。唯有道之主，为能持胜。"孔子之劲，能拓国门之关，而不肯以力闻。墨子为守攻，公输般服，而不肯以兵知。故善持胜者，以强为弱。

宋人有好行仁义者，三世不懈。家无故黑牛生白犊，以问孔子。孔子曰："此吉祥也，以荐上帝。"居一年，其父无故而盲，其牛又复生白犊。其父又复令其子问孔子，其子曰："前问之而失明，又何问乎？"父曰："圣人之言，先迕后合。其事未究，姑复问之。"其子又复问孔子，孔子曰：

"吉祥也。"复教以祭。其子归致命，其父曰："行孔子之言也。"居一年，其子又无故而盲。其后楚攻宋，围其城。民易子而食之，析骸而炊之。丁壮者皆乘城而战，死者大半，此人以父子有疾皆免。及围解，而疾俱复。

宋有兰子②者，以技干宋元，宋元召而使见。其技以双枝，长倍其身，属其胫，并趋并驰，弄七剑迭而跃之，五剑常在空中。元君大惊，立赐金帛。又有兰子又能燕戏者，闻之，复以干元君，元君大怒曰："昔有异技干寡人者，技无庸，适值寡人有欢心，故赐金帛。彼必闻此而进，复望吾赏。"拘而拟戮之，经月乃放。

秦穆公谓伯乐曰："子之年长矣，子姓有可使求马者乎"？伯乐对曰："良马可形容筋骨相也。天下之马者，若灭若没，若亡若失。若此者绝尘弭辙。臣之子皆下才也，可告以良马，不可告以天下之马也。臣有所与共担缠薪菜者，有九方皋，此其于马，非臣之下也。请见之。"穆公见之，使行求马。三月而反，报曰："已得之矣，在沙丘。"穆公曰："何马也？"对曰："牝而黄。"使人往取之，牡而骊。穆公不说，召伯乐而谓之曰："败矣，子所使求马者！色物、牝牡尚弗能知，又何马之能知也？"伯乐喟然太息曰："一至于此乎！是乃其所以千万臣而无数者也。若皋之所观，天机也，得其精而忘其粗，在其内而忘其外；见其所见，不见其所不见；视其所视，而遗其所不视。若皋之相者，乃有贵乎马者也。"马至，果天下之马也。

楚庄王问詹何曰："治国奈何？"詹何对曰："臣明于治身，而不明于治国也。"楚庄王曰："寡人得奉宗庙社稷，愿学所以守之。"詹何对曰："臣未尝闻身治而国乱者，又未尝闻身乱而国治者，故本在身，不敢对以末。"楚王曰："善。"

狐丘丈人谓孙叔敖曰："人有三怨，子知之乎？"孙叔敖曰："何谓也？"对曰："爵高者，人妒之；官大者，主恶之；禄厚者，怨逮之。"孙叔敖曰："吾爵益高，吾志益下；吾官益大，吾心益小；吾禄益厚，吾施益博。以是免于三怨，可乎？"

孙叔敖疾，将死，戒其子曰："王亟封我矣，吾不受也。为我死，王则封汝，汝必无受利地。楚越之间有寝丘者，此地不利，而名甚恶。楚人鬼，而越人机，可长有者唯此也。"孙叔敖死，王果以美地封其子。子辞而不受，请寝三。与之，至今不失。

牛缺者，上地之大儒也。下之邯郸，遇盗于耦沙之中，尽取其衣装车。牛步而去，视之欢然无忧吝之色。盗追而问其故，曰："君子不以所养害其所养。"盗曰："嘻！贤矣夫！"既而相谓曰："以彼之贤，往见赵君，使以我为，必困我，不如杀之。"乃相与追而杀之。燕人闻之，聚族相戒，曰："遇盗，莫如上地之牛缺也！"皆受教。俄而其弟适秦，至关下，果遇盗，忆其兄之戒，因与盗力争。既而不如，又追而以卑辞请物。盗怒曰："吾活汝弘矣，而追吾不已，迹将著焉。既为盗矣，仁将焉在？"遂杀之，又傍害其党四五人焉。

虞氏者，梁之富人也。家充殷盛，钱帛无量，财货无訾，登高楼，临大路，设乐陈酒，击博楼上。侠客相随而行。楼上博者射，明琼③张中。反两枭鱼④而笑。飞鸢适坠其腐鼠而中之。侠客相与言曰："虞氏富乐之日久矣，而常有轻易人之志。吾不侵犯之，而乃辱我以腐鼠。此而不报，无以立懂于天下。请与若等戮力一志，率徒属必灭其家为。"等伦⑤皆许诺。至期日之夜，聚众积兵以攻虞氏，大灭其家。

东方有人焉，曰爰旌目，将有适也，而饿于道。狐父之盗曰丘，见而下壶餐以祕之，爰旌目三祕而后能视，曰："子何为者也？"曰："我狐父之人丘也。"爰旌目曰："嘻！汝非盗耶？胡为而食我？吾义不食子之食也。"两手据地面呕之，不出，喀喀然，遂伏而死。狐父之人则盗矣，而食非盗也。以人之盗，因谓食为盗而不敢食，是失名实者也。

柱厉叔事莒敖公，自为不知己，去，居海上。夏日则食菱芰，冬日则食橡栗。莒敖公有难，柱厉叔辞其友，而往死之。其友曰："子自以为不知己，故去。今往死之，是知与不知无辨也。"柱厉叔曰："不然。自以为不知，故去。今死，是果不知我也。吾将死之，以丑后世之人主不知其臣者也。"凡知则死之，不知则弗死，此直道而行者也。柱厉叔可谓怼以忘其身者也。

杨朱曰："利出者实及，怨往者害来，发于此而应于外者唯情，是故贤者慎所出。"

杨子之邻人亡羊，既率其党，又请杨子之竖追之。杨子曰："嘻！亡一羊何追者之众？"邻人曰："多歧路。"既反，问："获羊乎？"曰：

"亡之矣。"曰:"奚亡之?"曰:"歧路之中,又有歧焉,吾不知所之,所以反也,"杨子戚然变容,不言者移时,不笑者竟日,门人怪之,请曰:"羊,贱畜;又非夫子之有,而损言笑者,何哉?"杨子不答,门人不获所命。弟子孟孙阳出以告心都子。心都子他日与孟孙阳偕入,而问曰:"昔者有昆弟三人,游齐鲁之间,同师而学,进仁义之道而归。其父曰:'仁义之道若何?'伯曰:'仁义使我爱身而后名。'仲曰:'仁义使我杀身以成名。'叔曰:'仁义使我身名并全。'彼三术相反,而同出于儒。孰是孰非耶?"杨子曰:"人有滨河而居者,习于水,勇于泅,操舟鬻渡,利供百口。裹粮就学者成徒,而溺死者几半。本学泅,不学溺,而利害如此。若以为孰是孰非?"心都子默然而出。孟孙阳让之曰:"何吾子问之迂,夫子答之僻?吾惑愈甚。"心都子曰:"大道以多歧亡羊,学者以多方丧生,学非本不同,非本不一,而未异若是,唯归同反一,为亡得丧。子长先生之门,习先生之道,而不达先生之况也,哀哉!"

杨朱之弟曰布,衣素衣而出。天雨,解素衣,衣缁衣而反。其狗不知,迎而吠之。杨布怒,将扑之。杨朱曰:"子无扑矣!子亦犹是也。向者使汝狗白而往,黑而来,岂能无怪哉?"

杨朱曰:"行善不以为名,而名从之;名不与利期,而利归之;利不与争期,而争及之;故君子必慎为善。"

昔人有言知不死之道者,燕君使人受之,不捷,而言者死。燕君甚怒,其使者将加诛焉。幸臣谏曰:"人所忧者,莫急乎死;己所重者,莫过乎生。彼自丧其生,安能令君不死也?"乃不诛。有齐子亦欲学其道,闻言者之死,乃拊膺而恨。富子闻而笑之曰:"夫所欲学不死,其人已死而犹恨之,是不知所以为学。"故子曰:"富子之言非也,凡人有术不能行者矣,能行而无其术者亦有矣,卫人有善数者,临死以诀喻其子。其子志其言而不能行也。他人问之,以其父所言告之。问者用其言而行其术,与其父无差焉。若然,死者奚为不能言生术哉?"

邯郸之民以正月之旦献鸠于简子,简子大悦,厚赏之。客问其故,简子曰:"正旦放生,示有恩也。"客曰:"民知君之欲放之,故竞而捕之,死者众矣。君如欲生之,不若禁民勿捕。捕而放之,恩过不相补矣。"简子曰:"然。"

齐田氏祖于庭，食客千人。中坐有献鱼雁者，田氏视之，乃叹曰："天之于民厚矣！殖五谷，生鱼鸟，以为之用。"众客和之如响。鲍氏之子年十二，预于次，进曰："不如君言。天地万物与我并生，类也。类无贵贱，徒以小大智力而相制，迭相食；非相为而生之。人取可食者而食之，岂天本为人生之？且蚊蚋嘬肤，虎狼食肉，非天本为蚊蚋生人、虎狼生肉者哉？"

齐有贫者，常乞于城市。城市患其亟也，众莫之与。遂适田氏之厩，从马医作役而假食。郭中人戏之曰："从马医而食，不以辱乎？"乞儿曰："天下之辱，莫过于乞。乞犹不辱，岂辱马医哉？"

宋人有游于道、得人遗契者，归而藏之，密数其齿[6]。告邻人曰："吾富可待矣。"

有人枯梧树者，其邻父言枯梧之树不祥，其邻人遽而伐之。邻人父因请以为薪，其人乃不悦，曰："邻人之父徒欲为薪，而教吾伐之也。与我邻，若此其险，岂可哉？"

人有亡铁者，意其邻之子，视其行步，窃铁也；颜色，窃铁也；言语，窃铁也；动作态度无为而不窃铁也。俄而掘其谷，而得其铁，他日复见其邻人之子，动作态度无似窃铁者。

白公胜虑乱，罢朝而立，倒杖策，镵上贯颐，血流至地而弗知也。郑人闻之曰："颐之忘，将何不忘哉？"意之所属著，其行足踬株坎，头抵植木，而不自知也。

昔齐人有欲金者，清旦衣冠而之市，适鬻金者之所，因攫其金而去。吏捕得之，问曰："人皆在焉，子攫人之金何？"对曰："取金之时，不见人，徒见金。"

【注释】

①强食靡角：谓饱食而相互角斗。

②兰子：兰，与阑同；凡人物不知出生年月者谓之阑，此指流浪艺人。

③明琼：今骰子之类。

④枭鱼：骰采名。

⑤等伦：侠客之同辈。

⑥密数其齿：意谓数契上名物。

庄子精华

【著录】

　　《庄子》一书，系庄周及其后学的著作集。庄周（约前369～前286），宋国蒙（位于今河南商丘东北部）人，与战国梁惠王、齐宣王同时，曾任漆园吏。楚威王闻其贤，聘以为相，不就，穷困终生。

　　《庄子》为道家经典之一。《汉书·艺文志》著录《庄子》五十二篇。今存三十三篇，分内七篇、外十五篇、杂十一篇，有郭象注本。内篇的思想、结构、文风都比较一致，一般认为是庄周自著。外、杂篇则兼有其后学之作，甚至羼入其他学派的个别篇章，思想观点与内篇多有出入，如在哲学上，不仅仅有唯心主义的虚无之道，有时还赋予其某些物质性，带有唯物主义的色彩；在政治上，时而主张绝对的无为，时而主张在上者无为而在下者有为；在处世态度上，时而宣扬混世，时而赞成避世；在人生观上，时而提倡寡欲，时而鼓吹纵欲；在对待其他学派的态度上，时而坚持混合齐同，时而针锋相对。这些分歧，反映了战国中叶至秦汉间的社会变革形势下道家学派的发展与分化，也反映了各种学派的相互渗透。但从全书总体说，唯心主义的本体论、相对主义的循环论、认识上的不可知论、无为的政治主张、虚无的人生哲学，构成了庄子学派的基本倾向。同时书中也有不少辩证的因素，尤其对社会黑暗面的揭露、批判，不遗余力，十分深刻。

　　《庄子》的哲学思想在漫长的中世纪的中国所起的作用是比较复杂的。它的唯心主义体系，主要反映了没落奴隶主阶级的情绪，所以经常成为日后政治上失意的封建士大夫们寻求精神上自我安慰的思想资料。封建统治者也常利用《庄子》的思想来标榜自己的清高和"无为""寡欲"，以麻痹劳动群众。另一方面，《庄子》思想中某些对封建道德制度的批判和天道自然无为等思想资料，也经常为一些唯物主义哲学家和农民起义军所批判地利用。也有些知识分子利用《庄子》的"绝对自由"来作为对抗封建专制的精神武器。

郭象《庄子注》为现存最早的注本，除部分篇章在敦煌唐抄本中有保存外，以《续古逸丛书》影宋本为善。中华书局出版的郭庆藩《庄子集释》，经王孝鱼校勘，以影宋本为底本，吸收了唐抄本之优点，是目前较为完善的本子。

养生主

吾生也有涯，而知也无涯。以有涯随无涯，殆已！已而为知者，殆而已矣！为善无近名，为恶无近刑。缘督以为经，可以保身，可以全生，可以养亲，可以尽年。

庖丁为文惠君解牛，手之所触，肩之所倚，足之所履，膝之所踦，砉然响然，奏刀騞然，莫不中音，合于《桑林》之舞[①]，乃中《经首》之会[②]。文惠君曰："嘻，善哉！技盖至此乎？"庖丁释刀对曰："臣之所好者，道也，进乎技矣。始臣之解牛之时，所见无非全牛者；三年之后，未尝见全牛也。方今之时，臣以神遇，而不以目视，官知止而神欲行。依乎天理，批大郤，导大窾，因其固然。技经肯綮[③]之未尝，而况大軱乎？良庖岁更刀，割也；族庖月更刀，折也；今臣之刀十九年矣，所解数千牛矣，而刀刃若新发于硎。彼节者有间，而刀刃者无厚。以无厚入有间，恢恢乎其于游刃必有余地矣，是以十九年而刀刃若新发于硎。虽然，每至于族，吾见其难为，怵然为戒，视为止，行为迟，动刀甚微，謋然已解，如土委地，提刀而立，为之四顾，为之踌躇满志，善刀而藏之。"文惠君曰："善哉！吾闻庖丁之言，得养生焉。"

公文轩[④]见右师[⑤]而惊曰："是何人也？恶乎介也？天与？其人与？"曰："天也，非人也。天之生是使独也，人之貌有与也。以是知其天也，非人也。"

泽雉十步一啄，百步一饮，不蕲畜乎樊中。神虽王，不善也。

老聃死，秦失[⑥]吊之，三号而出。弟子曰："非夫子之友邪？"曰："然。""然则吊焉若此，可乎？"曰："然。始也吾以为其人也，而今非也。向吾入而吊焉，有老者哭之，如哭其子；少者哭之，如哭其母。彼其所以会之，必有不蕲言而言，不蕲哭而哭者。是遁天倍情，忘其所受，古者谓之遁天之刑。适来，夫子时也；适去，夫子顺也。安时而处顺，哀乐不能入也。古者谓是帝之悬解。"

指穷于为薪，火传也，不知其尽也。

【注释】

①《桑林》之舞：桑林，传说中殷商时代的乐曲名。意为用桑林乐曲伴奏舞蹈。

②《经首》之会：经首，传说中帝尧时代的乐曲名；会，乐律，节奏。

③枝经肯綮：枝，即支脉；经，即经脉；枝经，即经络结聚的地方；肯：附在骨上的肉；綮：骨肉连接很紧的地方。全句意谓事物的要害与关键。

④公文轩：相传为宋国人，复姓公文，名轩。

⑤右师：官名。

⑥秦失：老聃的朋友。

骈　拇

骈拇枝指①，出乎性哉，而侈于德；附赘县疣②，出乎形哉，而侈于性；多方乎仁义而用之者，列于五藏哉，而非道德之正也。是故骈于足者，连无用之肉也；枝于手者，树无用之指也；多方骈枝于五藏之情者，淫僻于仁义之行，而多方于聪明之用也。

是故骈于明者，乱五色③，淫文章④，青黄黼黻⑤之煌煌非乎？而离朱⑥是已；多于聪者，乱五声⑦，淫六律⑧，金石丝竹黄钟大吕⑨之声非乎？而师旷⑩是已；枝于仁者，擢德塞性以收名声，使天下簧鼓以奉不及之法非乎？而曾史⑪是已；骈于辩者，累瓦结绳窜句，游心于坚白同异之间，而敝跬誉无用之言非乎？而杨墨⑫是已。故此皆多骈旁枝之道，非天下之至正也。

彼至正者，不失其性命之情。故合者不为骈，而枝者不为歧，长者不为有余，短者不为不足。是故凫胫虽短，续之则忧；鹤胫虽长，断之则悲。故性长非所断，性短非所续，无所去忧也。

噫！仁义其非人情乎？彼仁人何其多忧也？

且夫骈于拇者，决之则泣；枝于手者，龁之则啼。二者，或有余于数，或不足于数，其于忧一也。今世之仁人，蒿目而忧世之患；不仁之人，决性命之情而饕⑬贵富，噫！仁义其非人情乎？自三代⑭以下者，天下何其嚣嚣也？

且夫待钩绳规矩而正者，是削其性也；待绳约胶漆而固者，是侵其德也；屈折礼乐，呴俞仁义，以慰天下之心者，此失其常然也。天下有常然。常然者，曲者不以钩，直者不以绳，圆者不以规，方者不以矩，附离不以胶漆，约束不以纆索。故天下诱然皆生，而不知其所以生；同焉皆得，而不知其所以得。故古今不二，不可亏也。则仁义又奚连连如胶漆纆索而游乎道德之间为哉？故天下惑也！

夫小惑易方，大惑易性。何以知其然耶？自虞氏招仁义以挠天下也，天下莫不奔命于仁义，是非以仁义易其性与？故尝试论之，自三代以下者，天下莫不以物易其性矣。小人则以身殉利，士则以身殉名，大夫则以身殉家，圣人则以身殉天下。故此数子者，事业不同，名声异号，其于伤性以身为殉，一也。臧与谷⑮二人相与牧羊，而俱亡其羊。问臧奚事，则挟策读书；问谷奚事，则博塞以游。二人者，事业不同，其于亡羊均也。伯夷⑯死名于首阳之下，盗跖⑰死利于东陵之上。二人者，所死不同，其于残生伤性均也，奚必伯夷之是而盗跖之非乎！天下尽殉也，彼其所殉仁义也，则俗谓之君子；其所殉货财也，则俗谓之小人。其殉一也，则有君子焉，有小人焉。若其残生损性，则盗跖亦伯夷已，又恶取君子小人于其间哉？

且夫属其性乎仁义者，虽通如曾史，非吾所谓臧也；属其性乎五味，虽通如俞儿⑱，非吾所谓臧也；属其性乎五声，虽通如师旷，非吾所谓聪也；属其性乎五色，虽通如离朱，非吾所谓明也。吾所谓臧者，非仁义之谓也，臧于其德而已矣；吾所谓臧者，非所谓仁义之谓也，任其性命之情而已矣；吾所谓聪者，非谓其闻彼也，自闻而已矣；吾所谓明者，非谓其见彼也，自见而已矣。夫不自见而见彼，不自得而得彼者，是得人之得而不自得其得者也，适人之适而不自适其适者也。夫适人之适而不自适其适，虽盗跖与伯夷，是同为淫僻也。余愧乎道德，是以上不敢为仁义之操，而下不敢为淫僻之行也。

【注释】

①骈拇枝指：骈拇，足拇指与二指相连；枝指，旁生的手指。

②附赘县疣：赘，赘瘤；疣，同"瘤"。

③五色：青、黄、赤、白、黑五种基本颜色。

④文章：错综而又华美的花纹和色彩。

⑤黼黻：古代礼服上绣制的花纹。

⑥离朱：一作离娄，传说其视力过人。

⑦五声：即五音，古代五个基本音阶：宫、商、角、徵、羽。

⑧六律：即黄钟、太簇、姑洗、蕤宾、夷则、无射六种乐律。

⑨金石丝竹黄钟大吕：各种乐器无不用金、石、丝、竹为原料，这里用原料之名代称乐器之声；黄钟、大吕，古代音调的名称。

⑩师旷：晋平公时的著名乐师。

⑪曾史：二者都是春秋时的贤人。

⑫杨墨：即杨朱和墨翟。杨朱，战国初期魏国人，哲学家，又称杨子、阳子居或阳生；墨翟，春秋战国之际思想家，墨家创始人。

⑬饕：贪。

⑭三代：即夏、商、周。

⑮藏与谷：藏，家奴；谷，童仆。

⑯伯夷：商代末年的贤士，因反对武王伐商，不食周粟而饿死首阳山。

⑰盗跖：春秋末年的平民起义领袖。

⑱俞儿：相传为齐人，以味觉灵敏著称。

马　蹄

马，蹄可以践霜雪，毛可以御风寒，龁草饮水，翘足而陆，此马之真性也。虽有义台路寝，无所用之。及至伯乐①，曰："我善治马。"烧之，剔之，刻之，烙之，连之以羁絷②，编之以皂栈③，马之死者十二三矣；饥之，渴之，驰之，骤之，整之，齐之，前有橛饰之患，而后有鞭策之威，而马之死者已过半矣。陶者曰："我善治埴，圆者中规，方者中矩。"匠人曰："我善治木，曲者中钩，直者应绳。"夫埴木之性，岂欲中规矩钩绳哉？然且世世称之，曰："伯乐善治马，而陶匠善治埴木。"此亦治天下者之过也。

吾意善治天下者不然。彼民有常性，织而衣，耕而食，是谓同德；一而不党，命曰天放。故至德之世，其行填填，其视颠颠。当是时也，山无蹊隧，泽无舟梁；万物群生，连属其乡；禽兽成群，草木遂长。是故禽兽可系羁而游，鸟鹊之巢可攀援而窥。

夫至德之世，同与禽兽居，族与万物并，恶乎知君子小人哉！同乎无知，其德不离；同乎无欲，是谓素朴。素朴而民性得矣。及至圣人，蹩躠④为仁，踶跂⑤为义，而天下始疑矣；澶漫为乐，摘僻为礼，而天下始分矣。故纯朴不残，孰为牺樽⑥！白玉不毁，孰为珪璋⑦！道德不废，安取仁义！性情不离，安用礼乐！五色不乱，孰为文采！五声不乱，孰应六律！夫残朴以为器，工匠之罪也；毁道德以为仁义，圣人之过也！

夫马，陆居则食草饮水，喜则交颈相摩，怒则分背相踶，马知已此矣。夫加之以衡扼，齐之以月题，而马知介倪、阘扼、鸷曼、诡衔、窃辔。故马之知而态至盗者，伯乐之罪也。

夫赫胥氏⑧之时，民居不知所为，行不知所之，含哺而熙，鼓腹而游，民能已此矣！及至圣人，屈折⑨礼乐以匡天下之形，县跂⑩仁义以慰天下之心，而民乃始踶跂好知，争归于利，不可止也。此亦圣人之过也。

【注释】

①伯乐：姓孙名阳，字伯乐，秦穆公时人，以善于相马著称。

②羁笡：羁，络马头的绳索；笡，络马脚的绳索。

③皂栈：皂，喂马用的槽枥；栈，垫马脚的扁木。

④蹩躠：步履艰难，勉力行走状。

⑤踶跂：脚跟上提，竭力向上状。

⑥牺尊：像牺牛形的酒器。

⑦珪璋：玉器；尖锥形的为珪，半珪形的为璋。

⑧赫胥氏：传说中的古代帝王。

⑨屈折：矫正，改造。

⑩县跂：县，通"悬"，高悬；跂，通"企"，企及。县跂指高悬而不可企及。

胠箧

将为胠箧①、探囊、发匮之盗而为守备，则必摄缄縢②，固扃鐍③，此世俗之所谓知也。然而巨盗至，则负匮、揭箧、担囊而趋。唯恐缄縢扃鐍之不固也。然则向之所谓知者，不乃为大盗积者也？

故尝试论之：世俗之所谓知者，有不为大盗积者乎？所谓圣者，有不为大盗守者乎？何以知其然耶？昔者齐国邻邑相望，鸡狗之音相闻，网罟之所布，耒耨之所刺，方二千余里。阖四境之内，所以立宗庙社稷④、治邑屋州闾乡曲⑤者，曷尝不法圣人哉？然而田成子一旦杀齐君而盗其国，所盗者岂独其国邪？并与其圣智之法而盗之！故田成子有乎盗贼之名，而身处尧、舜之安，小国不敢非，大国不敢诛，十二世有齐国。则是不乃窃齐国，并与其圣智之法，以守其盗贼之身乎？

尝试论之：世俗之所谓至知者，有不为大盗积者乎？所谓至圣者，有不为大盗守者乎？何以知其然耶？昔者龙逢⑥斩，比干⑦剖，苌弘⑧胣，子胥⑨靡。故四子之贤，而身不免乎戮。故跖之徒问于跖曰："盗亦有道乎？"跖曰："何适而无有道邪？夫妄意室中之藏，圣也；入先，勇也；出后，义也；知可否，知也；分均，仁也。五者不备，而能成大盗者，天下未之有也。"由是观之，善人不得圣人之道不立，跖不得圣人之道不行。天下之善人少，而不善人多，则圣人之利天下也少，而害天下也多。故曰：唇竭则齿寒，鲁酒薄而邯郸围⑩，圣人生而大盗起。掊击圣人，纵舍盗贼，而天下始治矣。

夫川竭而谷虚，丘夷而渊实。圣人已死，则大盗不起，天下平而无故矣。圣人不死，大盗不止。虽重圣人而治天下，则是重利盗跖也。为之斗斛以量之，则并与斗斛而窃之；为之权衡以称之，则并与权衡而窃之；为之符玺以信之，则并与符玺而窃之；为之仁义以矫之，则并与仁义而窃之。何以知其然邪？彼窃钩者诛，窃国者为诸侯，诸侯之门而仁义存焉，则是非窃仁义圣知邪？故逐于大盗，揭诸侯，窃仁义，并斗斛、权衡、符玺之利者，虽有轩冕之赏弗能劝，斧钺之威弗能禁。此重利盗跖而使不可禁者，是乃圣人之过也。

故曰：鱼不可脱于渊，国之利器不可以示人。彼圣人者，天下之利器也，非所以明天下也。故绝圣弃知，大盗乃止；掷玉毁珠，小盗不起；焚符破玺，而民朴鄙；掊斗折衡，而民不争；殚残天下之圣法，而民始可与论议。擢乱六律，铄绝竽瑟，塞瞽旷之耳，而天下始人含其聪矣；灭文章，散五采，胶离朱之目，而天下始人含其明矣；毁绝钩绳，而弃规矩，擺工倕之指，而天下人始有其巧矣；削曾、史之行，钳杨、墨之口，攘弃仁义，而天下之德始玄同矣。彼人含其明，则天下不铄矣；人含其聪，则天下不累矣；人含其知，则天下不惑矣；人含其德，则天下不僻矣。彼曾史、杨墨、师旷、工倕[①]、离朱者，皆外立其德，而以爚乱天下者也，法之所无用也。

子独不知至德之世乎？昔者容成氏、大庭氏、伯皇氏、中央氏、栗陆氏、骊畜氏、轩辕氏、赫胥氏、尊卢氏、祝融氏、伏羲氏、神农氏[⑫]，当是时也，民结绳而用之，甘其食，美其服，乐其俗，安其居，邻国相望，鸡狗之音相闻，民至老死而不相往来。若此之时，则至治已。今遂至使民延颈举踵，曰："某所有贤者，"嬴粮而趣之，则内弃其亲，而外弃其主之事，足迹接乎诸侯之境，车轨结乎千里之外，则是上好知之过也。

上诚好知而无道，则天下大乱矣。何以知其然耶？夫弓弩毕弋机变[⑬]之知多，则鸟乱于上矣；钩饵罔罟罾笱[⑭]之知多，则鱼乱于水矣，削格罗落罝罘[⑮]之知多，则兽乱于泽矣；知诈渐毒颉滑坚白解垢同异[⑯]之变多，则俗惑于辩矣。故天下每每大乱，罪在于好知。故天下皆知求其所不知，而莫知求其所已知者；皆知非其所不善，而莫知非其所已善者；是以大乱。故上悖日月之明，下烁山川之精，中堕四时之施。惴耎之虫，肖翘之物，莫不失其性。甚矣，夫好知之乱天下也！自三代以下者是已，舍夫种种之民，而悦夫役役之佞；释夫恬淡无为，而悦夫啍啍之意，啍啍已乱天下矣！

【注释】

①胠箧：胠，从旁打开；箧，箱子之类的器具。

②缄縢：绳索。

③扃鐍：扃：插门；鐍，锁钥。

④宗庙社稷：宗庙，国君祭祖的地方；社稷，本指土神和谷神，此指祭祀土神和谷神的地方。

⑤邑屋州闾乡曲：古代不同行政区划的名称。旧注：六尺为步，步百为亩，亩百为夫，夫三为屋，屋三为井，井四为邑；五家为比，五比为闾，五闾为族，五族为党，五党为州，五州为乡，乡之一隅为曲。

⑥龙逢：夏桀时的贤人，因直言劝谏而被夏桀杀害。

⑦比干：商纣王的庶出叔叔，因力谏纣王，被纣王剖心致死。

⑧苌弘：周灵王时的贤臣，因劝谏被剖腹掏肠。

⑨子胥：即伍员，吴王夫差时的贤臣，因诤谏吴王夫差被杀并被抛尸江中。

⑩鲁酒薄而邯郸围：此事有两种传说：一说楚宣王会合诸侯，鲁恭公后到，而所献的酒也淡薄，楚宣王大怒，想侮辱他，鲁恭公自恃是周公的后代，不告而别，楚宣王就带兵攻打鲁国。魏国一直想攻打赵国，担心楚国发兵救赵，楚国和鲁国交兵，魏国就趁机攻打赵国都城邯郸。一说楚王大会诸侯，鲁国和赵国都献酒给楚王。鲁国的酒淡薄而赵国的酒浓郁。楚国管酒的人向赵国讨酒，赵国不给，于是管酒的人就把赵国的好酒和鲁国的薄酒相调换，楚王因赵国的酒淡薄，就攻打赵国都城邯郸。

⑪工倕：传说中的能工巧匠。

⑫容成氏、大庭氏、伯皇氏、中央氏、栗陆氏、骊畜氏、轩辕氏、赫胥氏、尊卢氏、祝融氏、伏羲氏、神农氏：都是传说中的古代帝王。

⑬弓弩毕弋机变：弩，带有机关的弓；毕，一种带柄的捕鸟网；弋，系着丝绳可以收回的箭；机辟，捕捉鸟兽的机关。

⑭钩饵罔罟罾笱：钩饵，捕捉猎物的器具；罔罟，罔同"网"，罟，各种网的总称；罾笱，罾为鱼网，笱为捕鱼篓。

⑮削格罗落罝罘：削格，削，竹桩；格，木桩；罗落，用来关圈野兽的网状篱笆。

⑯知诈渐毒颉滑坚白解垢同异：知诈，知同"智"，智谋；诈，诡诈；渐毒，欺诈；颉滑，机巧，狡黠；坚白，指坚白之辩，参见《德充符》；解垢，言词诡曲；同异，战国时名家的又一诡辩论题，认为事物的同与异是相对的，因而也就没有同异之别。

刻 意

刻意尚行，离世异俗，高论怨诽，为亢而已矣；此山谷之士，非世之人，枯槁赴渊者之所好也。语仁义忠信，恭俭推让，为修而已矣；此平世之士，教诲之人，游居学者之所好也。语大功，立大名，礼君臣，正上下，为治而已矣；此朝廷之士，尊主强国之人，致功并兼者之所好也。就薮泽，处闲旷，钓鱼闲处，无为而已矣；此江海之士，避世之人，闲暇者之所好也。

吹呴呼吸，吐故纳新[1]，熊经鸟申[2]，为寿而已矣；此导引[3]之士，养形之人，彭祖寿考者之所好也。

若夫不刻意而高，无仁义而修，无功名而治，无江海而闲，不导引而寿，无不忘也，无不有也，淡然无极，而众美从之，此天地之道，圣人之德也。

故曰：夫恬淡寂寞，虚无无为，此天地之本，而道德之质也。故曰，圣人休焉，休则平易矣，平易则恬淡矣。平易恬淡，则忧患不能入，邪气不能袭，故其德全而神不亏。故曰：圣人之生也天行，其死也物化。静而与阴同德，动而与阳同波；不为福先，不为祸始；感而后应，迫而后动，不得已而后起。去知与故，循天之理。故无天灾，无物累，无人非，无鬼责。其生若浮，其死若休。不思虑，不豫谋。光矣而不耀，信矣而不期。其寝不梦，其觉无忧，其神纯粹，其魂不疲。虚无恬淡，乃合天德。故曰：悲乐者德之邪，喜怒者道之过，好恶者德之失。故心不忧乐，德之至也；一而不变，静之至也；无所于忤，虚之至也；不与物交，淡之至也；无所于逆，粹之至也。

故曰：形劳而不休则弊，精用而不已则竭。水之性，不杂则清，莫动则平；郁闭而不流，亦不能清。天德之象也。故曰，纯粹而不杂，静一而不变，淡而无为，动而天行，此养神之道也。

夫有干越[4]之剑者，柙而藏之，不敢轻用也，宝之至也。精神四达并流，无所不极，上际于天，下蟠于地，化育万物，不可为象，其名为同帝。

纯素之道，惟神是守；守而勿失，与神为一；一之精通，合于天伦。野语有之曰："众人重利，廉士重名，贤人尚志，圣人贵精。"故素也者，谓其无所与杂也；纯也者，谓其不亏其神也。能体纯素，谓之真人。

【注释】

①吐故纳新：古代一种延年益寿的养生方法，就字面意义讲，"吐故"指吐出浊气，"纳新"指吸进新鲜空气。

②熊经鸟申：也是古代一种延年益寿的养生方法，就字面意义而言，"熊经"指像熊一样攀援而引气，"鸟申"指像鸟儿飞临空中时那样伸腿舒展。

③导引：导，疏通，使筋舒络活；引，引体，使血脉柔和。

④干越：干，指干溪，地处吴国；越，指越山，地处越国。皆为著名的铸剑之地。

《抱朴子》精华

【著录】

　　《抱朴子》一书，七十卷，系晋代道教学者葛洪（283～363）所撰。葛洪，字稚川，自号抱朴子，丹阳句容（今属江苏）人，出身士族世家，少好儒学，兼及神仙导养之术。东晋时，任谘议参军。晚年辞官谢客，于广州罗浮山精研炼丹，追求神仙之术。《抱朴子》一书，在我国道教史、化学史、医学史和文学史上都占有重要地位。全书分《内篇》和《外篇》。其中《外篇》著述在先，《内篇》成书在后，各自起讫，自成体系。《隋书·经籍志》将《内篇》列于道家，《外篇》列于儒家。现存《内篇》二十卷，《外篇》五十卷。《内篇》言神仙方药、鬼怪变化、养生延年、禳邪却祸之事，提倡神仙道教，寻求长生不老，属于道家主张。《外篇》言人间得失、世事臧否，以复兴儒教为宗旨，积极挽救颓世，属于儒家主张。内、外篇的分立，体现出葛洪以道术养生，以儒术应世的基本特点，但以道为根本，以儒为末节。总的来看，《抱朴子》是一部充满矛盾的著作，《内篇》与《外篇》有道学与儒学的矛盾，《内篇》之中又有神学与科学的矛盾、排斥民间信仰与推崇士族信仰的矛盾等；《外篇》之中又有尊儒与重法的矛盾，以及既要保真守朴又要建功立业的矛盾等。这种种矛盾恰恰反映出葛洪的双重性格，既要做抛世离俗的隐士、长生不老的神仙，又要做著书立说的文儒和忠君爱国的典范。虽然此书阐述神仙，多涉虚诞，但从历史贡献和科学价值角度来看，《内篇》中的道学理论、炼丹方法、医药资料，以及《外篇》中的文学主张，都是其精华所在。其中《博喻篇》《广譬篇》反映了较丰富的朴素辩证法思想；《金丹》《黄白》

两篇关于炼制金丹方法和实验结果的记载，保存了当时自然科学的某些成果，具有一定的科学价值；《诘鲍篇》保存了鲍敬言的"无君论"思想，是研究鲍敬言的唯一重要资料。

《抱朴子》现存有宋绍兴二十二年（1152）临安刊本、明正统《道藏》刊本、敦煌石室写本残卷等，而以清孙星衍《平津馆丛书》本较为通行。明清以来学者在文字上有不少校勘，但注释则缺。近有王明集前人所校并加注释编成的《抱朴子内篇校释》出版，是目前最完善的《内篇》校注本。

畅　玄

抱朴子[①]曰：玄者，自然之始祖，而万殊之大宗也。眇昧乎其深也，故称微焉。绵邈乎其远也，故称妙焉。其高则冠盖乎九霄，其旷则笼罩乎八隅。光乎日月，迅乎电驰。或倏烁而景逝[②]，或飘滭而星流，或滉漾于渊澄，或雾霏而云浮。因兆类而为有，托潜寂而为无。沦大幽而下沉，凌辰极而上游。金石不能比其刚，湛露不能等其柔。方而不矩，圆而不规。来焉莫见，往焉莫追。乾以之高，坤以之卑，云以之行，雨以之施。胞胎元一，范铸两仪，吐纳大始，鼓冶亿类，回旋四七，匠成草昧，辔策灵机，吹嘘咀吸，幽括冲默，舒阐湮郁，抑浊扬清，斟酌河渭，增之不溢，挹之不匮，与之不荣，夺之不瘁。故玄之所在，其乐不穷。玄之所去，器弊神逝。夫五声八音，清商流徵，损聪者也。鲜华艳采，辉煌炳烂，伤明者也。宴安逸豫，清醪芳醴，乱性者也。冶容媚姿，铅华素质，伐命者也。其知玄道者，可与为永，不知玄道者，难与为存，顾盼为杀生之神器，唇吻为兴亡之关键，绮榭俯临乎云汉，藻室华椽以参差。组帐雾合，罗帱云离。西毛[③]陈于闲房，金觞华于交驰，清弦嘈唼以齐唱，郑舞纷纭以蜲蛇，哀箫鸣于凌霞，羽盖浮于涟漪，掇芳华于兰林之囿，弄红葩于积珠之池，登峻则望远以忘百忧，临深则俯览以遗朝饥，入宴千门之焜滉，出驱朱轮之华仪。然乐极则哀集，至盈必有亏。故曲终则叹发，宴罢则心悲也。实理势之攸召，犹影响之相归也。彼假借而非真，故物往若有遗也。

夫玄道者，得之者内，失之者外，用之者神，忘之者器。此思玄道之要言也。得之者贵，不待黄钺之威。体之者富，不须难得之货。高不可登，深不可测。乘流光，策逝景，凌六虚，贯涵溶。出乎无上，入乎无下。经乎汗漫之门，游乎窈眇之野。逍遥恍惚之中，徜徉彷佛之表。咽九华于云端，咀六气于丹霞。徘徊茫昧，翱翔希微，履略蜿虹，践蹋璇玑，此得之者也。

其次则真知足，知足者则能肥遁勿用，颐光山林。纡鸾龙之翼于细介之伍，养浩然之气于蓬荜之中。褴缕带索，不以贸龙章之晔晔也。负步杖策，不以易结驷之络绎也。藏夜光④于嵩岫，不受他山之攻。沉鳞甲于玄渊，以违钻灼之灾。动息知止，无往不足。弃赫奕之朝华，避偾车之险路。吟啸苍崖之间，而万物化为尘氛。恰颜丰柯之下，而朱户变为绳枢。秉耒甫田，而麾节忽若执鞭。啜荠漱泉，而大牢⑤同乎藜藿。泰尔有余欢于无为之场，忻然齐贵贱于不争之地。含醇守朴，无欲无忧，全真虚器，居平昧淡。恢恢荡荡，与浑成等其自然。浩浩茫茫，与造化钧其符契。如暗而明，如浊而清，似迟而疾，似亏而盈。岂肯委尸祝之坐，释大匠之位，越樽俎以代无知之庖，舍绳墨而助伤手之工。不以臭鼠之细琐，而为庸夫之忧乐。藐然不喜流俗之誉，坦尔不惧雷同之毁。不以外物汩其至精，不以利害污其纯粹也。故穷富极贵，不足以诱之焉，称颂何足以悦之乎？直刃沸镬，不足以劫之焉，谤讟何足以戚之乎？常无心于众烦，而未始与物杂也。

若夫操隋珠以弹雀，舐秦痔以属车，登朽缯以探巢，泳吕梁以求鱼，旦为称孤之客，夕为狐鸟之余。栋挠栋覆，倾溺不振，盖世人之所为载驰企及，而达者之所为寒心而凄怆者也。故至人嘿《韶》、《夏》而韬藻彩。奋其六羽于五域之墟，而不烦衔芦之卫。翳其鳞角乎勿用之地，而不恃曲穴之备。俯无倨鸪之呼，仰无亢极之悔，人莫之识，邈矣辽哉！

【注释】

①抱朴子：晋葛洪自号抱朴子，并以名其所著之书。书分内外两篇，内篇论神仙吐纳、符篆克制之术，纯为道家之言；外篇则论时政得失、人事臧否，共计八卷。

②景逝：景，同"影"。言如影之逝。

③西毛：西，即西施，姿容极美，范蠡取以献吴，吴亡，仍归蠡。毛，毛嫱。《庄子》："毛嫱丽姬，人之所美也。"

④夜光：璧名。《国策》："楚王献夜光之璧于秦。"

⑤大牢：肉食。《国策》："颜先生与寡人游，食必大牢。"

论　　仙

或问曰："神仙不死，信可得乎？"抱朴子答曰："虽有至明，而有形者不可毕见焉。虽禀极聪，而有声者不可尽闻焉。虽有大章、竖亥之足，而所常履者，未若所不履之多。虽有禹、益、齐、谐之智，而所尝识者未若所不识之众也。万物芸芸，何所不有，况列仙之人，盈乎竹素矣。不死之道，曷为无之？"

于是问者大笑曰："夫有始者必有卒，有存者必有亡。故三、五、丘、旦①之圣，弃、疾、良、平②之智，端、婴、随、郦③之辩，贲、育、五丁④之勇，而咸死者，人理之常然，必至之大端也。徒闻有先霜而枯瘁，当夏而凋青，含穗而不秀，未实而萎零，未闻有享于万年之寿，久视不已之期者矣。故古人学不求仙，言不语怪，杜彼异端，守此自然，推龟鹤于别类，比死生为朝暮也。夫苦心约己，以行无益之事，镂冰雕朽，终无必成之功。未若摅匡世之高策，招当年之隆祉，使紫青重纡，玄牡龙跱，华毂易步趣，鼎铗代耒耜，不亦美哉？每思诗人甫田之刺，深惟仲尼皆死之证，无为握无形之风，捕难执之影，索不可得之物，行必不到之路，弃荣华而涉苦困，释甚易而攻至难，有似丧者之逐游女，必有两失之悔，单张之信偏见，将速内外之祸也。夫斑秋⑤不能削瓦石为芒针，欧冶⑥不能铸铅锡为干将。故不可为者，虽神鬼不能为也；不可成者，虽天地不能成也。世间安得奇方，能使当老者复少，而应死者反生哉？而吾子乃欲延蟪蛄之命，令有历纪之寿，养朝菌之荣，使累晦朔之积，吾子不亦谬乎？愿加自思，不远迷复焉。"

抱朴子曰："事有本钧而末乖，未可一也。夫言有始者必有终者多矣，混而齐之，非通理矣。谓夏必长，而荠麦枯焉。谓冬必凋，而竹柏茂焉。谓始必终，而天地无穷焉。谓生必死，而龟鹤长存焉。盛夏宜暑，而夏天未必无凉日也。极阴宜寒，而严冬未必无暂温也。百川东注，而有北流之浩浩。坤道至静，而或震动而崩弛。水性纯冷，而有温谷之汤泉；火体宜炽，而有萧丘之寒焰；重类应沉，而南海有浮石之山；轻物当浮，而牂柯有沉羽之流。万殊之类，不可一概断之，正如此也久矣。

"有生最灵，莫过乎人。贵性之物，宜必钧齐。而其贤愚邪正，好丑修短，清浊贞淫，缓急迟速，趋舍所尚，耳目所欲，其为不同，已有天渊之隔、冰炭之乖矣。何独怪仙者之异，不与凡人皆死乎？

"若谓受气皆有一定，则雉之为蜃，雀之为蛤，壤虫假翼，川蛙翻飞，水蚓为蛤，荇菜为蛆，田鼠为鴽，腐草为萤，鼍之为虎，蛇之为龙，皆不然乎？

"若谓人禀正性，不同凡物，皇天赋命，无有彼此，则牛哀成虎，楚妪为鼋，枝离为柳，秦女为石，死而更生，男女易形，老彭之寿，殇子之夭，其何故哉？苟有不同，则其异有何限乎？

"若夫仙人以药物养身，以术数延命，使内疾不生，外患不入，虽久视不死，而旧身不改，苟有其道，无以为难也。而浅识之徒，拘俗守常，咸曰世间不见仙人，便云天下必无此事。夫目之所曾见，当何足言哉？天地之间，无外之大，其中殊奇，岂遽有限，诣老戴天，而无知其上，终身履地，而莫识其下。形骸己所自有也，而莫知其心肺之所以然焉。寿命在我者也，而莫知其修短之能至焉。况乎神仙之远理，道德之幽玄，仗其短浅之耳目，以断微妙之有无，岂不悲哉？

"设有哲人大才，嘉遁勿用，翳景掩藻，废伪去欲，执大璞于至醇之中，遗末务于流俗之外，世人犹鲜能甄别，或莫造志行于无名之表，得精神于陋形之里，岂况仙人殊趣异路，以富贵为不幸，以荣华为秽污，以厚玩为尘壤，以声誉为朝露，蹈炎飚而不灼，蹑玄波而轻步，鼓翮清尘，风驱云轩，仰凌紫极，俯栖昆仑，行尸之人，安得见之？假令游戏，或经人间，匿真隐异，外同凡庸，比肩接武，孰有能觉乎？若使皆如郊间两瞳之正方，邛疏之双耳出乎头巅。马皇乘龙而行，子晋躬御白鹤。或鳞身蛇首，或金车羽服，乃可得知耳。自不若斯，则非洞视者安能窥其形，非彻听者安能闻其声哉？世人既不信，又妄多疵毁，真人疾之，遂益潜遁。且常人之所爱，乃上士之所憎；庸俗之所贵，乃至人之所贱也。英儒伟器，养其浩然者，犹不乐见浅薄之人、风尘之徒，况彼神仙，何为汲汲使刍狗之伦，知有之何所索乎，而怪于未尝知也。目察百步，不能了了，而欲以所见为有，所不见为无，则天下之所无者，亦必多矣。所谓以指测海，指极而云水尽者也。蜉蝣校巨鳌，日及料大椿，岂所能及哉？

"魏文帝穷览洽闻，自谓于物无所不经，谓天下无切玉之刀、火浣之布，及著《典论》，尝据言此事。其间未期，二物毕至，帝乃叹息，遽毁斯论。事无固必，殆为此也。陈思王著《释疑论》云，初谓道术，直呼愚民诈伪，空言定矣。及见武皇帝试左慈等，令断谷近一月，而颜色不减，气力自若，常云可五十年不食，正尔复何疑哉？又云，令甘始以药含生鱼，而煮之于沸脂中，其无药者，熟而可食，其衔药者，游戏终日，如在水中也。又以药粉桑饲蚕，蚕乃到十月不老。又以住年药食鸡雏及新生犬子，皆止不复长。又以还白药食白犬，百日毛尽黑。乃知天下之事不可尽知，而以臆断之，不可任也。但恨不能绝声色，专心以学长生之道耳。彼二曹学则无书不览，才则一代之英，然初皆谓无，而晚年乃以为有穷理尽性，其叹息如此。不逮若人者，不信神仙，不足怪也。

"刘向博学则究微极妙，经深涉远，思理则清澄真伪，研核有无，其所撰《列仙传》，仙人七十有余，诚无其事，妄造何为乎？邃古之事，何可亲见，皆赖记籍传闻于往耳。《列仙传》炳然其必有矣。然书不出周公之门，事不经仲尼之手，世人终于不信。然则古史所记，一切皆无，何但一事哉？俗人贪荣好进，汲汲名利，以己之心，远忖昔人，乃复不信古者有逃帝王之禅授，薄卿相之贵任，巢、许⑦之辈，老莱、庄周⑧之徒，以为不然也。况于神仙，又难知于斯，亦何可求今世皆信之哉？多谓刘向非圣人，其所撰录，不可考据，尤所以使人叹息者也。鲁史不能与天地合德，而仲尼因之以著经。子长不能与日月并明，而扬雄称之为实录。刘向为汉世之名儒贤人，其所记述，庸可弃哉？

"凡世人所以不信仙之可学，不许命之可延者，正以秦皇、汉武求之不获，以少君、栾大⑨为之无验故也。然不可以黔娄、原宪⑩之贫，而谓古者无陶朱、猗顿⑪之富；不可以无盐宿瘤⑫之丑，而谓在昔无南威、西施⑬之美。进趋犹有不达者焉，稼穑犹有不收者焉，商贩或有不利者焉，用兵或有无功者焉，况乎求仙，事之难者，为之者何必皆成哉？彼二君两臣，自可求而不得，或始勤而卒怠，或不遭乎明师，又何足以定天下之无仙乎？

"夫求长生，修至道，诀在于志，不在于富贵也。苟非其人，则高位厚货，乃所以为重累耳。何者？学仙之法，欲得恬愉淡泊，涤除嗜欲，内视反听，尸居无心，而帝王任天下之重责，治鞅掌之政务，思劳于万几，神驰于宇宙，一介失所，则王道为亏，百姓有过，则谓之在予。醇醨汩其和气，艳容伐其根荄，所以竭精损虑削乎平粹者，不可曲尽而备论也。蚊嘈肤，则坐不得安；虱群攻，则卧不可宁。四海之事，何祇若是。安得掩翳聪明，闭藏喘息，长斋久洁，躬亲炉火，夙兴夜寐，以飞八石哉？汉武享国，最为寿考，已得养性之小益矣。但以升合之助，不供钟石之费，畎浍之输，不给尾闾之泄耳。

"汉武招求方士，宠待过厚，致令斯辈，敢为虚诞耳。栾大若审有道者，安得待煞乎？夫有道者，视爵位如汤镬，见印绶如缞绖，视金玉如土粪，睹华堂如牢狱。岂当扼腕空言，以侥幸荣华，居丹楹之室，受不訾之赐，带五利之印，尚公主之贵，耽沦势利，不知止足，实不得道，断可知矣。按董仲舒所撰《李少君家录》云，少君有不死之方，而家贫无以市其药物，故出于汉，以假途求其财，道成而去。又按《汉禁中起居注》云，少君之将去也，武帝梦与之共登嵩山，半道，有使者乘龙持节，从云中下，云上帝请少君。帝觉，以语左右曰，如我之梦，少君将舍我去矣。数日，而少君称病死。久之，帝令人发其棺，无尸，唯衣冠在焉。按《仙经》云，上士举形升虚，谓之天仙；中士游于名山，谓之地仙；下士先死后蜕，谓之尸解仙。今少君必尸解者也。近世壶公将费长房去，及道士李意期将两弟子去，皆托卒死，家殡埋之。积数年，而长房来归。又相识人见李意期将两弟子，皆在郫县。其家各发棺视之，三棺止有竹枝一枚，以丹书于杖，此皆尸解者也。

"昔王莽引《典》《坟》以饰其邪，不可谓儒者皆为篡盗也。相如因鼓琴以窃文君，不可谓雅乐主于淫佚也。噎死者不可讥神农之播谷，烧死者不可怒燧人之钻火，覆溺者不可怒帝轩之造舟，酗酖者不可非杜仪之为酒。岂可以栾大之邪伪，谓仙道之果无乎？是犹见赵高、董卓，便谓古无伊、周、霍光；见商臣、冒顿，而云古无伯奇、孝己也。又《神仙集》中有召神劾鬼之法，又有使人见鬼之术。俗人闻之，皆谓虚文。或云天下无鬼神，或云有之，亦不可劾召。或云见鬼者，在男为觋，在女为巫，当须自然，非可学而得。按《汉书》及《太史公记》皆云,齐人少翁,武帝以为文成将军。武帝所幸李夫人死,少翁能令武帝见之如生人状,又令武帝见灶神,此史籍之明文也。夫方术既令鬼见其形,又令本不见鬼者见鬼,推此而言,其余亦何所不有也?

"鬼神数为民间作光怪变异,又经典所载多鬼神之据,俗人尚不信天下之有鬼神,况乎仙人居高处远,清浊异流,登遐遂往,不返于世,非得道者,安能见闻?而儒墨之家知此不可以为训,故终不言其有焉。俗人之不信,不亦宜乎?惟有识真者,校练众方,得其征验,审其必有,可独知之耳,不可强也。故不见鬼神,不见仙人,不可便谓世间无仙人也。人无贤愚,皆知己身之有魂魄,魂魄分去则人病,尽去则人死。故分去则术家有拘录之法,尽去则礼典有招呼之义,此之为物至近者也。然与人俱生,至乎终身,莫或有自闻见之者也。岂可遂以不闻见之,而云无之乎?

"若夫辅氏报施之鬼,成汤怒齐之灵,申生交言于狐子,杜伯报恨于周宣,彭生托形于玄豕,如意假体于苍狗,灌夫守田蚡,子义掊燕简,蓐收之降于莘,栾侯之止民家,素姜之说谶纬,孝孙之著文章,神君言于上林,罗阳仕于吴朝。鬼神之事,著于竹帛,昭昭如此,不可胜数。然而蔽者犹谓无之,况长生之事,世所希闻乎!望使必信,是令蚊虻负山,与井蛙论海也。俗人未尝见龙麟鸾凤,乃谓天下无有此物,以为古者虚设瑞应,欲令人主自勉不息,冀致斯珍也。况于令人之信有仙人乎!

"世人以刘向作金不成,便谓索隐行怪,好传虚无,所撰《列仙》,皆复妄作。悲夫!此所谓以分寸之瑕,弃盈尺之夜光,以蚁鼻之剑,损无价之纯钧,非荆和之远识,风胡之真赏也。斯朱公所以郁悒,薛烛所以永叹矣。夫作金皆在《神仙集》中,淮南王钞出,以作《鸿宝枕中书》,虽有其文,然皆秘其要,必须口诀,临文指解,然后可为耳。其所用药,复多改其本名,不可按之便用也。刘向父德治淮南王狱中所得此书,非有师授也。向本不知道术,偶偏见此书,便谓其意尽在纸上,是以作金不成耳。至于撰《列仙传》[⑭],自删秦大夫阮仓书中出之,或所亲见,然后记之,非妄言也。

"狂夫童谣,圣人所择,刍荛之言,或不可遗。采葑采菲,无以下体,岂可以百虑之一失,而谓经典之不可用,以日月曾蚀之故,而谓玄象非大明哉？外国作水精碗，实是合五种灰以作之，今交广多有得其法而铸作之者。今以此语俗人，俗人殊不肯信。乃云水精本自然之物，玉石之类。况于世间幸有自然之金，俗人当何信其有可作之理哉？愚人乃不信黄丹及胡粉是化铅所作，又不信骡及驴骡是驴马所生，云物各自有种，况乎难知之事哉？夫所见少则所怪多，世之常也。信哉此言！其事虽天之明，而人处覆甑之下，焉识至言哉？"

【注释】

①三、五、丘、旦：指三皇、五帝、孔子及周公旦。

②弃、疾、良、平：弃，后稷名弃；樗里子名疾；良、平，指张良、陈平。

③端、婴、随、郦：指子贡、晏子、随何、郦食其。

④贲、育、五丁：孟贲、夏育都是古代的勇士；五丁，也是古代的力士。《蜀王本纪》："天为蜀王生五丁力士，能徙山。"

⑤斑秋：即公输班。鲁国的巧匠。

⑥欧冶：春秋时人，善铸剑。尝与干将为楚王合铸三剑，名为龙渊、秦阿、工布。今福建闽侯县冶山西有欧冶池，相传为欧冶子铸剑的地方。

⑦巢、许：即巢父、许由。

⑧老莱、庄周：老莱子，楚人，性至孝，行年七十，戏彩娱亲，晚年著书十五篇，言道家之奥；庄周，即庄子。

⑨少君、栾大：少君姓李，与栾大同为汉武帝时人，都以方术著名。

⑩黔娄、原宪：黔娄，齐国的隐士，贫甚，殁而衾不蔽体；原宪，名思，孔子的弟子。

⑪陶朱、猗顿：陶朱，即范蠡，与猗顿最友善，都以兴业致富。

⑫无盐宿瘤：无盐，齐地名，战国时，齐无盐有女，名钟离春，貌极丑，四十而不嫁；宿瘤，齐闵王后，项有大瘤，故名。

⑬南威、西施：南威，古之美人。《国策》："晋文公得南之威，三日不朝。"南之威，即南威；西施，春秋时越国美女，貌极美，范蠡取以献吴。

⑭《列仙传》：书凡二卷，纪古来仙人共七十一人，各系以赞，相传为刘向所撰。而《直斋书录解题》谓不类西汉文，必非向撰。然观其事详细语言简约，词旨明润，虽非刘向亲笔，亦为东京人所作，殆无疑义。

酒　诫

　　抱朴子曰：目之所好，不可从也；耳之所乐，不可顺也；鼻之所喜，不可任也；口之所嗜，不可随也；心之所欲，不可恣也。故惑目者必逸容鲜藻也，惑耳者必妍音淫声也，惑鼻者必苾蕙芬馥也，惑口者必珍羞嘉旨也，惑心者必势利功名也。五者毕惑，则或承之祸，为身患者，不亦信哉？是以智严檃括①于性理，不肆神以逐物，检之以恬愉②，增之以长算③，其抑情也，剧乎堤防之备决；其御性也，过乎腐辔之乘奔。故能内保永年，外免衅累也。盖饥寒难堪者也，而清节者不纳不义之谷帛焉；因贱难居者也，而高尚者不处危乱之荣贵焉。盖计得则能忍之心全矣，道胜则害性之事弃矣。

　　夫酒醴之近味，生病之毒物，无毫分之细益，有丘山之巨损。君子以之败德，小人以之速罪。耽之惑之，鲜不及祸。世之士人，亦知其然，既莫能绝，又不肯节，纵心口之近欲，轻召灾之根源，似热渴之恣冷，虽适己而身危也。小大乱丧，亦罔非酒。

　　然而俗人，是酗是湎。其初筵也，抑抑济济，言希容整；咏湛露之厌厌，歌在镐之恺乐；举万寿之觞，诵温克之义。日未移晷，体轻耳热。夫琉璃螺壳之器并用，满酌罚余之令，遂急醉而不止，拔辖投井。于是口涌鼻溢，濡首及乱，屡舞跹跹，舍其坐迁，载号载呶④，如沸如羹。或争辞尚胜，或哑哑独笑，或无对而谈，或呕吐几筵，或值蹶良倡，或冠脱带解。贞良者流华督之顾眄，怯懦者效庆忌之蕃捷，迟重者蓬转而波扰，整肃者鹿踊而鱼跃，口讷于寒暑者皆垂掌而谐声，谦卑而不竞者悉裨瞻以高交。廉耻之仪毁，而荒错之疾发；阘茸之性露，而傲很之态出。精浊神乱，臧否颠倒。或奔车走马，赴坑谷而不惮，以九折之阪⑤为蜡封；或登危蹈颓，虽堕坠而不觉，以吕梁之渊⑥为牛迹也。

　　或肆忿于器物，或酗詈⑦于妻子。加杜酷于臣仆，用剡锋乎六畜。炽火烈于室庐，捨宝玩于渊流，迁威怒于踞人，加暴害于士友。亵严主以夷戮者有矣，犯凶人而受困者有矣。言虽尚辞，烦而叛理，拜伏徒多，劳而非敬。臣子失礼于君亲之前，幼贱悖慢于耆宿之坐。谓清谈为诋诲，以忠告为侵己。于是，白刃抽而忘思难之虑，棒杖奋而罔顾乎前后。构漉血之仇，招大辟之祸。以少凌长，则乡党不加重矣；责辱人父兄，则弟子将推刃矣；发人所讳，则壮者不能堪矣；计数深克，则醒者不能恕矣。起众思于须臾，结百疴于膏肓⑧。奔驷不能追既往之悔，思改而无自反之蹊。盖智者所深防，而愚人所不免也。

其为祸败，不可胜载，然而欢集，莫之或释，举白盈耳。不论于能否，计沥霤于小余，以稽迟为轻己，倾筐注于所敬，殷勤倦而成薄。劝之不持，督之不尽，怨色丑音所由而发也。夫风经腑脏，使人惚恍，及其剧者，自伤自虞。或遇斯疾，莫不忧惧，吞苦忍痛，欲其速愈。至于醉之病性，何异于兹？而独居密以逃风，不能割情以节酒，若畏风憎病，则荒沉之咎塞，而流连之失止矣。夫风之为疾，犹展攻治，酒之为变，在乎呼吸。及其间乱，若存若亡，视泰山如弹丸，见沧海如盘盂；仰噱⑨天堕，俯呼地陷，卧待虎狼，投井赴火，而不谓恶也。夫用身之如此，亦安能惜敬恭之礼，护喜怒之失哉？

昔狄仪即疏，大禹以兴；糟丘酒池，辛癸以亡。丰侯得罪，以戴尊衔杯；景升荒坏，以三雅之爵；刘松烂肠，以逃暑之饮；郭珍发狂，以无日不醉。信陵之凶短，襄子之乱政，赵武之失众，子反之诛戮，汉惠之伐命，灌夫之灭族，陈遵之遇害，季布之疏斥，子建之免退，徐邈之禁言，皆是物也。世人好之乐之者甚多，而戒之畏之者至少。彼众我寡，良箴安施？且愿君子节之而已。

曩者饥年荒谷贵，人有醉者相杀，牧伯因此辄有酒禁，严令重申，官司搜索，收执榜徇者相辱，制鞭而死者大半。防之弥峻，犯者至多。至乃穴地而酿，油囊怀酒。民之好此可谓笃矣！

余以匹夫之贱，托此空言之书，末如之何矣！又临民者虽设其法，而不能自断斯物。缓己急人，虽令不从，弗躬弗亲，庶民弗信。以此而教，教安得行？以此而禁，禁安得止哉？沽卖之家，废业则困，遂修饰赂遗，依凭权右，所属吏不敢问。无力者独止，而有势者擅市，张垆专利，乃更倍售。从其酤买，公行靡愃，法轻利重，安能免乎哉？

或人难曰：夫夏桀、殷纣之亡，信陵、汉惠之残，声色之过，岂唯酒乎？以其生患于古而断之于今，所谓褒姒丧周，而欲人君废六宫，以阿房之危秦，而使王者结草庵也。盖闻千钟百觚，尧、舜之饮也；唯酒无量，仲尼之能也；姬旦酒袄不彻，故能制礼作乐；汉高作乐巨醉，故能斩蛇鞠旅；于公引满一斛，而断狱益明；管辂倾仰三斗，而清辩绮粲；扬云酒不离口，而《太玄》乃就；子围醉无所识，而霸功以举。一瓶之醪倾，而三军之众悦。解毒之觞行，而盗马之属感。消忧成礼，策勋饮至，降神合人，非此莫以也。内速诸父，外将嘉宾，如淮如渑，春秋所贵。由斯言之，安可识乎？

抱朴子答曰：酒旗之宿，则有之矣，譬犹悬象著明，莫大乎日月，水火之原，于是在焉。然节而宣之，则以养生立功；用之失适，则焚溺而死。岂可恃悬象之在天，而谓水火不杀人哉？宜生之具，莫先于食。食之过多，实结症痕，况于酒醪之毒物乎？夫使彼夏桀、殷纣、信陵、汉惠荒流于亡国之淫声，沉溺于倾城之乱色，皆由乎酒熏其性，醉成其势，所以致极清之失，忘修饰之术者也。我论其本，子识其末。谓非酒祸，祸其安出？是犹知浊雨之沾衣，而不知云气之所作；唯患飞埃之糁目，而不觉飙风之所为也。千钟百觚，不经之言，不然之事，明者不信矣。

夫圣人之异自才智，至于形骸非能兼人，有七尺三丈之长，万倍之大也，一日之饮，安能至是？仲尼则畏性之变，不敢及乱；周公则终日百拜，袄干酒澄。上圣战战，犹且若斯，况乎庸人能无悔乎？汉高应天，承运革命，向虽不醉，犹当斩蛇。于公聪达，明于听断，小大以情，不失枉直，是以刑不滥加，世无怨民。但其健饮，不即废事。若论大醉，亦俱无知。决疑之才，何损于酒？未闻皋繇、甫侯、子产释之，醉乃折狱也。管辂年少，希当剧谈，故假酒势以助胆气，若过其量，亦必迷错。及其刺毫厘于爻卦，索鬼神之变化，占气色以决盛衰，聆鸣鸟以知方来，候风云而克吉凶，观碑柏而识祸福，岂复须酒然后审之？扬云通人，才高思远，英瞻之富，禀之自天，岂藉外物以助著述？及其数饮，由于偶好，亦或有疾，以宣药势耳。子围肆志，盖已素定，虽复不醉，亦于终果。瓶醪悦众，寓言之喻。诚能赏罚允当，威恩得所，长算纵横，应机无方，则士思果毅，人乐奋命。其不然也，虽流酒渊，何补胜负？缪公饮盗，造次之权，舍法长恶，何足多称哉？岂如慎之耶！

【注释】

①檃括：正邪曲之器。

②恬愉：安适。《庄子》："恬愉之安，不监于体。"

③长算：算，指寿数。长算，犹言长寿。

④载号载呶：号，指呼叫；呶，指喧哗。

⑤九折之阪：位于今四川荥经县西邛崃山。

⑥吕梁之渊：即吕梁洪，位于今江苏铜山县东南。列子称"孔子观于吕梁，悬水三千仞，流沫四十里"，即此，或谓禹治洪水，凿吕梁，吕梁即龙门，其说非是。

⑦酗酱：酱，酒。酗酱，即酗酒。

⑧膏肓：人体经穴之名，在心膈之间。《左传》："疾不可为也，在肓之上，膏之下。"

⑨嚾：意为呼叫。

子部

《亢仓子》精华

【著录】

　　《亢仓子》一书，又称《洞灵真经》，也作《亢桑子》，旧题周庚桑楚撰。庚桑楚是《庄子》中的寓言人物，亦被用作篇名，列于《庄子·杂篇》。所谓亢仓，为庚桑读音之变。这一人称，始见于《列子·仲尼篇》，号称老聃弟子。曰于《庄子》和《列子》先后有此说法，更因唐玄宗时大力崇尚道教，襄阳（今湖北襄樊市）处士王士元（或作王士源）遂托名编成《亢仓子》，于天宝四年（745）应诏献于朝廷。宋修《新唐书》，遂在《艺文志》子部神仙家类予以著录。

　　《亢仓子》由九篇组成，包括：《全道篇》《用道篇》《政道篇》《君道篇》《臣道篇》《贤道篇》《训道篇》《农道篇》《兵道篇》。全书乃杂取《老子》《庄子》《列子》《文子》《商君书》《吕氏春秋》《说苑》《新序》以及《礼记》和《逸周书》的内容，加以缀联贯通，间抒独见，构成了较为完整的思想脉络。其大旨，集中在全身、治国，不出儒、道二家之言。其中《农道篇》，力倡"国以农为本"，兼述农耕技艺，颇有价值。诸篇多作古文奇字，亦为本书特点之一。

用道篇

　　天不可信，地不可信，人不可信，心不可信，惟道可信。贤主秀士岂知哉！

昔者桀信天①与其祾，四海已不勤于道，天夺其国以授殷。纣亦信天与其祾，四海已不龚于道，天夺其国以授周。今夫惰农信地实生百谷，不力于其道，地窃其果稼而荒翳之。齐后信人之性酗让，不明于其道，举全境以付人，人实鸥义而有其国。凡人不修其道，随其心而师之，营欲茂滋，灾疾朋奇，戕身损寿，心斯害之矣。故曰惟道可信。

天地非道，不能悠久；苍生非贤，不能靖顺；庶政非才，不能和理。夫用道之人，不露其用，福滋万物，功归无有，神融业茂，灵庆悠长。知而辨之谓之识，知而不辨谓之道。识以理人，道以安人。夫鸡辰而作，负日任劳，流汗洒地，夜分仅息，农人之道也。俯拾仰取，锐意锥撮，力思抟精，希求利润，贾竖②之道也。燕气谷神，宰思损虑，迢遥轻举，日精炼仙，高士之道也。竚情端想，毕志所事，伦摈忘寝，谋效位司，人臣之道也。清心省念，察验近习，务求贤良，以安万姓，人主之道也。若由是类之，各顺序其志度，不替塞其业履，是谓天下有道。

导筋骨则形全，窬情欲则神全，靖言语则福全。克保三全，是谓清贤。道德顺则鬼神助，信义敦则君子全，礼义备则小人怀。有识者自是，无识者亦自是；有道者静默，暗钝者亦静默。物固有似是而非，似非而是；先号后笑，始吉终凶。身可亲而才不可亲，才可敬而身不堪敬；敬甚则不亲，亲甚则不敬；亲之而疏，疏之而亲。恩甚则怨生，爱多则憎至。有以速为贵，有以缓为贵，有以直为贵，有以曲为贵。百事之宜，其由甚微，不可不知。是故智者难之。静则神通，穷则意通，贵则语通，富则身通，理势使然。同道者相爱，同艺者相嫉，人情自然也。多才而好谦，贫贱而不谄，处劳而不为辱，富贵而恭勤，可谓有德者也。

【注释】

①桀信天：夏桀暴虐，人民怨怒。桀曰："我生不有命在天。"是为信天，而卒亡其国。

②贾竖：贾，居货以待售者。《周礼》："商贾阜通货财。"注："行曰商，居曰贾。"贾竖，言贾贩之夫。

贤道篇

贤良所以屡求而不至，难进而易退者，非为爱身[①]而不死王事，适恐尽忠而主莫之信耳。

自知有才识之人，外恭谨而内无忧，其于众也，和正而不狎，亲之则弥庄，疏之则退去而不怨，穷厄则以命自宽，荣达则以道自止。人有视其仪[②]，贤也；听其声，贤也；征神识，或负所望。夫贤人其见用也，入则讽誉，出则龚默，职司勤辨，居室俭间。其未见用也，藏身于终，藏识于目，藏言于口，饱食安步，独善其善，贞而不怨。智者不疑事，识者不疑人。有识之士，行危而色不可疏，言逊而理不可拔。凡谓贤人，不自称贤，效在官，功在事事。太平之时，上士运其识，中士竭其能，小人输其力。

齐有掊子者，才可以振国，行可以独立，事父母孝谨，乡党恭循。念居贫无以为养，施信义而游者久之矣。所以寡合，或为乘时夸毗[③]者所蚩给，于是负杖步足，问乎亢仓子曰："吾闻至人忘情，黎人不事情，存情之曹，务其教训而尊信义。吾乃不知为士，受不信为信，信而不见信。为信为勤，慕义为义，然则信义之士，常独厄随退，胡以取贵乎时，而教理之所上也？"亢仓子俯而循衽，仰而嘻，超然歌曰："时之阳兮信义昌，时之默兮信义伏。阳与默，昌与伏，汩吾无谁私兮！羌忽不知其读，夫运正性以如适，而物莫之应者，真不行也。真且不行，谓之道丧。道丧之时，上士乃隐。隐之为义，有可为也，莫可为者也；有可用也，莫可用者也。"

祭公问："贤才何从而不至？"亢仓子曰："贤正可待不可求，才慎在求不在无。若天子静，大臣明，刑不避贵，泽不隔下，则贤人自至而求用矣。贤人用，则四海之内，明目而视，清耳而听，坦心而无郁矣。天自成，地自宁，万物醇化，鬼神不能灵。故曰：贤正可待不可求。若天子勤明，大臣和理之求士也，则恢弘方大、公直靖人之才至；若天子苛察，大臣躁急之求士也，则曲心巧应、毁方破道之才至；若天子疑忌，大臣巧随之求士也，则奇姓异名、仄媚怪术之才至；若天子自贤，大臣固位之求士也，则事文逐誉、贪浊浮丽之才至；若天子依违，大臣回佞之求士也，则内忠外僻、情毒言和之才至。故曰：才慎在求不在无。昔者黄帝得常仙封鸿鬼容丘，商王得伊尹，中兴得甫申，齐桓得宁籍，皆由数君体道迈仁，布昭圣武，思辑光明，宽厚昌正，而众贤求用，非为简核而得也。"

祭公曰："夫子云贤人不求而自至，亦有非贤不求而自至者乎？"亢仓子曰："夫非贤不求而自至者固众矣。夫天下有道，则贤人不求而自至；天下无道，则非贤不求而自至。人主有道者寡，无道者众，天下贤人少，不肖者多，是知非贤不求而自至者多矣。"

祭公曰："贤固济天下，才亦能济天下，俱济天下，贤与才安取异邪？"亢仓子曰："窘乎哉其问也！功成事毕，不殉封誉，恭退朴俭之谓贤。功成事毕，荣在禄誉，光扬志满之谓才。贤可以镇国，才亦可以理国。所谓镇者，和宁无为，人不知其力。所谓理者，勤率其事，人知所于德。一贤统众才则有余，众才度一贤犹不足，如是贤才之殊域，有居山林而喧者，有在人俗而静者，有喧而正者，有静而邪者。凡视察其貌鄙俗，而能有贤者万不一；视察其貌端雅，而实小人者十而九。夫不练其言而知其文，不责其仪而审其度，不采其誉而知其善，不流其毁而断其实，可谓有识者也！"

【注释】

①爱身：言爱其身。

②视其仪：言视其仪容。

③乘时夸毗：卑屈以附人者，谓之夸毗。

《玄真子》精华

【著录】

　　《玄真子》一书，是一部道论著作，系唐人张志和所撰。张志和，字子同，初名龟龄，婺州（今浙江金华）人。年十六，就读太学，擢明经。肃宗时待诏翰林，授左金吾卫录事参军，赐名志和。后因事获罪，贬为南浦尉。遇赦遂绝意仕进，放浪江湖，自号烟波钓徒，又号玄真子，变成恬退自全的隐士。非独工于歌词，亦擅长音乐，精书法，善绘画。所作《渔父》词五首，颇具隐者情怀，极富江南生活情趣，成为早期文人词的杰作。

　　《玄真子》原本十二卷，今存三卷，卷各一篇，上卷名《碧虚》，中卷名《鸑鷟》，下卷名《涛之灵》。通过设寓言相问答的形式，推阐造化、有无、方圆、大小诸项义理，归于道家虚无玄妙之说。文体则模仿《庄子》《列子》，辞采较比《抱朴子外篇》，虽藻丽不足，但玄虚过之。

碧　　虚

　　碧虚①冥茫，飘轮②斡乎乾，湫盘③浮乎坤，红明④环于天衢，升井⑤为炎，降斗⑥为寒，由是四时旋而万物迁。斯造化之亚矣，然非造化之元哉！

　　无涯者，辩伯也。涯之言曰：黄郊⑦之帝曰祇卑，紫微⑧之帝曰神尊，碧虚之帝曰灵荒。祇卑王于地，山河草木属焉；神尊王于天，日月星汉属焉；灵荒王于空，风雷云雨属焉。

　　碧虚和平，二帝有方春之会，俄而祇卑上腾，神尊下降，遇于灵荒之野。灵荒之帝，虚位郊迎，倾国所有，积肉成霞，散酒成雨，电走雷奔，风歌云舞，累月为中道主，上下无怨。二帝欣然，愧灵荒之厚德，令碧虚之不安，争让国以延灵荒之帝。神尊曰："朕有天。"祇卑曰："朕有地。"灵荒怪天地之名，问之曰："朕之仰观，不异碧虚，朕之俯察，不异碧虚，碧虚之外又奚物？帝言天地，厥状若何？"祇卑曰："朕之地，体大质厚，资生元元，中高外垂其势坤，层然如坛辖物尊。围八极，环九山。骨岩石，毛草木。肉土而脉泉，汗露而气烟。江河川渎乱奔流，人虫鸟兽纷往还。愿帝之下而游焉。"神尊曰："朕之天，体虚形高，资始化化。中员外转其行乾，穹然如帐帱物尊。五星交，列宿粲。边层轮日月，中文带河汉。绝雾浸云霞，列仙天宫殿。愿帝之上而居焉。"

灵荒未之信，曰："天如帐，胡县乎其上？地如坛，厥下乎何安？"神尊曰："天之帐，非上县。飘轮下载常左旋，三光随之以西迁。"祇卑曰："地之坛，有湫盘，凝浮其上所以安。"灵荒曰："飘轮斡灵生，湫盘奚物盛？愿闻之。"祇卑曰："飘轮遍乎下，湫盘所以停。帝何疑？"灵荒曰："噫！天地之形，造化信然。实如所论，固当息焉。朕之空茫唐瞭，同无不通。无内无外，无西无东。旷阆漭荡，苍茫青冥。含日月之光，震雷霆之声，挂虹霓之色，飞龙鸾之形。朕坐而游之，卧而泅之，泛然飘摇皆可停。豁乎包乎母，廓乎坚乎寿。非春夏之能生，非岁年之能朽。先天地不见其初，后天地不知其久。若然者，安能弃朕之长无，寄君之暂有哉？"于是二帝谢灵荒之言，退还故府。祇卑降黄郊，神尊升紫微，数月不泰然，天地为之闭。

红霞子问乎碧虚子曰："夫造化之端、自然之元，其体若何？霄愿游夫子之域而观之，岂得闻邪？"于是碧虚子沈然有间，豁然晴容而晓颜，咏乎太寥之上，为《空洞》之歌，谓之曰："无自而然，自然之元。无造而化，造化之端。廓然惫然其形团，阖尔之视，绝尔之思，可以观。"红霞子曰："若霄者倏遨而忽游，请驾乎言，霄愿乘之以逍遥，不暇辞夫子而观焉。"

于是碧虚子导之曰："无自而然，是谓玄然。无造而化，是谓真化。之玄也，之真也，无玄而玄，是谓真玄。无真而真，是谓玄真。"驰言曰："无然乎？其然一乎然，然后观乎自然。无化乎？其化一乎化，然后观乎造化。

无玄乎，其玄一乎玄，然后观乎真玄。无真乎？其真一乎真，然后观玄真。"逸言曰："真真乎玄，玄玄乎真，玄乎无真乎真真，真乎无玄乎玄玄。然后登太寥之天。夫无有也者，有无之始也。有无也者，无有之初也。无有作，有无立，而造化行乎其中矣。夫造化之兴也，空以遍之，风以行之，水以聚之，识以感之，气以通之，而万物备乎其中矣。空遍而体存，风行而用作，水聚而有见，识感而念生，气通而意立。体存故可以厚本，用作故可以明渐，有见故可以观变，念生故可以知化，意立故可以详理。是知本可厚者，空之体也；渐可明者，风之用也；变可观者，水之有也；化可知者，识之念也；理可详者，气之意也。是故风水竞变，物其物而不同；识气多端，意其意而不一。斡乎乾而能常，浮乎坤而能长，运之而无穷，生之而无方，化之而无边，因之而无疆。原其原者，夫何谓软？造而化之存乎初，太而极之存乎无，自而然之存乎虚，无而往之存乎妙。观其所存，而造化之元可见矣。"

红霞子明乎造化之域，患乎屡空之色，于是披红阳之光，餐碧寥之气，以实其容；绝庆吊之礼，寡亲朋之问，独与太虚游。往来高会，仆风应门，烛月继夜，而寂谈不辍。味俗享贵者，闻之造焉。睹其空巷荒庐，色不胜忧，心为之耻，谓之曰："我躬不阅，遑恤造化。"红霞子曰："吾为造化知己，罔有弗详，而造化独不吾知，致有所乏。吾无惭于造化，造化有愧于吾。吾将往而诉之，以慰君之忧，浣君之耻。"于是驾红阳之驹，乘碧寥之舆，拂衣东辕。

经诸无之国，遇同空，将假道焉。同空曰："君何为者而届乎斯？"曰："吾红霞子也。吾将诉诸造化，愿假道于君。"同空问之曰："孰为造化？奚谓假道？"红霞子曰："为物之宰主曰造化，藉君之国行曰假道。"同空曰："若然者，朕之东无化可造，朕之国无道可假，君其改途。"红霞子于是乎拂衣南驰。

经自然之域，遇化元，将假道焉。化元曰："子何为者而届乎斯？"曰："吾红霞子也。吾将诉诸造化，愿假道于君。"化元诘之曰："夫造化，朕之兄弟之国也，子弗闻乎？假朕之道，诉朕之亲，朕之仇也，师徒将攻之。"红霞子于是乎拂衣西驱。

经无住之邦，遇因本，将假道焉。因本曰："子何为者而届乎斯？"曰：

"吾红霞子也。吾将诟诸造化，愿假道于君。"因本拒之曰："假道之资，子弗闻乎？子有飞空之乘舆，照虚之璧，吾将为子启关。"红霞子曰："使吾有璧乘之资，尚弗诟诸造化，无假道于君哉！"于是乎拂衣而北趋。

经太极之野，遇生首，将假道焉。生首曰："子何为者而届乎斯？"曰："吾红霞子也。吾将诟诸造化，愿假道于君。"生首诃之曰："子何知之晚也！夫造化之兴，可知而不可邻，可闻而不可亲。虽欲假子之道，其何以至？子将诟之，无乃不可乎？"于是红霞子闻生首之诃，兀焉丧有，徘徊踌躇，还辔旋舆。

经玄原之郊，迷失途于牧道。童子神与易浴乎玄川而遨，于是问津焉。二童曰："夫子奚氏也？跋涉虚无，蒙犯烟霄，车马有游空之倦，何之而问乎津？"红霞子曰："吾红霞子也。吾常知造化，而造化弗吾知。使吾乏资身之用，为味俗之耻，吾将诟诸造化。吾适东辕西驱，南驰北趋，而假道于四方，东至于诸无，南至于自然，西至于无住，北至于太极，四之皆不遇。诸无有同空之问，无住有因本之拒，太极有生首之诃，自然有化元之诘。吾念日暮途远，旋吾之舆，归乎寰中，于斯迷津，幸哉而遇子，敢欲问焉。然子为谁也？伟哉而文于言哉！"

二童曰："吾谓神之与易也。吾与造化牧道于玄郊，吾适为六塞之戏，俱亡其道。吾惧造化之责，踌躇而迁延，因浴乎玄原。且吾之有道忧，尚敢见造化。奈何夫子以俗耻而干吾君？赖夫子有诸侯之诘，无然一忤造化之念，兹玄原之上，岂可复观吾二童之汹游哉？夫子辞寰中而来，未睹造化，茫然迷津而问途，欲迷旧居，将何面目以见寰中之父兄乎？胡弗解裳，浴焉同汹，随波泛涛，聊以游遨？俟吾白图之成，将近夫子而谒诸造化，不亦尔豁乎？"

红霞子于是艴然，浮光沉影，溯濑沿波，与二童乘玄涛之腾，淡泛六合之外，倏忽至造化之境。自然奉常然衣，太极进无极食，焕然盈造化之域。红霞子与二童披而餐之，荣光洞六合之内，然后谒乎化真，顾而俯于寰中，惭代俗之荣耻，皆妄观乎化真。唯惧造化之知其将诟也，于是听造化问二童道之所在，二童曰："无亡无不亡，道不离乎皇之乡。"造化欣然曰："无有其有者，无亡其亡。无不有其不有者，无不亡其不亡。放乎玄原之郊而无边，童子得牧道之方矣。"于是红霞子盈自然衣，充太极食，乐造化言，荷造化力，揖造化与二童，眷然而退，将还旧居。

　　是行也，与太虚遇于同空。太虚曰："自子之观造化也，索焉离居，萧然荒庐，念子寰中无恙。"红霞子曰："吾适也面造化容，意造化心，耳造化言，吾知至道之无有也，吾岂见寰中之有无哉？化之元也，原乎有者观其无，原乎无者观其有。奚以状其然邪？容之为言也，冥其灵乎也精，茫其唐乎也荒，故曰冥灵精之难明，茫唐荒之难详，殊万形之无穷，异万心之无方。是以昔之登太寥观化元者，知其运乎工而未央，作《太寥》之歌曰：'化元灵哉，碧虚清哉，红霞明哉，冥哉茫哉，惟化之工无疆哉！'非夫同万形之殊，殊万形之同，一万心之异，异万心之一。驰不想而届乎冥茫之端倪者，则何以环游太无，观造化之无矣！"

【注释】

①碧虚：太空。

②飘轮：风。

③湫盘：水。

④红明：日光。

⑤升井：井，南方星宿名，二十八宿之一。井升则为夏。

⑥降斗：斗，指北斗。斗柄北指而下降，则为冬。

⑦黄郊：指地而言。

⑧紫微：指天而言。